タイ近世史研究序説

タイ近世史研究序説

石井米雄著

岩波書店

まえがき

タイ史研究は、過去三〇年の間にいちじるしい発展をとげた。一九五七年に出版されたW・ヴェラ Walter F. Vella の『ラーマ三世王治下のシャム』は、これまでほとんど利用されることのなかったタイ語文献を縦横に駆使した、最初の時代史として、その出現に筆者は強い感銘を受けた。一九六二年当時、バンコクには、ワイアット David K. Wyatt、ウィルスン Constance Wilson、カイズ Charles F. Keyes ら、歴史学、人類学の分野で、その後のタイ研究に指導的役割をはたすことになる俊才たちが、博士論文執筆の資料収集のために滞在していた。その頃、たまたまバンコクの大使館で働いていた筆者は、某日、かれらが共同で借りていた住居を訪れ、歓談する機会をもった。話題は、当然のことながら、ヴェラの新著へと向かったが、かれらは、ヴェラの利用した史料はタイ語ではあるが、二次史料にすぎない、これからは一次史料を発掘利用する時代だ、と意気盛んであったことを記憶している。かれらの意気込みは、その後四年を経た一九六六年、ワイアットが、「公文書館」所蔵の一次史料を博捜して書き上げ、コーネル大学に提出したかれの博士論文「タイ国における近代教育の誕生」に結実した。ワイアットの先駆的業績は、その後、多くの若き歴史学者の目指す目標となり、一九世紀から二〇世紀にかけてタイでおこった「チャクリ改革」の諸相の研究成果が、続々と博士論文のタイトルとなり、タイ近代史研究の水準は一挙に上昇するにいたったのである。

こうしたタイ近代史研究の進展と比較するとき、前近代史研究の立ち遅れはおおうべくもない。いくつかの理由があろうが、決定的な問題点は利用可能の史料の絶対量の不足であろう。地方文書が利用できる一九世紀以降の状況とくらべるとき、一八世紀以前のタイ史研究、とりわけアユタヤ史研究に利用できるのは、一次史料はおろか、同時代史料でさえ、その数はきわめてかぎられている。こうした状況におかれたタイの前近代史の研究者は、そこから発掘できるかもしれない事実の量が、たとえわずかであろうとも、すこしでも新しい知見をあたえてくれそうな史料があれば、言語を問わず、果敢にこれと取り組む覚悟が必要であろう。フランス語、オランダ語史料が比較的豊富に存在する一七世紀に関しては、オランダの「王立公文書館」、フランスの「外国伝道会文書館」所蔵の文書などを利用した研究が、これまで内外の研究者によって行われてきたし、現在もなお行われつつある。これと比較するとき、タイ語文献を利用した前近代の研究は、限られた数の志ある研究者の努力によって、細々とつづけられているという印象を拭うことができない。

本書は、筆者が、指導者も指導書もなく、まったくの手探りで、バンコク王宮前広場の古本市へ日参しては、そこで入手することのできたタイ語文献を、系統的に紹介することを始めた一九六三年以来、前近代のタイ史研究に役立ちそうな問題について、将来の備忘のためにと書き留めてきた既発表の論考を集めたものである。本書を編むにあたり、できるだけ重複部分をけずり、また文献に最近の研究を加えるなど若干の加筆を行ったが、基本的にはもとの形をそのままのこした。本書の表題にいう「近世史」は、二三年前には、筆者はまだ「中世史」と呼んでいた。タイ史の時代区分は、いまだ定説がないが、A・リード Anthony Reid によって、「交易の時代」という概念が提唱されて以来、筆者は、一四世紀から一八世紀までの時代を、いちおう「近世」と考え始めている。したがって、本書第I部第二章の「中世」は、「近世」に修正すべきかとも思ったが、あえて初出の用語をのこすことにした。

歴史学者にとって必要なのは、幅広い読書、豊かな常識、旺盛な想像力、そして懐疑する心であるという。この教訓は、まさにタイの近世史研究にこそあてはまる。とりわけタイ語の歴史史料の利用にあたっては、制作者の存在被拘束性を、つねに念頭におかなければなるまい。そこに記載された「史実」の、同時代外国文献などとの綿密な照合も必要であろう。ニティ Nidhi Eoseewong に代表されるタイの歴史学者が、営々と積み上げつつある、タイ史料の内的批判の成果も謙虚にとりいれたい。労をいとわず、文献を博捜してその解読に努力すること。これこそが、いま「タイ近世史」研究者に切実に求められている基本作業である。とりわけ高度な漢文読解能力をもつわが国の歴史研究者には、タイ語その他の現地語やヨーロッパ諸語文献とともに、新しい角度から積極的に漢文文献を利用し、研究の進展に貢献することが国際的にも期待されているところである。

試行錯誤を重ねながら書き留めてきたこれらの論考は、いまだ覚書の積み重ねに止まる。しかし若い研究者に、こうした筆者の地ならし作業の結果を、さらに高く飛躍するための踏台として利用してもらえるならば、これまでのささやかな努力も、報われたものと言わなければなるまい。

過去三〇年にわたる研究の過程で、新鮮な知的刺激をたえず与えつづけてくれた京都大学東南アジア研究センターと、上智大学アジア文化研究所の同僚たちの学恩は忘れることができない。とりわけ、高谷好一(現滋賀県立大学教授)、桜井由躬雄(現東京大学教授)というかつての二人の同僚には、特別の感謝をささげるものである。学問をする上で、コリーグをもつということがどれほど大切であるかを、身にしみて教えてくれたのは、このふたりの優れた研究者との交遊だったからである。

長い間、わがまま勝手な生活を許してくれた妻弘子、原稿のワープロ化を手伝ってくれた長女妙子にも感謝したい。最後に、思いもよらなかったこの論文集の実現に努力してくださった岩波書店編集部の沢株正始氏、ならびに編集にきめ細やかな心遣いをしてくださった同編集部の入江仰さんに、こころからお礼をもうしあげる次第である。

なお本書の出版には「大同生命国際文化基金」より出版助成金をうけた。記して感謝申し上げる。

一九九八年尽日宇佐美にて

石井米雄

目　次

II　タイ近世史の諸相

タイの暦法について

タイの歴史資料では、仏暦(phutthasakarat)、大暦(mahasakarat)、小暦(chunlasakarat)、ラタナコーシン暦(rattanakosinsok)という四種の暦法が使用されている。このほか特殊なものとして、『三印法典』などの一部の史料に見えるチュラーマニー暦(chulamanisakarat)ないし法律暦(sakaratkotmai)と呼ばれる暦法がある(第II部第六章参照)。西暦の使用はきわめてまれである。

(1)「仏暦」　ブッダ入滅の年を元年とする暦法。ラーマ六世王(一九一〇—二五)の勅命により、一九一二年から使用され始め、現在まで用いられているもっとも一般的な暦法である。西暦への換算には、五四三年を減じる。なおタイの「仏暦」はラオス、カンボジアでも使用されているが、ビルマ、スリランカの「仏暦」は一年早く、西暦との差は五四四年となる。ちなみに仏暦二五〇〇年祭は、ビルマとスリランカでは一九五六年であったが、タイ、ラオス、カンボジアでは翌一九五七年に行われた。

(2)「大暦」　バラモン暦ともいう。西暦七八年に始まる。

(3)「小暦」　ビルマ暦ともいう。史料にもっとも多くあらわれる暦法である。西暦六三八年に始まる。タイ語史料では、「小暦」の最後の一桁と十二支を組み合わせ、中国の十干十二支のように、六〇年をもって一巡する方式を用いることが多い。(例)pi-mamia thosok 午年第二年

(4)「ラタナコーシン暦」　現ラタナコーシン王朝が始められた西暦一七八二年を元年とする暦法で、ラーマ五世王(一八六八—一九一〇)によって始められ、ラーマ六世王が仏暦を導入するまで公文書に用いられていた。

Ⅰ　タイ史時代区分試論

第一章　タイにおける「公定史観」をめぐって

東南アジアという地域が歴史学の対象として確立して以来、間もなく半世紀が経過しようとしている。[1]この間、東南アジア史は、かつて盛んに行われた刻文史料による古代史研究と、植民地文書を利用した欧米列強による植民地統治の研究という限界を克服して、つぎつぎに発掘された現地語史料を駆使しての各国史研究、さらには各国の地方史研究へとその研究範囲を拡大し、研究の内容も次第に精密の度を増しつつある。研究者層を見ても欧米人の独占は破られてすでに久しく、数多くの東南アジア諸国の研究者が世界の歴史学界において活躍するようになった。[2]

こうした学問の発展によって、これまで定説として広く受け入れられていた学説もまた、さまざまな角度から再検討を迫られつつある。本章は、このような研究史の新しい流れを背景に、とくに一六世紀以前のタイ史に関する若干の旧説について再検討を試みようとするものである。[3]

一　タイにおける「公定史観」の成立

周知のように、タイ国史は「スコータイ以前」(一三世紀以前)、「スコータイ時代」(一三〜一四世紀)、「アユタヤ時代」(一四〜一八世紀)、「トンブリ時代」(一八世紀)、「ラタナコーシン時代」(一八世紀〜現代)の五つの時代に区分されている。この「単線的時代区分 unilinear history」[4]は、タイ国の公定史観 official history として学校教育においても広く受け入れられているものであるが、論を進めるに先立ち、まず首都の移動に着目したタイ史の伝統的時代区分成立の背景を検討しておきたい。

「プララーチャ・ポンサーワダン Phraratcha Phongsawadan」の名で知られるタイ語の王朝年代記の版本は、今日数種の写本によって知られている。(5) これらの王朝年代記は、「ルアン・プラスート Luang Prasoet 本」という唯一の例外をのぞくと(6)いずれも小暦七一二年(一三五一年)のアユタヤ奠都に筆を起こしている点で一致している。一八三六年から三八年にかけ、*Chinese Repository* 誌上に連載されたタイ語年代記の英訳でも、叙述は小暦七一二年のアユタヤ建設をもって始められている。(7) モンクットとの交友をもって知られるフランス人神父パルゴア Mgr. Jean-Baptiste Pallegoix が、一八五〇年にバンコクで出版した『タイ語文法』(8)のなかで、アユタヤ奠都以降現代にいたるタイ史の「忠実な叙述 satis fidelis naratio」として「第26章シャム史編年 chronologia regni Siam」の第二部に収録した「シャム王国年代記 Annales regii regni Siam」においても、同様に「小暦七一二年、ウートンエプラ・ラーマーティボディを称す」をもってその叙述を始めている。このように、史料的に確実なタイの歴史の開始を一三五一年(9)のアユタヤ奠都とする説が、定説となって二〇世紀を迎えることになる。

一九〇四年、フランス極東学院のペリオ Paul Pelliot は、漢籍史料を博捜して雄編「八世紀末における中国からインドへの二つの経路」を発表した。(10) 著者はそのなかでシャム人の起源について論じ、のちに「羅斛」と合体して「暹羅斛」ついで「暹羅」となる『宋史』『元史』の「暹」を、一二世紀のチャム語碑文に現われる syam の、またアンコールワットの西南回廊の浮き彫りに付された銘文の syam の、それぞれ漢字転写であると推定した。かれはさらにこの「暹」が、パヴィーがその調査報告書(Mission Pavie, 1879-95)のなかでとりあげたラームカムヘン Rama Khamheng 碑文(一二九二年)に見えるスコータイ Sukhothai 王国であって、タイ語年代記にいうアユタヤ王国に先立つシャム人の王国であるとした。

このペリオの新説は、やがてタイ人学者の受け入れるところとなる。歴史家ダムロン親王 Prince Damrong は、一九一四年、『御親筆本王朝年代記』の校定本のために書き下ろした長文の解説文のなかで、はじめて「スコータイを王都とする時代」、「アユタヤを王都とする時代」、「ラタナコーシン（=バンコク）を王都とする時代」に三区分するタイ史の時代区分を提唱した。親王は、それとあわせ、刻文史料を含む一一点の文献をとりあげ、これを「スコータイを王都とする時代」に関する史料として詳細な解題を行っている。[11]

スコータイ刻文研究は、一九一八年、ダムロン親王の招きに応じて来タイしたフランスの刻文学者セデス George Coedès が、一九二九年までの一二年間、バンコクに滞在してタイ史研究に専念することによって、急速な進展を見るにいたる。セデスは、一九二一年までの間に、スコータイ王国に関する論考をつぎつぎと発表、[12] 一九二四年には、積年の研究の集大成ともいうべき大冊『スコータイ刻文集成』を上梓した。[13] こうした刻文研究の発展を背景に、ダムロン親王は、一九二四年六月二八日から五回にわたり、チュラロンコン大学において連続講演を行い、スコータイにはじまりアユタヤへと続くタイ国史の構想を明らかにした。ダムロンはその講演のなかで、ラームカムヘン王の父シー・イントーラーティット Si Intharathit 王をもって「シャム国 Sayam Prathet 初代の王 Pathomkasat」であるとした。この講演こそは、その後広く行われるようになった単線史観の始まりであった。

二　チット・プーミサックの「公定史観」批判

こうしてタイの「公定史観」となった「ダムロン史観」は、定説としてタイ国の教育界を含め、国の内外にひろく受け入れられて近年にいたった。(14) ダムロン親王はその生涯に、タイ文化の多様な側面を対象に、長・短あわせて七〇〇編をこえる文章をのこす精力的活動を行った学者で、タイにおける近代的歴史学の父と呼ばれる人物である。その手法は学問的にきわめて厳密であり、史料的証拠を欠く推論にはその旨逐一明言することを忘れなかった。しかしダムロンが一九四三年にこの世をさり、かれのエピゴーネンたちの時代に入ると、親王の業績はひたすら偶像化され、親王が「推論に過ぎない」がと控えめに行った言説さえも、それがあたかも権威ある定説のごとく引用して、自己の所説を正当化しようとする傾向が一般化した。

こうしたタイの学界が、ダムロンへの盲目的な追従から、それの全面的否定へと、極端に傾斜する契機をつくったのは、一九七三年一〇月一四日に発生したいわゆる「学生革命」であった。タイ国近・現代史に例を見ないほどに過激な展開を見せたこの政治運動の過程において、あらゆる伝統的権威は、ひとしなみに「サクディナー」(15)として捨て去られた。この「一〇・一四運動」のイデオローグとして、学生層の熱狂的な支持を受けたのが、在野の歴史家チット・プーミサック Jit Phumisak である。(16) チットは、わが国ではまず革命詩人として紹介されたが、かれは歴史学者としても多くの注目すべき業績を残している。(17) かれの著書はそのほとんどが発禁処分を受けたが、「一〇・一四」以降の民主化の流れのなかで復刊され、改めてその業績が再評価されるにいたっている。本章のテーマとの関連でとくに注目されるのは、かれの死後に出版された『アユタヤ時代以前におけるチャオプラヤー流域のタイ社会』(18)である。同書は、タイの「公定史観」に対する最初の批判書として評価されなければならない。

チットは同書の中で、現行のアユタヤ史の叙述には「思考の壁」が存在し、それが自由な発想を妨げ、タイ史研究の健全な発展をゆがめているとする。「思考の壁 phaedan Khwamkhit」とは、小暦七一二年(チットの原文では仏暦一八九三年)のアユタヤ奠都をもって、アユタヤ史の上限とされてきた事実を指す。この「壁」が、小暦七一二年、すなわち西暦一三五一年以前に、チャオプラヤー川流域(現タイ国中央部)において生起した、歴史事象に対する研究者の探求心を奪い去ってしまったというのが、チットの批判の要点である。一例を挙げよう。大方のアユタヤ年代記の諸本とは、別系統に属すると考えられる「ルアン・プラスート本」アユタヤ年代記に、小暦六八六年に「パネン・チュン大仏」が建立されたという記事がアユタヤ奠都に先立って収録されていることについてはすでに注(6)で触れておいた。アユタヤの東南隅に現存するこの大仏の原型は、幅七ワー wa 一〇ニウ niu(一四・二メートル)の横幅と、九ワー wa 二ソーク sok(一九メートル)の高さをもっていたと考えられている。[19] 一六世紀中葉以降、ビルマ軍との戦いの戦火を蒙り、その後いくたびか修復が行われたとはいえ、これだけの巨大な仏像を建立したという事実を理解するためには、その背後に、相当の資金力と、技術および労働力の調達能力をもった個人ないし組織が、アユタヤ奠都に先立って存在していたと想定せざるをえない。もっともそれが、アユタヤ奠都以前に、チャオプラヤー川下流域にすでに成立していた政治権力の手になるものか、あるいは当時その周囲に移住し定着していた華人社会の経済力によって建立されたものであるかは明らかでなく、問題の解決は今後の検討にゆだねなければならない。

三　新しいタイ史の構築をめざして

小暦七一二年をもってアユタヤ史の上限とすべきではない、とするチットの問題提起は、大方の年代記の記録する奠都の二六年も前に、パネン・チュン大仏が建立されていたという、これまで問題とされなかった「ルアン・プラスート本」の一節を見るだけでも、その重要性が知られよう。このチットの問題提起とあわせてここで言及しておきたいのは、近年一部のタイ人歴史学者が唱え始めたひとつの仮説である。それによると、アユタヤという地名は後世の命名に過ぎず、一六世紀の中葉まで、タイの首都の名はアョータヤー Ayothaya であったという。この仮説は、同年代の刻文史料に、Ayutthaya という形が見られず、Ayothaya という形が第十一刻文に見えることを第一の論拠としている。筆者は一五二八年にチェンマイで制作されたとされるパーリ語の史書『ジナカーラマーリー』[20]を検討した結果、アユタヤを指す地名として Ayojjha[pura] という語を見出すことができた。[21] Ayojjha は Ayothaya のパーリ語形と考えられるので、『ジナカーラマーリー』が作成された当時は、チャオプラヤー下流域にあったタイの都は、Ayothaya であったと考えることができよう。

一方「アユタヤ Ayutthaya」という地名のタイ語文献への初出を検討して見ると、現在のところではかの「ルアン・プラスート」本王朝年代記に見えるのが最初と考えられる。この年代記の成立は西暦一六八〇年であることが前文中に明記されている。「ルアン・プラスート」本以外のアユタヤ年代記諸本は、いずれも一八世紀ないし一九世紀に作られたものであるが、首都名はすべて Ayutthaya で統一されている。

Ayothaya と Ayutthaya という、一見類似しているように見えるこれらふたつの地名は、サンスクリットの語源に遡るとまったく系譜を異にする語であることがわかる。前者は Ayodhya すなわち「ラーマーヤナ」第二編のタイトル(アョーディヤー・カーンダ)にともなった都城アョーディヤーに由来する。[22] この都城に君臨する王はダシャラタ王の王子ラーマである。Ayothaya という地名が第十一碑文に見出されることは前述したが、[23] この語は Ayothaya Rama Thep Nakhon という文脈の中に置かれている。これをサンスクリットに直せば Ayodhya Rāma Deva Nagara となり「ラーマ王の都アョーディヤ」を意味する。このことから第十一碑文の Ayothaya が上述したインド神話起源の Ayodhya に由来する語であることが知られる。[24] これに対して Ayutthaya という語は、単に

「不敗の(地)」を意味するサンスクリットのAyudhyaのタイ語訛音であって、とくにインド神話とはかかわりをもたない。[25]

タイの歴史学者ウィナイWinai Phongsiphienは、ナレースエン大王(一五九〇—一六〇六)を論じた論考のなかに「アヨータヤーからアユタヤへ」という一節をもうけ、アユタヤという地名が採用されたのは、ナレースエン大王がビルマによって一度滅ぼされたのち、王国に独立を回復して以降であると主張している。[26] 確かに、「不敗の(地)」を意味するアユタヤは、再建された王国の首都の呼称にふさわしく、かれの仮説は魅力に富む。アユタヤに独立を回復したナレースエン大王が登位する一五九〇年は、Ayutthayaという地名が初めて文献に登場する一六八〇年と、Ayothayaのパーリ語形であるAjojhaがパーリ語の史書にも現われる一五二八年の間に入ることを考えるとき、ウィナイ仮説の蓋然性はかなり高まる。

これらアユタヤに関する新説との関係で注目されるのが『大徳南海誌』テキストに基づいて「暹」を論じた山本達郎論文である。[27] この論文はペリオ以来、ながらく定説とされてきた「暹＝スコータイ説」に対し、『大徳南海誌』「諸蕃国」の条にみえる「暹国管　上水速孤底」という記述を論拠として批判した論考である。山本論文は「暹」はスコータイではなく、むしろAyutthayaと考えるべきではないかという新説を提出している。上述したウィナイ論文に即して言えば「暹」はAyothayaということになろうか。山本説にしたがえば『宋史』(一三四五年)巻四一八「陳宜中伝」に、至元一九年(一二八二年)陳宜中が走ったとある「暹」や、元の汪大淵『島夷誌略』(一三四九／五一年)にいう、至正己丑夏五月(一三四五年)に羅斛に降った「暹」などはいずれもAyothayaとなり、暹を内陸部に立地するスコータイに比定したことから生じた旧説の無理はすべて解消されることになる。もし「暹」がAyothayaであるならば、それはシャム湾を経て、海路ベトナムないし中国大陸と接する港市であったに違いない。[28]

ダムロン親王は、刻文に基づいて再構成されたスコータイを、アユタヤの前におくことによってかれの「単線史観」を組み立てたが、セデスによって解読されたいわゆる「スコータイ刻文」なるものを調べてみると、ラームカムヘン碑文など一、二の例外をのぞくと、いずれも一三五一年にアユタヤ王国が成立して以後に制作されたものであることがわかる。刻文史料をすなおに読めば、アユタヤ王国は、スコータイ王国の後継者ではなく、むしろこれと並存して存在した国家と考える方が自然である。われわれはむしろ、ダムロン親王がなにゆえに「単線史観」を提出したのか、その歴史的背景を探らなければならないであろう。

ダムロンの生きた一九世紀末から二〇世紀前半は、シャムが英仏の植民地主義勢力の狭撃をうけて、政治的緊張にさらされた苦難の時代であった。その危機の時代を背負ったチュラロンコン王ラーマ五世(一八六八—一九一〇年)は、かれの有能な異母弟ダムロンを内務大臣に任命し、英仏の外部干渉を未然に防止するため、国内統治制度を整備するという緊急にして重要な課題をかれに課した。ダムロンが地方行政制度の確立に行政手腕を発揮し、兄王の負托に見事にこたえたことはよく知られている。(29) こうした経験を持つダムロンにとっては、シャムという主権国家が、ながく単一の権力の支配する統一国家であったという歴史的事実を内外に示すことが焦眉の急を要する仕事であったであろう。「一にして不可分」なる主権を有することを建て前とする近代国家に、複数の政治権力の並存はふさわしくあるまい。ダムロンにとって、タイの正史編纂事業は、おそらく高度に政治的営みであり、「単線史観」の提示は、政治的必然であった可能性が高い。

「単線史観」の問題点は、アユタヤ史の絶対的上限として設定したことによって、その上限点を超える時代に生起した、歴史事象に対する探究の可能性を、事前に封印してしまった点にもとめられる。それは、たとえば、『三印法典』のように、暦法次第では、一三五一年以前の史実を含んでいる可能性が十分にある資料を子細に検討する努力を妨げる結果を生んだ。チット・プーミサックが指摘したように、研究者は、史料に現われた年次を換算して、これが一三五一年より古ければ、それを未知の暦法と考えて換算不能とするか、あるいは、書写の誤謬と判断して探究を止めてしまったのである。今後われわれに課された課題は、これまで捨て去られたデータから隠された真実を再発見することでなければならない。

これとあわせて、単線史観のなかで周辺に追いやられていたスパンブリやペブリなど地方の政治権力についても再検討を加える必要があろう。たとえば、前者は、かつて蘇門邦の名で独自に朝貢をしていた事実がすでに指摘されている。[30]今後は、さらに別の文脈でその意味を問直す必要がある。さらにマレー半島部では、リゴール、パタニなどの再検討も重要な課題となろう。定説の呪縛から解放されたタイ史研究者は、今後あらたな視点に立って、前近代のタイ国史を編むという大きな課題を負わされることになったのである。[31]

(1) 東南アジアが歴史学の対象として確立したことを示す象徴的な事件は、一九四九年のロンドン大学における「東南アジア史講座」の創設であろう。同講座の初代教授に就任したD. G. H. Hallは、『東南アジア史』(D. G. H. Hall, *A History of South-East Asia*, London: Macmillan, 1955)を刊行した。この書物は、その後ながらく、標準的教科書として世界各国の大学において用いられた(拙稿「東南アジアの史的認識の歩み」拙編『講座東南アジア学四――東南アジアの歴史』一九九一年、弘文堂、一―一四頁参照)。

(2) たとえばタイの歴史学者で、現在アメリカで教鞭をとっているThongchaiによって提出されたgeo-body概念が、世界の東南アジア学界の注目を集めていることなどを、その一例としてあげることができよう(Thongchai Wichakul, *Siam mapped, a history of the Geo-body of a nation*, Honolulu: University of Hawaii Press, 1994)。

(3) タイにおけるofficial history再検討の動きは、一九九六年八月にバンコクで行われたタイ文部省芸術局主催のシンポジウム、ならびに同年一〇月にチェンマイで開かれた第六回国際タイ研究会議のプログラム編成のなかにこれを認めることができる。

(4) Somkiet Wanthana, "The Politics of Modern Thai Historiography" (Ph. D. dissertation, Monash University, 1986), pp. 221-224.

(5) 石井米雄「タイ語文献について——Phraratcha Phongsawadan Krung Kao」本書第Ⅲ部第二章。

(6) 同本には、アユタヤ奠都の前に小暦六八六年の大仏建立の記事が挿入されている。

(7) *Chinese Repository,* Canton, 1836, p. 56.

(8) Pallegoix, *Grammatica Linguae Thai,* Bangkok, 1850.

(9) これまでは小暦七一二年は、西暦換算して一三五〇年とされ、百科事典などでもこの年代が採用されてきたが、再計算の結果、現在では一三五一年が正しいとされている。J. C. Eade, *The Thai Historical Record, A Computer Analysis,* Tokyo: The Centre for East Asian Cultural Studiese for UNESCO, The Toyo Bunko, 1996, p. 166.

(10) Paul Pelliot, "Deux itinéraires de Chine en Inde à la fin du VIIIe siècle", *BEFEO* IV (1904), pp. 131-413.

(11) 石井米雄「「ポンサーワダーン」(王朝年代記)についての一考察」本書第Ⅱ部第七章。

(12) Notes critiques sur l'inscription de Rama Khamheng (*JSS* 1918); L'inscription de Nagara Jum (*JSS* 1919); Les origines de la dynastie de Sukhodaya (*JA* 1920); The origin of the Sukhodaya (*JSS* 1921).

(13) *Recueil des inscriptions du Siam I, Inscriptions de Sukhodaya,* Bangkok, 1924 (cremation volume).

(14) 英語でかかれた最初のまとまったタイ史の著者であるW. A. R. Woodもまた、このダムロンの時代区分を踏襲している (W. A. R. Wood, *A History of Siam,* Bangkok, 1926)。

(15) Sakdinaは一九三二年の立憲革命までのタイに存在した「位階田」制度。

(16) 一九七三年一〇月一四日に発生した事件については、次の専著がある。David Morell & Chai-anan Samudavanija, *Political Conflict in Thailand, Reform, Reaction, Revolution,* Cambridge, Massachusetts, 1981; Oelgechlager, Cunn & Hain, 1981.

(17) Jit Phumisak (一九三〇—六六)、とりわけかれが獄中という不利な条件下で執筆した『タイ、サヤーム、ラーオ、コームという語の起源とその民族の社会的特質』(坂本比奈子訳『タイ族の歴史』勁草書房)、『忠誠宣誓式とチャオプラヤー川流域史に関する新考察』『アユタヤ期以前のチャオプラヤー川流域のタイ社会』の三大作は、もっとも重要な業績である。

(18) Jit Phumisak, *Sangkhom Thai lum maenam chaophraya kon samai Siayutthaya*, Bangkok: Mai Ngam, 1983, 395pp.

(19) "Wat Phananchoeng", *Saranukrom Thai*, Vol. 20, Bangkok: 1986, pp. 12645-12653.

(20) A. P. Buddhadatta Mahathera (ed.), *Jinakalamali*, London: P. T. S., 1962.

(21) 以下の議論については本書第II部第二章参照。

(22) M. Monier-Williams, *A Sanskrit-English Dictionary*, Oxford University Press, 1982, p. 86, i. ヴァールミーキ『ラーマーヤナ 一』(東洋文庫)岩本裕訳、平凡社、一九八〇年、二八―三〇頁、および同『ラーマーヤナ 二』四―二〇頁。

(23) Y. Ishii et al. (eds.), *A Glossarial Index of the Sukhothai Inscriptions*, Bangkok: Amarin Publication, 1989, p. 238.

(24) 第十一刻文。この問題に関する考証は本書第II部第一章ならびに第二章参照。

(25) 同様の意味はAyodhyaにもあるが、重要な点はそれが神話に起源があるかどうかということである。

(26) ウィナイは、タイ国考古・歴史史料刊行委員会が一九九〇年に開催したシンポジウム『ナレースエン大王即位四〇〇年』の報告書(Wuthichai Mulasin ed., *Somdet Phra Naresuen Maharat 400 pi khong Kankhrongrat*, Bangkok, 1990, 149 pp.)に集録された「タイ国史におけるナレースエン大王時代の重要性」と題する注目すべき論文(同書 pp. 58-120)の中に、「アヨータヤーよりアユッタヤーへ」と題する一節をもうけ、拙論と同趣旨の議論を展開している。同氏は、いまだ直接の証拠を見出すにいたっていないとした上で、それまでビルマ軍の攻撃の前に屈しつづけていたタイが、ナレースエンの登場によってようやく攻勢に転じ、ついにはビルマ軍を駆逐して独立を回復したというタイ史上の一大転機を記念するため、インドの叙事詩「ラーマーヤナ」に由来する「アヨータヤー」を廃止し、あらたに「不敗」を意味する「アユッタヤー」という、めでたい名前を採用した可能性が高いとしている。

(27) Tatsuro Yamamoto, "Thailand as it is referred to in the *Da-de Nan-hai zhi* at the beginning of the fourteenth century", *Journal of East-West Maritime Relations*, Vol. 1, 1989, pp. 47-58.

(28) たとえば『島夷誌略』の暹の条にサゴを満載して遠征するという記事なども、スコータイは、サゴが容易に入手可能な生態的条件としては、やや内陸に入りすぎていると考えられ、アヨータヤーとしたほうがその蓋然性はたかまる。

(29) その詳細は、Tej Bunnag, *The provincial administration of Siam 1892-1915, The Ministry of Interior under Prince Damrong Rajanubhab*, Kuala Lumpur, 1977 に求められる。

(30) 藤原利一郎「明初における暹羅との交渉」同『東南アジア史の研究』法蔵館、一九八六年、三一—四三頁。

(31) Somkiet, 1986 : 221 ff.

第二章　稲作と歴史

この章は、水田稲作をその生業の基盤とするタイ族の国家の歴史を、核心域の変遷という生態学的角度から整理することによって、タイ国史を時代的に区分しようとするひとつの試みである。

一　稲作・水・国家

タイ国のおもな構成民族は、タイ族(Thai)である。タイ国総人口の八五%は、タイ族が占めると推定されるので、一九九七年の国勢統計によるタイ国の総人口六〇一二万人を基準とすると、タイ国内に居住するタイ族の人口は五一〇〇万人を超える。ここで言うタイ族とは、言語を基準とした民族分類にしたがっており、広義のタイ語、すなわちたがいに親縁関係にあるタイ諸語の話し手の総称として用いている。

タイ族には、言語のみならず、生活習慣においても「方言的」差異がみとめられる。こうした差異に着目して、タイ国内のタイ族をさらに細分すると、中央部のシャム族(Siamese)、東北部のタイ・ラーオ族(Thai-Lao)、北部のユアン族(Yuan)、南部のパク・タイ族(Paktai)、その他という五つの下位区分が得られる。(1) このうちシャム族は、中部タイ人口(一九九二万人)の中核を占め、一三世紀以来、タイ国(＝シャム)の中心的民族として歴史の主役を演じ続けてきた。現代タイ国語(phasa klang)もまた、シャム族の言語(phasa phak klang)を基礎として成立している。

最大の人口を有するタイ族は、東北タイのコーラート高原一帯に広く分布するタイ・ラーオ族である。人口は約二〇〇〇万人と推定される。シャム族のうるち米に対し、タイ・ラーオ族はもち米を常食とする点できわ立っている。

北タイのユアン族は、古くから独自の文化を発達させてきた民族で、中国には、元代以降、「八百」の名で知られていた。ユアン族の立てたランナータイ王国は、一九世紀末にいたるまで、タイ国の属領として、半独立の状態を続けていた。ユアン族は、現在チェンマイを中心とする北タイの山間盆地一円に居住している。

タイ族分布の南限はマレー半島で、狭小な海岸平野を中心として中部タイのシャム人がパク・タイ族と称するタイ族が居住している。

タイ国には、以上の主要グループのほか、近年ラオスから東北部に移住してきたプータイ族(Phuthai)、北部タイのタイ・ルー族(Thai Lu)、東北タイのプアン族(Phuan)など、少数グループの存在が確認されている。

タイ族の居住圏はタイ国にかぎられてはいない。タイ国境を超えた大陸東南アジアにも、タイ族の広い分布が見られる。いまその西限をアッサム地方のアホム族、東限を広西のチュワン族にとり、北限を貴州省の布依族、南限を南タイのパク・タイ族にとるならば、タイ属の分布範囲は、南北およそ二〇〇〇キロ、東西一五〇〇キロの広範な地域にわたる。

人口の点で、シャム族、タイ・ラーオ族につぐ勢力は、中国の広西壮族自治区を中心とし、雲南、貴州、広東の各省にも分布するチュアン族(Zhuang 僮族または壮族)である。一九八九年の調査で、人口一五五〇万人という。次いで貴州省をはじめ、雲南、四川の一部に二五〇万人が分布するプーイ族(Bu-yi 布依族)がある。このほか、ラオスの主要構成民族であるラーオ族(Lao)、ビルマのシャン州にいるシャン族(Shan)などがある。

このほかタイ族のなかの有力グループは、雲南省西双版納傣族自治区などに居住するタイ(Thai 傣族、約一〇〇万人)、ベトナム北部のタイー族(約一一五万人)、同じくターイ族(約九九万人)、黒・白・赤タイ族などを挙げることができる。こうした大グループに、数百人から数万人の単位で、各地に散在する少数タイ系種族を加えると、タイ族の総人口は、おそらく八〇〇〇万人をこえるであろう。

地図を広げて、中国雲南省南部を見てみよう。ビルマからラオスの国境沿いに、勐満、勐遮、勐海、勐昔、勐棒のなど、「勐」のつく地名の多いことに気づくにちがいない。古い地図では、「勐」の代りに、「猛」の用いられている場合もあるが、音は同一で、いずれもMengと読む。ついでビルマのシャン州に目をうつすと、こんどはMong Ton, Mong Hkok, Mong Loi, Mong Nawng, Mong Hsu など、Mong のついた地名の分布が目立つ。一方、ラオスに入ると、Muong Sing, Muong Ou Neua, Muong Ngoi, Muong Son など、Muong に導かれた地名が多い。似たような状況は、北ベトナムの雲南・ラオス国境よりの地方にもある。現在ディエンビェンフー Dien Bien Phu、ライチャオ Lai Chau と呼ばれている町には、それぞれ Muong Theng, Muong Lai という別名がある。

Meng(勐)、Mong, Muong は、いずれもタイ語で、タイ国語(シャム語)の Muang と同じ語である。英語の辞書は、これに "town, city, country" などという訳語を与えている。こうした地名を持つ地域の住民は、大半がタイ族であると考えてよい。たとえば雲南省では、中国語で傣族と称されるタイ・ルー族や、シャン族が、「勐」の人口の大半を占める。ビルマで Mong のつく地名は、シャン族の旧土侯領である場合が多い。ラオスの Muong が、ラーオ族の居住地域であることは言うまでもないが、ベトナムでも Muong はタイ族の領域で、Muong Theng(= Dien Bien Phu)黒タイ族の、Muong Lai(= Lai Chau)は白タイ族の、それぞれのかつての土侯領域の首邑であった。

こうしたMeng, Mong, Muong, Muangの立地条件を大縮尺の地図で調べてみると，いずれも谷間に発達した狭小な平地や，山間盆地に位置していることがわかる。タイ族は，このように用水の得やすい山間の平地に居住して，水稲耕作を生業とする民族である。人類学者は，タイ族を「谷間の平地水田耕作民 Valley-dwelling wet-rice growers」と規定する。(2) もっとも，作物を水稲に限定するのはせますぎるかも知れない。なぜならば，チュアン族のように，水稲栽培を主とはするものの，場所によっては，陸稲やトウモロコシや甘蔗を栽培して，不足分の食糧を補っている民族もあるし，さらに水が得難い条件下では，むしろトウモロコシのほうが主食となり，米は陸稲をわずかにつくるだけで貴重品として祭日にしか食べないというベトナム北部山地に住むターイ族のような事例も見られるからである。こうした場合も，ただ条件さえ与えれば，たとえばベトナムのタイー族のように，斜面を利用して棚田をつくり，水車を用いて揚水の工夫をこらしたりして水田耕作へと移行する傾向が見られる。こうした点を考慮すれば，タイ族を水稲耕作民とする規定はけっして不当ではなかろう。

作物の育成に水が不可欠の要素であることは言うまでもないが，水稲の栽培には一定期間の湛水という新しい条件が加わるので，水の必要量も増加し，かつその持続的・安定的供給が要求される。同時にまた，水の過剰な供給は，稲の育成を妨げるので，灌漑とあわせて排水に対する適切な措置が講じられなければならない。水田耕作者にとって，用水の確保とその管理は，生産の成否を左右する重要課題である。

水稲の育成に適当な用水条件が自然に与えられ，人々はその自然条件に適合する品種を適切に選別しさえすれば，生産可能となるめぐまれた地域もある。後述する氾濫原の稲作がそれで，ここでは農民はただ，氾濫水の増加速度に打ち勝って急速に草丈を伸ばす品種(たとえば浮稲)を見出すことによって稲の生産に成功した。こうした自然条件下で農民に求められる知恵は、品種の選別というわば農学者のそれである。これは自然に対する「農学的適応」と言ってもいいだろう。これに対し、手近に水源を見出せない地域では、農民は遠隔地にある水、あるいは天水を、手元に引きよせ利用可能とし、かつその状態を持続させるために努力を傾注しなければならない。かれらは導水溝をうがち、揚水装置をもうけ、堰をきずいて川をせきとめ、あるいは貯水のための貯水池をつくらなければならなかった。これは、さきの「農学的」に対し、自然に対する「工学的適応」と言うべき農業の形態である。

後者の場合、こうした自然のいわば「改造」に必要とする労働力の大きさや、資材の量には、立地条件によってかなりの差異を生じる。豊富な湧水が手近に得られたり、近くに細流があり、簡単な堰と導水溝をつくるだけで水田への給水が可能な場合には、用水の確保は家族単位、あるいは村落単位の労働力や、そこで調達可能な資材で十分であろう。しかし、近傍に水源が存在しないような場合には、大規模な用水路の掘削や、大貯水池の建設など、大がかりな土木工事が必要となる。こうした大工事には、家族や村落の動員力を超えた大規模な労働力や資材の調達が必須となり、そのためには、地方レベルあるいは国家レベルでの支配権力の存在が前提とされなければならなくなる。ウィットフォーゲル Karl A. Wittfogel は、この点に着目して「水力農業 hydraulic agriculture」という概念を導入した。「水力農業」とは、大規模な灌漑排水設備を必要とし、その設備建設と維持管理のために、国家権力の介入を要請するような農業を意味する。ウィットフォーゲルは、この種の農業に必要とされる用水の管理支配の中に「東洋的専制支配」の契機を見出したのであった。

もっとも、かれが対象として取り上げた「水力農業」は、主として乾燥地帯の農業で、中国の古代王朝が行ったような大規模な治水事業をまってはじめて可能となるような地域の農業である。小規模灌漑による農業経営は「水利農業 hydroagriculture」と呼ばれる。前者を特徴づけるのは、その「農業管理的・農業官僚制的性格 agromanagerial and agrobureaucratic character」である。そこでは、用水路、堰、貯水池、排水路などの農業施設が、国家によって建設され、維持管理され、そのための官僚組織の発達が見られる。「水力社会 hydraulic society」の支配者たちは、まず"great builders"として規定されるのである。[3] いま「水力農業」を「水利農業」から区別する指標を、灌漑規模の大小ではなく、用水管理における国家の関与の有無におくとすると、ウィットフォーゲルの問題提起は、タイのようなモンスーン地帯の小規模な灌漑農業によって支えられる小国家の性格を解明するためにも、有効な視点を提供してくれるように思われる。そこでわれわれは水と国家とのかかわり合いに焦点を合わせながら、稲作民族国家であるタイ国の歴史を素描してみようと思う。

二　「古代的」国家と稲作

雲南省南部や、ラオス、ベトナム、ビルマなどの山間盆地に居住するタイ系諸族のムアン Muang における統治形態は、近年、友杉孝、田邊繁治、加藤久美子らの努力で次第に明らかにされてきた。[4] それによると、これらのムアンに共通的に見られる特徴は、土地の所有権が、各ムアンないしは諸ムアンの統合の上に成立する上位の統治領域(同じくムアンと呼ばれる)の首長に帰属し、一般農民には保有権のみがみとめられ、しかもその保有権が、土地の実際の用益によって支えられているという点である。たとえばシャン族の場合、土地はムアン(＝Mong)の首長である専制的なソーボア Sawbwa に所属し、農民には保有権しか与えられていない。白タイ族の土地も、すべて、首邑ムアン・ライ Muong Lai＝Lai Chau に住むチャオ・ムアン Chao Muong(国王)に帰属する。国王は一二の官によって構成される家産官僚群をもち、その各々に対し、二〇〇〇タン(一タンは約二〇ℓ)の収量をもたらす田地が分与されていたという。

こうした山間盆地のタイ族における灌漑の状況は、雲南のタイ・ルー族の事例が示唆的である。(5) シプソーン・パンナー、つまり今日の雲南省西双版納傣族自治区に居住するタイ・ルー族は、小河川に堰を築いて水位を上げ、導水路によってこれを田地に導水する方式の灌漑を行っている。ルー族の堰堤は、小河川に竹杭を打ちこみ、その間を岩石や砂利をつめた竹籠でふさいだものでファーイ Fai と呼ばれる。これらの堰や、ムアン Muang(「国」を意味する Muang と同音意義なのでまぎわらしいが、実際には声調で区別される)と呼ばれる運河の管理には、一村もしくは水がかりの地域内の数村からパン・ムン Pan Meng と呼ばれる一種の「堰長」が選出され、灌漑施設の維持管理にあたる。パン・ムンは、多くは世襲化し、用水管理をめぐって強力な権限を行使しているという。

このような、山間盆地型のムアンは、タイ国内においては、北タイのユアン族のたてた一三世紀のランナータイ王国に典型的な形で現われる。一三世紀の中ごろ、メコン河上流部のチェンセエン Chiang Saen を支配していたマンラーイ王 Chao Mangrai は、まずチェンラーイ Chiang Rai、ファーン Muang Fang など、メコン水系の山間盆地の諸ムアンを攻略したのち、チャオプラヤー河上流部のピン河流域に入り、モン族の首邑ハリプンチャイ Hariphuñjaya つまり、今日のランプーン Lamphun をその支配下におく。マンラーイ王は、その後、都をチェンラーイから、ランプーンの北方に遷し、これをチェンマイ Chiang Mai(新都の意)と名づけた。チェンマイは、その後、一九世紀末まで、ランナータイの首都として繁栄する。ランナータイ王国の生産の基盤は、チェンマイを中心とする南北約六〇キロメートル、東西約二〇キロメートルの山間盆地であった。

チェンマイ盆地は、人類学者によって、古来、村落共同体的用水管理の発達した地域としてしばしば言及されてきた。ウィジャヤヴァルデーネ Wijeyewardene は、彼の調査村において六〇〇ライ(九六ヘクタール)を灌漑するための村落共同体的用水管理組織があり、村民の中から選出された「堰長」の指揮下に用水の維持管理が整然と行われ、農民は灌漑施設の維持管理のため、年間二〇日から三〇日間の労働奉仕を行っていると報告している。(6) キングスヒル Konrad Kingshill の調査村においては、行政村の村長 Kamnan が、「堰長 irrigation headman」として、用水の維持管理に伝統的権限を行使し、農民の受益面積の大小に応じて、用水施設の維持に必要とする労働力を提供する慣行が確立しているという。(7)

こうした村落レベルにおける村落共同体的用水管理慣行の記述において、しばしば見逃がされがちなのは、自然河川から末端用水路にいたる中間段階に存在する用水施設の問題である。北タイ方言では、灌漑用堰に次の三種の構造物を識別する。第一はファーイ Fai である。この語には広狭二義があり、広義では大小すべての井堰を指すが、狭義では、自然河川から幹線水路へ取水するための頭首工を意味する。幹線水路から支線水路へ導水するための井堰はターン Tang と呼ばれる。そしてその支線水路から末端水路への分岐点につくられる簡単な井堰はテェー Tae である。(8) この区別は、標準タイ語には存在せず、北タイにおいてさえかならずしも厳密に区別されず、いずれもファーイと呼ばれることが多いところから、これまで学者の注意を引くことが少なかったが、国家権力と用水管理との関係の考察上、この区分を明確にしておくことはきわめて重要であるように思われる。なぜならば、人類学者の注目した村落レベルにおける共同体的水利慣行の背景には、自然河川からの導水によって、広大な水がかり地域を創出するための基盤整備事業である大規模な幹線用水の掘削が、国家権力の手によって行われたという歴史的事実が存在しているからである。国家権力の形成と用水管理との関係に注目するわれわれにとって、この事実は正当な評価が与えられなければなるまい。

こうした幹線水路掘削の著名な事例は、一三世紀末ピン河左岸に掘削されたケェン用水路 Muang Khaeng である。この用水路は、一二八一年、ランナータイ王朝のマンラーイ王の家臣クン・ファーが、ハリプンチャイ(ランプーン)の住民を指揮して掘削したと伝えられる幹線水路で、クーナー王(一三六七―八八)のとき、ケオ用水路Muang Kaewと改称された。全長は一万七〇〇〇ワー(三四キロメートル)、現在のメェリム郡サンサーイ郡、チェンマイ郡、サーラピー郡を水がかりとし、受益面積の合計は数万ライに達する。文献上の確証はないが状況証拠から見て、一九三三年、王室灌漑局によって完成を見たメェフェーク灌漑計画の原形であろうかと思われる。メェフェーク灌漑計画は、ピン河とテェン河の合流点の東側に頭首工をもうけ、ここから取水した水を南方に向かって山麓の等高線沿いに約四〇キロメートル導き、これをクワン河に落とすもので、工事には六年を要しその受益面積は七万ライ(一万一〇〇〇ヘクタール)にのぼっている。

かりに、クン・ファーの掘削した三四キロメートルの用水路で、一万ヘクタールの新田が開発されたとしよう。当時の収量を、現在の八〇%と見て、ヘクタールあたり、二トンから二・四トンのもみ米が生産されたとすると、雨季の一期作としても、二万トンから二万四〇〇〇トンの米が生産されたことになる。いま一人の年間米消費量を、もみ米換算で二二五キログラムとすれば、この新田の生産分だけでも優に八万九〇〇〇人から一一万人程度の人口をささえることができる。この数字は明らかに村落の規模を超えている。『ヨーノック史Phongsawadan Yonok』によれば、[9] ケェン用水路の掘削はハリプンチャイ住民の徭役労働の徴発によって完成されたという。徴発された労働力についての記載はないが、近年における灌漑局の計画においてさえ、竣工までに六年の長年月を要したことは、その工事の大きさを示唆しているといえよう。水がかり地域の広さといい工事に要した資材・労働力の大きさといい、ケェン用水路はいわゆる村落レベルの灌漑とはその規模において格段の差をもった用水施設である。それは何らかの形における国家権力の存在を予想させる。

こうした予想を裏づけているのは、灌漑にかんする古代法典の規定である。マンラーイ王の制定と伝えられる「マンラーイ法典 Mangraisat」には、ファーイの維持管理や、用水の利用について興味深い規定が見出される。ファーイには舟や筏の運行が可能なように、その一部にいわゆる「船通し」と言う水路が設けられているのが普通であるが、これを欠く場合もあるファーイを通過しようとする舟や筏が、ファーイに触れこれを損壊した場合、「マンラーイ法典」は損壊者に対して、原状回復義務を規定している。もし独力でファーイの原状回復が不可能な場合には、大型のファーイについては銀一一〇枚、小型のものについては銀六二枚の罰金が定められている。

ランナータイのファーイは、現在でも北タイの各地で散見されるように一・五メートルくらいに切りそろえた竹杭を川床につき立て、間に詰め物をするという簡単な構造物で、増水期には水流によって破壊され、溢流が防止される仕組みになっている。したがって毎年、減水期に入ると、定期的にファーイの復旧を行う必要が生ずる。材料の竹杭も数万本から、数十万本を調達しなければならない。こうした灌漑用水維持管理のための共同作業に協力せず、しかも、用水路によって導かれた水をひそかに田地に導水することは社会に対する重大な犯罪行為とされ、国家権力による制裁が加えられた。初犯者には「割れるほど頭部を殴打する刑」もしくは「銀一一〇枚の罰金刑」が科せられたが、再犯に対して「死罪」が定められていたことは用水管理に対する国家権力の関心の強さを示すものといえよう。

タイ国はやや乾燥気味のモンスーン気候区に属している。そこでは、稲作にとって降雨量が不足であり、氾濫原やデルタのように、特殊な地形条件が存在しないかぎり、天水のみによる水田農業は不可能である。こうした状況で水稲の生産を行う場合、不足分の水は、人工的灌漑によって補わなければならない。しかしそのことは、稲作そのものをまったく不可能にするものではない。なぜならば水稲に必要なだけの水量が得られなければ陸稲を栽培することも可能だからである。灌漑田と天水田との違いにおいては、収量の大小もさることながら、収穫の安定性における差異が重要である。天水田農業では、雨期の開始が遅れれば植付けも出来ず、収量ゼロの危険がつねに存在する。こうした問題はあるにせよ、モンスーン地域における灌漑が、乾燥地域におけるほどの決定的重要性をもち得ないことはみとめなければならないであろう。後者においては、灌漑の停止は生産の停止に直結するのであり、用水の支配による効果的な農民の支配が可能であるが、モンスーン気候の下では、用水の支配者も乾燥地域におけるほどの強力な支配権の有効な行使は困難である。言うならば、そこは乾燥地帯に見られる専制的な「水力社会」の成立しにくい世界である。それにもかかわらず、タイ国の歴史を考える上において、用水支配における国家権力の関与の有無は、やはり時代区分上、有効なメルクマールを提供しているように思われる。われわれは、国家による用水支配――具体的には国家権力による規模の大きい幹線用水の建設――の認められるタイ族の小国家を、「準水力社会 quasi-hydraulic society」と規定し、そのような国家の成立する地域をタイ族の「古代的核心域」と呼ぼうと思う。上述したチェンマイのランナータイは、その一例である。規模は小さいが、同様の性格を持つものに、ナーン盆地に成立した小国家がある。セデス George Coedès の指摘した一三世紀におけるタイ族の「大沸騰 effervescence」の結果、チャオプラヤー、サルウィン、メコンの分水嶺付近に成立したタイ族の小国家群は、おそらくいずれもこのような「準水力的」な性格を持っていたものと想像される。

さて、ユアン族のマンラーイ王がチェンマイにランナータイの王都を定めるに先立ち、メコン河支流のコック河、ラオ川、チャオプラヤー河上流のピン河流域の山間盆地に勢力を扶植しつつあったころ、南方のヨム河中流部の扇状地に位置するスコータイ・サッチャナーライには、シャム族の国家スコータイが形成されつつあった。一般にタイ国史ではスコータイ王朝の創設をもってタイ国の建国とする。(10) スコータイは、もとアンコールのクメール帝国の西北境の首邑であった。はじめクメール人総督の支配下におかれていたが、一三世紀の中ごろ、その支配権がシャム族の手に移ったとされる。

スコータイ時代の農業の形態、とりわけ灌漑の状況については不明な点が多い。しかし遺跡の状況と、刻文史料によって得られる知見を総合すると、クメール的要素とタイ的要素とが併存しつつ、しだいにタイ的要素が卓越していったと推定される。スコータイ城壁の北から東北方にかけて存在する、東西約三ないし四キロ、南北約一キロ強の矩形の貯水池らしきものの遺構は、その形状から見てクメールの貯水池バライを彷彿させる。ラームカムヘン王碑文に、「このスコータイの町の東には……大海(Thale Luang)がある」と記されているのは、この貯水池を指したものであろう。しかし、一三世紀当時においては、スコータイの東側全体が、ヨム河の後背湿地として湛水していた可能性もあり、「大海」は、その自然湛水を指したのかも知れない。

人工池であることが刻文の上の記載からも明瞭なのは、スコータイ城壁の西南方の谷をせき止めて構築したダムで、ラームカムヘン碑文にあらわれるシートポン Sitphong がそれである。近年、芸術局の手で復元され、三八万立方メートルの貯水量をもつことが知られている。ただし、このダムに貯水された水が、灌漑用水であったことを示す文献上の証拠はない。スコータイ城内の各所に掘られた人工池が沈殿池であったらしいことが、近年発掘された導水用土管から推定されること、さらにこれらの人工池 Trapphang の水が、「乾季のコーン河のように清く美味である(kin di)」という第一碑文の記述などからすれば、このダムは、むしろ飲料水用の浄水池であった可能性のほうが大きいかもしれない。

これまでの研究からでは、スコータイ時代における灌漑の状況は明らかでないが、一三五七年の日付をもつ第三碑文の一節に、「プラヤー・タンマラーチャー(＝マハー・タンマラーチャ一世王)は……ムアン(muang)を掘り、ファーイ(fai)を築く術を知っている」とあることは、チェンマイについて考察したような、ムアン＝ファーイ型の灌漑が、スコータイにおいても行われ、しかもその建設が、王権によって行われた可能性を示している。この推測を裏付けるもう一つの史料は、スコータイの前衛都市であるカンペンペットで発見された、シヴァ神像の台座上に彫られた刻文(第十三刻文)である。この刻文は、一五一〇年の年次をもち、したがってスコータイが、南方のアユタヤに併合された後に作成されたものではあるが、その内容は、同地に成立した支配権力と用水管理との関係の考察上示唆的である。

同刻文は、まずシヴァ神像鋳造の由来を述べたのち、「祖父王プラヤー・ルアンが、かつてパーン村へ用水を引くために掘削した用水路は、土に埋もれて見失われ、人々は(かつての)田地の上を通行するようになってしまった。(チャオプラヤー・シータンマソーカラートは)旧水路を探し求めてこれを発見し、水田に水が引けるようにした。こうして、井堰から導水して灌漑する水田(na muang na fai)は復旧し、人々はその上を通行することを止めた」と述べている。

前述したようにアンコール・トムに見られるバライ形式の貯水池の遺構らしきものがスコータイに残っている事実は、そこにクメール的発想による「バライ・タイプ」の貯水池灌漑が行われていた可能性を示唆している。もっとも、それは、スコータイの支配権がタイ人の手に移り、クメール人支配が終焉したのちも、この方式による灌漑が引きつづき行われていたことの証拠とはいえないであろう。バライ形式の灌漑は、これまで検討してきた山間盆地のタイ族のムアン型国家には見出せないのである。そして上に引用した二つの刻文史料から推定するかぎりでは、スコータイのタイ族もまた、山間盆地型の灌漑を踏襲していた可能性を示唆している。ただし、スコータイの立地する扇状地は、山間盆地より面積も大きく、その意味で、山間盆地のムアンにおける用水管理パターンだけが存在しうる環境であるかどうかについては、いぜんとして疑問がのこる。スコータイには、山間盆地的環境と台地的環境の双方の要素が混在しており、ムアン＝ファーイ型の灌漑方式も可能であれば、バライ型の灌漑も可能な、灌漑に対する自然環境という視点からすると、一種の遷移地帯と見ることができるからである。この点の解明については将来の研究の進展をまちたい。

三　氾濫原の稲作と「中世的」貿易国家

高谷好一によれば、チャオプラヤー河を含む大陸部東南アジアの大水系の流域は、「排水域」、「氾濫原」、「デルタ」の三地域に区分することができるという。ここで排水域とは、大河上流部の山地と、大河支流部に発達する大平野周辺の傾斜地をいう。これらの地域は、相対的な地盤高と急傾斜とによって特徴づけられ、水の排出が容易な地域である。地形区分的には、山間盆地と、扇状地・段丘複合地帯とが含まれる。タイ族の居住圏として見るとき、「排水域」は、前節で「古代的核心域」と規定した、あの「ムアン」型の政治統合が成立する自然環境である。

チェンマイ盆地などによって代表される山間盆地では、広大な集水域から集まってきた豊富な水が、盆地中央を分流しつつ流れる大河によって、下流部に横たわる氾濫原へと運ばれていく。われわれは、前節において盆地の農民たちが、こうした流水路のそこここにファーイ(堰)をもうけて灌漑用水を取水し、そこから地形条件に合わせて用水路を掘削して水を通し、人工的に水がかり地域を創出することによって、安定的な水稲耕作を行っていることを見た。ここでは、農業生産が、一定の方向をもって流れる流水利用の重力灌漑に依存するので、その流路の支配者が、同時に農業の支配者となる。雨量の比較的豊かなモンスーン気候の下では、乾燥地帯におけるほどの徹底さは見られぬにせよ、そこには用水支配を契機として成立する国家権力が生まれ、「準水力的」とも呼ぶべき社会の成立が見られるのである。

排水域から排出された水は、まずその下流部の閉塞低地を湛水させ、さらにその下流部に横たわる古デルタを満たす。これらの地域は、いずれも上流排水域の水を受けて氾濫するので、氾濫原と呼ばれる。氾濫原農業の特徴は、自然に対する「農学的適応」の結果である、と前に述べた。氾濫原に卓越する水のもつエネルギーの圧倒的な巨大さゆえに、人々はここでは自然に対する挑戦をあきらめ、自然の鼓動に耳を傾け、これに共鳴するような生産方法を編み出した。農民たちは、大河の後背湿地を満たし、急速度でその浸水を増してゆく水を制御するよりも、むしろその増水速度に打ち勝って草丈を伸ばす品種の選抜に努力を集中し、ついにこれに成功したのであった。「浮稲」は、氾濫原農民の「農学者の知恵」が生んだ傑作の一つと言ってよいであろう。われわれは、徳川時代の初期に、はるばるアユタヤから長崎を訪れたジャンク乗組の「唐人」の言葉をかりて、当時の氾濫原農業の印象をしるしてみようと思う。以下は、『華夷変態』に収録された「元禄三年庚午(一六九〇年)八拾四番暹羅船の唐人共申口」の一部である。

毎年此河水、五月之比より段々流れ参、國中迄も壹面に水國に成申事に御座候、其水八月末に引取申候……其水一丈之内外御座候、尤古来より其水、國土之害に成申たる儀も無御座候、然により雨露に無構、此水にて米穀出来申儀に御座候、右之水不参巳前に米種蒔散し召置申候へば、水につれ苗出来、逐日水之漲次第に苗も水程長じ申儀に御座候、夫に付稲之長さは壹丈余も有之儀に御座候、其通に心易出来申米にて御座候へば、余國より別而下直に御座候、旱魃之氣遣無之所にて御座候(後略)。

タイの雨期は、例年五月つまり太陽暦の六月頃に始まる。雨が降り始めると排水域に集まった水は、絶え間なく氾濫原へ向かって排出され、「國中迄も壹面に水國」へと変貌させる。毎年繰り返されるこのような自然のリズムを知悉している農民は、この水が押し寄せてくる前に、耕起した田地に種もみを「蒔散」らす。いわゆる散播法である。やがて発芽したもみは、「水につれ苗出来」日増しに上昇する水かさに抗して草丈を伸ばし、その長さは「壹丈余」にも達する。浮稲の選別に成功した農民にとって、氾濫原の稲作は「心易」い作業であったろう。ここでは、山間盆地の農民のように、ファーイの維持に心を砕き、営々として用水路の掘削に汗を流し、その保守に心をくだく必要はない。かれらは、洪水時にも冠水することがない川筋の自然堤防上に住居を設け、後背湿地での「心易」い稲作と、自然のつくった無数の水溜りでの漁撈によって蛋白源を確保し、安定した生活を営むことができた。このように見るならば、氾濫原の農民に対して、山間盆地に見られるような、用水管理を通じた支配を及ぼすことが、およそ不可能であることは容易に想像されるであろう。氾濫原とは、それゆえ、生態学的に「水力的」という概念の成立しえない環境なのである。

一四世紀の半ば、氾濫原の一隅アユタヤに新都を建設し、その後四一六年にわたってタイ国を支配したアユタヤ王朝の支配者たちも、自然改造に関心を示さなかったわけではない。それどころか、アユタヤ年代記には、運河掘削の記事が各所に散見される。図1は、一三五一年のアユタヤ王朝成立から、一七六七年の同王朝滅亡までに、チャオプラヤー水系に掘削された運河の位置を示したものである。しかし、一見して明らかなように、これらの運河は、いずれも蛇行した水路を直線化するための「短絡運河」か、あるいは川筋と川筋を接続する「横断運河」にほかならない。これらは北タイの山間盆地などで見られる灌漑用の用水路(ムアン)とは、まったく性質を異にしている。

アユタヤ王朝年代記を読むと、これらの運河は、国家権力が、多数の徭役労働力を徴発して掘削したものである

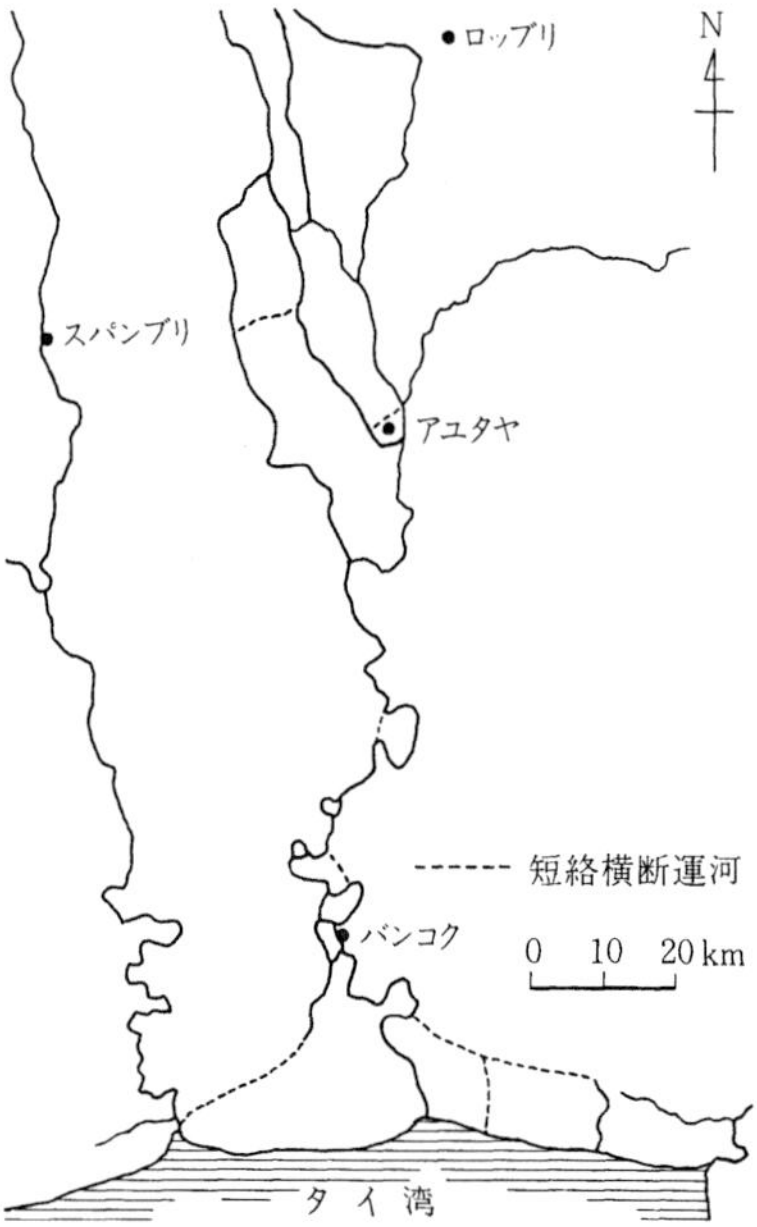

図1　アユタヤ時代の運河

ことがわかる。アユタヤ王朝の支配者たちは、なぜその権力を行使して「短絡運河」や「横断運河」の掘削を行ったのであろうか。この点を理解するためには、王都アユタヤの立地する氾濫原末端部のもつ意味を吟味する必要がある。

われわれは、さきに、氾濫原の住民が、大河の両岸に発達した自然堤防上に住居をいとなむと述べた。氾濫原を特徴づけるこれらの自然堤防は、アユタヤをその南限として、デルタの泥濘の中に消失してしまう。いまかりにデルタ下流部を、大陸と海洋との間に横たわり、自然の状態では居住圏として不適な泥の帯とみなすならば、アユタヤは、まさにその泥の帯を間に介して大洋と接する、大地の南端に位置している。類似の状況は、アユタヤ西方のスパンブリについても認められる。すなわち、アユタヤはチャオプラヤー水系と海との接点であり、スパンブリは、スパンブリ水系が大海に向かって開いた出入口と見ることができる。この認識に誤りがなければ、『明実録』などの中国史料に「暹羅」(アユタヤ)とならんで、「蘇門邦」(スパンブリ)の名が、朝貢国として記載されているのも、あながち偶然ではない。この二つの地名は、アユタヤ初期における大チャオプラヤー水系の二大港市であった。もっとも「蘇門邦王」の名が実録に登場するのはアユタヤ初期だけで、永楽時代(一四〇三〜二四)に入ると、遣使者は、暹羅王国に統一されてしまう。これは、アユタヤ王朝の核心域が、初期アユタヤ・スパンブリの二核型から、アユタヤ一核型へと移行した歴史と照応する。

アユタヤと諸外国との貿易の記録では、対中国の「朝貢」形式の貿易がもっとも古く、明初からの入貢が知られている。『明実録』によれば洪武三年（一三七〇年）の詔諭を受けた暹羅斛国王は、翌洪武四年（一三七一年）、最初の朝貢船を送り出している。(11)

暹羅斛または暹羅から中国にもたらされた貢物の内容を見ると、蘇木、胡椒、丁香、象牙、降香、などが多い。明代に作成された対訳辞書であり、また学習用文例集でもあった『華夷訳語』「暹羅館」の雑字や来文には、アユタヤからの貢物の内容がさらに詳しく記されているが、それによると、蘇木、象牙、藤黄、胡椒、沉香、紫梗、兒茶、楓子、速香、檀香、丁香、樹香、鴉片などが、当時の対明主要輸出品であったことがわかる。これらの物産の内容を検討してみると、いずれも広義の森林生産物であって、アユタヤの立地する古デルタ以外の物産がその大半を占めている点に興味がひかれる。これらの物産は、後背地の諸国から、公権力によってアユタヤへと集荷され、ここから海外へ輸出された。王都アユタヤは、すぐれて、諸国物産の集散地であり輸出港であった。このように見てくると、アユタヤ王朝が、「短絡運河」や、「横断運河」の掘削に関心を示した理由が、おのずから浮かび上がってくるであろう。大河の水系は、ここではまず、交通路としてとらえられている。いうまでもなく、交通路にとっては、距離の短縮がその目的にもっともよく合致する。こうしてアユタヤの性格を、貿易港と規定するとき、国王を頂点とするアユタヤ王朝の支配層の権益と、これらの貿易との関係はどのようにとらえられるべきであろうか。この点については、琉球歴代の外交文書の集成である『歴代宝案』が、重要な示唆を与えるように思われる。(12)『歴代宝案』所収史料のひとつに、洪熙元年（一四二五年）琉球国中山王尚巴志が暹羅国に送った咨文がある。この史料によると、一四一九年、琉球の使者が海船三隻に乗って暹羅国を訪れたとき、暹羅国の官憲は、琉球からの礼物が少ないことを理由として琉球商船の舶載した磁器等の貨物を官売し、また一般の暹羅商人が琉球に蘇木を自由に売ることを禁じたという。こうした暹羅側官憲の態度に対し、琉球は、翌一四二〇年以降、礼物の量を増加して暹羅に商船を派したが、結局自由売買は許されず、これでは収支相償わないとして一時派船を停止して、暹羅側の反省を求めている。

この咨文の記事から、われわれは、その後一九世紀中葉までも続いたタイの官営貿易(官売買)が、すでに一五世紀の初頭において存在したことを知る。一七世紀の末、ルイ一四世の使節としてアユタヤを訪れたフランス人ド・ラ・ルベール Simon de la Loubère は、タイ王国のもつ商業的性格の具体的な状況を次のように記述している。[13]

「ポルトガル語で Barcalon と訛るかのプラクラン(Prâ Clang 財務・外務卿)は、国内・国外の(官)売買の統括責任者として、国王によって任命される大官である。プラクランはシャム王室の倉庫長官であり、言うなれば国王の大商館長である。」「国王にはまた、国人や外国人との商業取引から生ずる利潤がある。国王が行う商取引はあまりにも大規模で、今やシャムには、私人の取引に残された商品はないほどである。国王は単なる卸売り取引だけでは満足せず、市場に国王の店を出し、小売業にまで手をひろげている」。

大国王はすぐれて「大商人」[14]であった。かれはまず輸入によって多額の利潤を上げた。さらに貢租として得た各地の物産を商人に払い下げたり、委託貿易の形式で海外に輸出したりして莫大な利益を得ていた。先に引用した『華夷変態』に、「暹羅屋形(国王)より仕出し」の船とあるのは、国王の商品売捌きを委託されたジャンクであろう。これらのジャンクは、いわゆる「唐人」によって運航され、「暹羅屋形仕出船」というものの「暹羅人」の乗組はわずか二、三人を数えるのみであった。王室貿易に従事する「唐人」には、役目に応じて、タイの官職と、その位階のしるしである「サクディナー(位階田)」が与えられていた。『三印法典』所収の「民部位階田法 Phra Ayakan Tamnaeng Na Phonlaruan」の「プラクラン(財務・外務卿)」の条には、王室貿易乗組の唐人の位階田が、次のように定められている。以下に主要なものだけを掲げる。

船主(船幅八メートル以上)	四〇〇
船主(船幅六メートル以上)	二〇〇
剌達(大船)	二〇〇
剌達(小船)	一〇〇
舵工	八〇
総管	五〇
押工	五〇
亜班	五〇
香工	三〇

「船主」とは船長、「剌達」は積荷管理役、「舵工」は舵役、「総管」は庶務、「押工」は大工、「亜班」は帆柱役、「香工」は朝夕の礼拝を司る役を意味した。

サクディナー四〇〇以上を有する官吏は、旧社会における特権階級に属し、裁判に代理人を立てる資格が認められていた。アユタヤ国王は異国人に対しても、かれに利益をもたらす者は、これを王の家産官僚に加えて優遇していたという事実は興味がひかれる。アユタヤ王朝に仕えた「唐人」は、こうした王室ジャンクの乗組員だけではなく、プラクランの所轄する対外関係の多くの部署において、重要な役割を担っていた。『華夷変態』のなかには、「唐人役人仕出申候船」についての記録が含まれているが、これは、当時すでに、国王と並んで長崎へ貿易船を派すほどの実力を備えた「唐人」が、アユタヤ王室政府の高官の中に存在していたことを示している。

王室貿易の一翼を担った外国人は「唐人」ばかりではなかった。ベンガル湾貿易においては、ムスリム商人たちが南シナ海における唐人に対応する役割を担っていた。一七世紀末、ベンガル湾岸貿易に乗り出していた英国人ホワイトGeorge Whiteは、アユタヤとの貿易に関する報告書(一六七八年)の中で、[15]アユタヤ王朝のベンガル湾への出入口に立地するメルギの大守、テナセリムの総督、これにこれらの諸国とアユタヤを結ぶ街道上の要衝(クイ、プランブリなど)の大守が、すべてインド人かペルシャ人であったと書いている。また、「位階田法」では確認し難いが、英語文献にOphra Synnrott, Opera Sinouratなどと書かれる貿易関係の高官は、すべてムスリムであったという。[16]

こうした王室貿易への参加を契機として、顕官の地位を得たムスリム商人の古典的事例は、後にタイ第一の門閥となるブンナーク家の始祖、シェイク・アハマッドSheik Mohamud/Ahmadである。かれは元ペルシャ湾貿易に従事していた商人で、一七世紀の初めにアユタヤに渡り、おそらくはまずプラクランの一部局に仕官して、ベンガル湾貿易に従事していたものと想像されるが、後に最高の顕官であるマハーッタイ(民部卿)にまで昇進した。ブンナーク家は一七世紀から一九世紀の後半にいたるまで、ときの国王のそれを凌ぐほどの実力を備えた名門である。ブンナーク家は、タイ最高の位階である「チャオプラヤー」の保持者を切れ目なく輩出している。この名門が、ベンガル湾貿易を中心とする対外貿易を経済力の基盤としていたらしいことは、その家系に、ベンガル湾貿易担当部局の長官プラヤー・チュラーラーチャモントリー、次官ルアン・ラーチャセーナーの欽賜名を持つ者の多いことからも推定される。[17]

こうした商業的国家にとって、国王は果たして「生命の主」と称されるほどの絶対的な専制支配権力を行使できる存在であったであろうか。アユタヤ朝における首長としての国王とは、しょせん大商人中の大商人、いうなれば

primus inter pares に過ぎなかったのではなかろうか。いずれにせよ、もしこのようにアユタヤ王国を、国王を最大の「商人」として、これをたすけて活発な商業活動を行う家産官僚群よりなる「商業国家」と規定するならば、稲作を主たる生業とする農民はどのような役割を果たしていたのであろうか。

いま戦時における軍役と、平時における徭役の義務を別にするならば、アユタヤ王朝の支配者にとっての最大の関心は、おそらく、輸出可能の諸国の物産をもって、王室倉庫(プラクランとはまさにこれを意味した)を満たすことであったろう。前述した輸出品の内容は、こうした推定を裏書きしている。この点をやや詳しく見てみよう。アユタヤ王朝の租税収入には次の二種類の公租があった。そのひとつは「スワイ suai」であり、他のひとつは「アーコーン akon」である。[18]「スワイ」とは、徭役労働に代わる物納の貢税をいう。遠国の物産である錫、硝石、香木などの各種林産物は、「スワイ」として首都に集められた。「アーコーン」は、農民からその生産物の一部を貢納せしめるもので、収穫の一〇分の一が税率であったといわれる。このほかに、「チャンコープ changkop」と呼ばれる一種の関税があった。これは国内の各所にもうけられた、税関 khanon を通過する舟船や牛車から、積載貨物の一〇分の一を、税として徴収したものである。これらの租税は、後に金納化したものもあるが、物納された分は王室倉庫に集められ、あるいは直接王の手によって、あるいは払い下げを受けた御用商人の手によって、海外へと輸出されたのである。

アユタヤ時代の輸出品の中には、米も含まれていた。アユタヤ年代記には、すでに一五世紀中葉において米価騰貴の記事が見えているが、これは「商人王」の米価に対する関心を示しているものとして興味深い。タイ米がマラッカへ輸出されていたことは、一五三六年ごろに著わされた黄衷の『海語』の満剌加の条の記述によってもこれを知ることができる。またオランダのアユタヤ商館長スハウテン Joost Schouten は、一七世紀の前半において、数千トンのタイ米が海外へ輸出されていたと述べているし、[19] 一六七八年の英国人のシャム貿易に関する報告書には、アユタヤが「近隣諸国」の穀倉であると記されている。[20] これらの輸出米はおそらく「アーコーン」として貢納されたものと考えて誤りなかろう。

われわれは、前節で、排水域に成立した「ムアン」型の国家の卓越する時代を「古代的」と規定した。同様の視点から、アユタヤによって代表される氾濫原の国家を、「中世的」国家と呼ぼうと思う。そうすると、タイ国における「中世的」国家の性格は、すぐれて商業的であったと規定することができるであろう。国王はもっぱら貿易による国富の、より厳密に言えば王家の富の増大をはかった。ただ農業生産について見るかぎり、氾濫原という特異な性質を持つ自然環境を生産の基盤とするアユタヤにおいては、国家が農民の生産活動に関与する余地が予想以上に小さかったと見なければならないであろう。もとより、絶え間なく繰り返された隣国との戦争や、徭役の徴発、あるいは在地役人によるさまざまな形態での搾取が、農民の比較的大きな自由を大幅に制限していたであろうことを忘れてはならないが、それにもかかわらず、これまでわれわれの試みてきたアユタヤ王国の生態学的考察は、この時代を、絶対君主による専制的支配の時代とする定説の信憑性に、新たな問題を提起しているように思われる。

四 「近代的」核心域と「プランテーション型」国家の形成

一七六七年、アユタヤ王朝が滅亡すると、首都はデルタ下流部のトンブリーに移されて、トンブリー王朝が成立、さらに一五年ののち、対岸のバンコクを首都とするラタナコーシン王朝が誕生した。本節では、これら両王朝の性格を、生態学的に規定しながら、「中世的」国家から「近代的」国家への転換の時点について考察したい。

前説において、われわれはアユタヤ以南のデルタ下流部を、ことさら無人の荒蕪地として取り扱ってきた。その理由は、アユタヤの海洋的性格を強調することによって、貿易国家としてアユタヤ王国の性格を浮き彫りにし、その歴史的意義を再評価したかったからに外ならない。アユタヤが海岸線から七〇キロメートルも内陸に立地しているという地理学的事実と、近代におけるアユタヤ以南のデルタ下流部の急激な発展は、しばしば、アユタヤがかつてもっていた商港としての重要性を見失わせがちだからである。しかしデルタ下流部に立地するトンブリー、バンコクの性格を解明するにあたっては、これまで捨象されてきた、低平なデルタ内部における、微細な起伏のもつ意味が問い直されなければならないだろう。

デルタ下流部は、地形学的には「新デルタ」として分類される。「新デルタ」の大部分は、標高二メートルに満たない低平地で、雨季には一面に湛水し、陸地は水面下に没してしまう。乾季には、逆に低平なデルタの全面がかさかさに乾上り、そこに巨大な粘土の砂漠を現出する。年々繰り返されるこのような環境の変化の激しさは、新デルタを人間の生活環境として不適当なものにしている。しかし新デルタの中には、こうした過酷さに和らぎを与え、急激な変化に安定をもたらす要因が存在している。そのひとつは、チャオプラヤー河とその支流によって代表される大河の存在である。これらの大河は、年間を通じて豊かに水を湛え、古来、内陸を大洋と結合する、重要な幹線交通路としての機能を果たし続けてきた。もうひとつの要因は、低平なデルタのそこここに点在する島上の微高地である(図2参照)。これらのデルタ内の微高地は、雨季にも冠水せず、また、たとえ冠水してもその湛水深は浅い。したがって、工夫次第ではそこで十分に人間生活を営むことができる。

新デルタに人間が居住し始めたのはいつごろのことであろうか。それは、古デルタや、その周辺に広がる排水域における人口が増大した結果、居住地化したのであろうか。それとも、渡来した異民族が、内陸へ進出する足がか

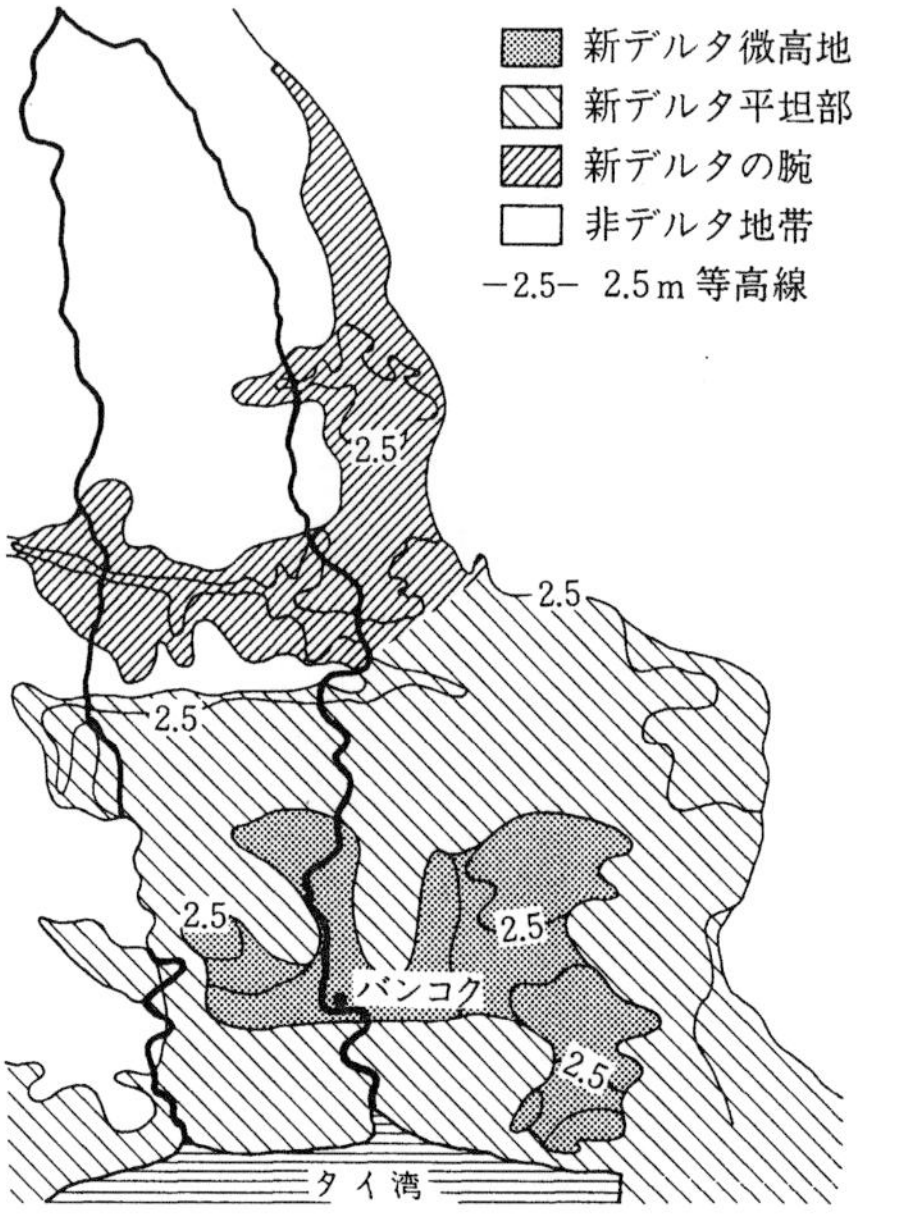

図2 新デルタの細分

りとして、大河ぞいのデルタ微高地をえらんで、居住し始めたことによるのであろうか。あるいはこの双方が、北と南から同時に進行したのであろうか。これを跡付けることは難しい。しかしその原因と方向がどうであったにせよ、新デルタに居住地を求めた人間に、最初の足がかりを与えたのは、雨季には泥濘の大海に浮かぶ「島」であり、乾季は粘土砂漠中のオアシス的存在であった、これらの微高地であったと想像される。とりわけ、年間を通じて船舶の航行を可能とする大河に面したデルタ微高地は、人間の居住地としてより有利な条件を備えていたと考えてよいであろう。比較的大面積をもった微高地と、デルタを貫流するチャオプラヤー河との交点に立地していたトンブリーとバンコクとは、新デルタ居住地化の拠点として、最適の環境であったということができよう。

トンブリーは首都アユタヤの前衛市、河港アユタヤへの関門として建設された町といわれている。その外延は、当初から対岸部、つまり今日のバンコクを含んでいた。黄衷の『海語』に「暹羅港に入って……少し進むと第一の関門がある。ここは外国人の頭領が守護している」とあるが、この第一の関門はトンブリーを指したものであろう。明末の地理書、張燮の『東西洋考』では、チャオプラヤー河口のパークナームを第一関と数えているので、トンブリーは第二関とされている。ナラーイ王(一六五六―一八八)の時、ここに砲台が建設され、国主としてトルコ人が任命された。一六八五年にはフランス人フォルバン Comte de Forbin がトンブリー国主となり、砲術の訓練に当たった。当時の欧州人たちは、この町をトンブリーとは呼ばずにバンコクと称していた。一六八八年に出版されたシャム国王の見聞録の中で、ジュルヴェーズ Nicolas Gervaise は、つぎのように書いている。[21]

バンコク(Bankoc)は、疑いもなく、シャム王国で最も重要な場所である。なぜなら、バンコク以外には、海岸のどこにも、外敵の侵入に対抗できる施設はないのであるから。町のプランは縦長で、その広がりは半リュ(約二キロメートル)足らず、河に面した東側と南側だけが城壁に囲まれている。その位置は、河口から一二リュ(約四八キロメートル)の上流にある。河の分流点にはなけなしの三日月形堡塁があり、上製の大砲二四門が据え付けられている。河向こうには、もう一つの小堡塁があって、三〇門もの大砲が並んでいるが、物の役に立ちそうにない(図3)。

これらの記述からトンブリーは、タイ湾から河港アユタヤへ向かうすべての船舶がかならず通過する関門であり、軍事上の要衝であったことが知られよう。

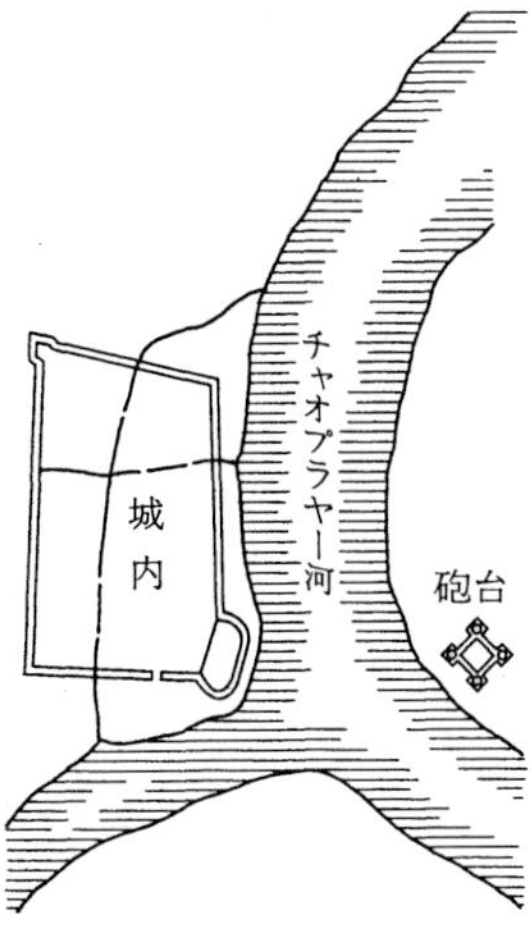

図3　17世紀末のバンコク(トンブリー)概念図

一七六七年、プラヤー・タークシンは、戦火によって徹底的に破壊されたアユタヤを放棄して、新たにトンブリーをシャムの都と定めた。トンブリー遷都は、この前衛市の性格を一変させる契機を作った。変化はまず、人口の急増となって現われた。広く知られているように、タークシン王は中国名を鄭昭と言い、潮州華僑を父とした僑生であった。戦乱によって疲弊したシャムの経済を復興させるため、かれは登位後、中国人のタイ国移住を積極的に奨励している。王の同郷に当たる潮州華僑は「チーン・ルアン Chin Luang」(御用華僑)と呼ばれて優遇され、数々の特権を享受した。こうしてトンブリーは、奠都以来、潮州華僑の卓越する経済都市、アユタヤに代わる港湾都市としての性格を強めて行った。

前述したように、トンブリーは、もともとチャオプラヤー河の両岸にまたがってつくられた町である。王城は右岸に建設されたが、この町に定着した華僑の中心は左岸にあった。これらの中国人居住地は、プラヤー・ラーチャーセーティの欽賜名を持つ華僑頭領によって統轄されていた。一七八二年、トンブリー王朝は、タークシン王一代の、わずか一五年の治世をもって滅亡する。タークシンに代わって国王となったチャオプラヤー・チャクリーは、新王宮を対岸に移すことにした。これが今日のバンコクのはじまりである。新王宮の建設用地には、プラヤー・ラチャーセーティの邸跡と、その周辺の華僑街が選ばれ、立ち退きを命じられた華僑には、やや下流部にあった果樹園が、代替地として与えられた。これが今日の華僑街サンペンの起源である。

新国王チャクリーは、王宮をなぜ対岸にうつしたのであろうか。そもそもタークシンが、右岸を選んだのは、そこが低湿な左岸と比較して高み(thi don)にあったからであった。しかし右岸はチャオプラヤー河が東北から南東に向かって湾曲する外周部にあたり、そのため河蝕が激しく、不安定であったこと、さらに潜在的に存在する西方からの攻撃に対する防御には、左岸がすぐれているという軍事的理由などによって遷都が行われたのである、と王朝年代記は説明している。

低湿なバンコク側住民の居住形態は、欧米人旅行者が「水生的 aquatic」と形容した特異な性格をもつのであった。これらは、河岸の居住者であったが、陸上には住まず、水の上に住居を営んでいたのである。一八二一年から二二年にかけてバンコクを訪れたフィンレイスン George Finlayson は、当時の居住の状況を次のように描写している。[22]

シャム人は、生まれつき水生的なのかもしれない。河岸から一〇〇ヤードないし二〇〇ヤードも奥に引込んだ人家はほとんど見当たらず、大方は、岸につないだ竹筏の上に建てられた家である。浮家でない家は、泥の中に打ち込んだ杭の上に建てられた高床式住居である。(中略)浮家であるなしにかかわらず、どの家にも専用の小船がつながれている。水上を行くよりほかに移動できないのだから、人々の両腕は、絶え間なく船をあやつるため、男女の別なくたくましい。

浮家は、竹を並べた筏の上に建てられた家で、ルアン・ペー ruan phae と呼ばれる。フィンレイスンは、ルアン・ペーの住人が、例外なく中国人であったと述べている。[23]

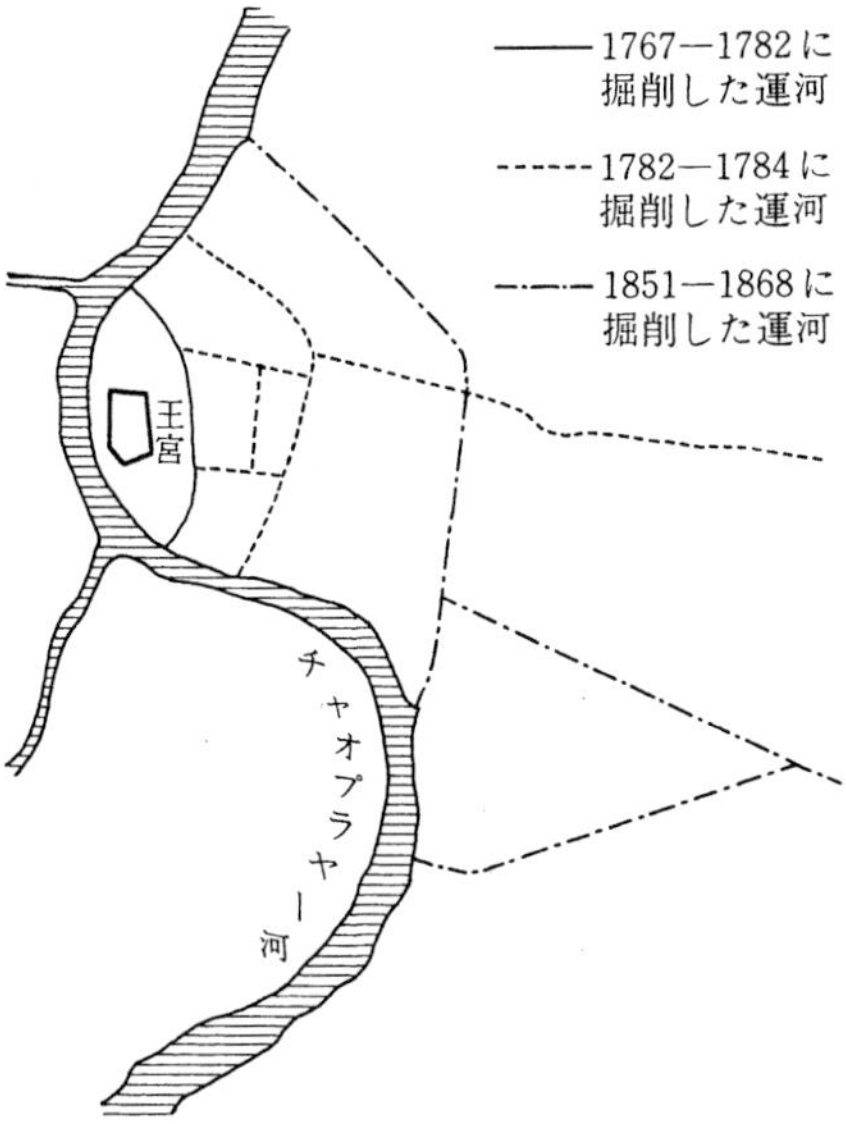

図4 1767―1868年に掘削されたバンコクの運河

煉瓦やしっくい造りの陸上の邸宅に住む一部の高官をのぞけば、タイ人は、ニッパやしで屋根をふいた杭上住居に住んでいた。これは浮家のように直接水と触れてはいないが、やはり「水生的」と言いうる居住形態で、今日もバンコク周辺に多く見られる民家の形態である。

新都をチャオプラヤー左岸に定めた国王が、最後に行った都市建設事業は、首都の外周を円弧状に区切る環壕式運河の掘削であった。図4は、一七六七年から一八六八年までの一〇〇年間に、首都バンコクとその近郊に掘削された運河を示す。[24] この図から都市の域の拡大が、運河の掘削によってもたらされて行った状況を読みとることができるだろう。事実バンコクに道路と呼ばれる陸上の交通路が建設されるのは、一八六一年以降のことである。それまでのバンコクは、水路以外に移動の手段をもたなかった。しかも、その道路建設さえ、タイ人のイニシアティヴによるものではなく、当時ようやくその数を増しつつあった首都在留の欧米人の圧力によって行われたものであるという。このように、新たに掘削された運河の両岸は、人々に新しい居住環境を提供し、低湿な新デルタは、次第にその人口を増加して行った。

自然堤防の上に住み、後背湿地で粗放な農業を営む氾濫原の中心地アユタヤから、より水生的な環境である新デルタへと、国家の核心域が移動したという事実自体は、われわれがこれまで行ってきたような巨視的時代区分からすると、新しい時代の設定を要請するほどの事件であったとは思われない。アユタヤの果たしていた商港としての機能は、そのままトンブリーないしバンコクへと継承され、国王はいぜんとして「大商人」として独占的な貿易活動に従事していたからである。(25) フィンレイスン自身も、またかれが同行した英国使節クローファード John Crawfurd も、一八二〇年代のシャム王室による独占貿易の状況を、一七世紀にアユタヤを訪れたフランス人やドイツ人と同様の筆致で叙述している。変化は、やがて明確な目的意識に支えられたプランテーション農業の観念が、タイに導入されたときに発生したのである。

輸出目的の農作物を大量生産する、いわゆるプランテーション型農業がタイに発生した時期を特定することは困難である。なぜなら一九世紀前半における主要輸出品のひとつであったコショウは、すでに一四世紀以来、かなりの量が中国に向かって輸出されていたからである。しかしその規模と言い、生産組織と言い、真にプランテーションと呼びうる形の農業が始められたのは、潮州華僑によるサトウキビの栽培ではなかろうか。前に引用したフィンレイスンやクローファードの証言によれば、サトウキビ栽培開始の時期は一八一〇年前後であったらしい。タイのサトウキビ栽培はクローファードのバンコク訪問のころまでには、年間八万ピクル(=四八〇〇トン)の砂糖が輸出されるまでに成長していた。

サトウキビ栽培地は、デルタ周辺部の畑作地帯で、西の中心は、ナコンチャイシー、ナコンパトム付近、東の中心はチャチュンサオ周辺地帯であった。サトウキビのように嵩の張る作物の場合、輸送手段の良否が生産の経済性を左右することは言うまでもない。そこでサトウキビ輸出の重要性の高まりに応じて、生産地と加工場、河港を結合する運河の掘削が行われるようになる。ナコンチャイシーとナコンパトムを結ぶ「チェディ・ブーチャー(仏塔参詣)運河」は、ナコンパトムの大仏塔詣での便益を表向きの理由に掲げているものの、サトウキビ運搬の合理化を目指したことは明らかである(図5)。

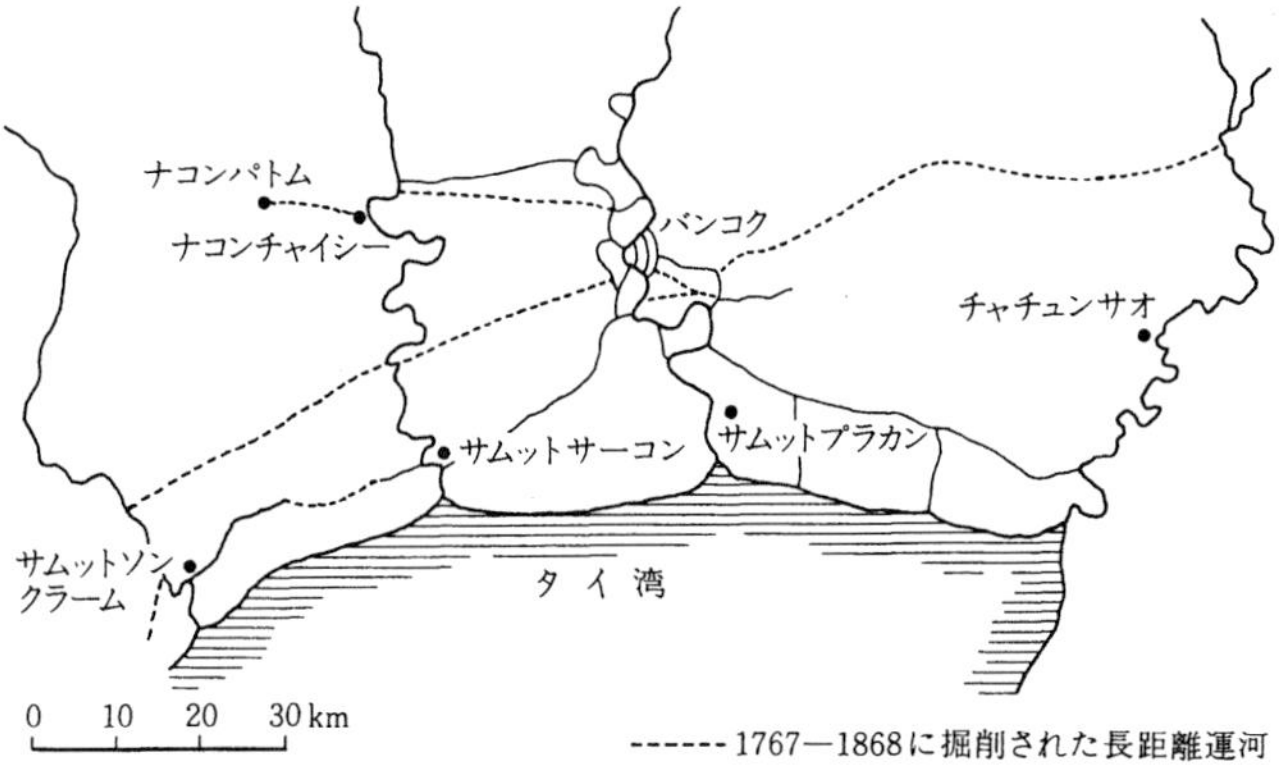

図5 1767—1868年に掘削された長距離運河

タイの砂糖生産は上昇の一途をたどり、一八六五年には、ナコンチャイシーの河岸に平均二〇〇人の従業員をもつ製糖工場が二五も存在していたという。その後、世界市場価格が下落し、また一方においては砂糖徴税請負人の権限濫用などが災いして生産意欲が低下し、一八八九年までには輸出もとまり、工場は相次いで閉鎖されるに至った(26)。こうしてサトウキビのプランテーション栽培はわずか八〇年でその短い歴史を閉じた。しかし潮州華僑に始まるタイのサトウキビ栽培は、それ以前の時代においては、おそらく存在しなかったところのプランテーション型農業の先駆的存在であり、自営農民の余剰生産物の国家権力による収奪の上に成立した「中世的」商業時代から、「近代的」輸出農業時代への移行期のメルクマールとして、重要な意義をもつものであった。

一八五五年四月、シャムが英国と締結した友好通商条約(いわゆるバウリング条約)は、署名者のバウリング自身がいみじくも予見したように、シャムの社会経済的諸制度を根本的にくつがえし、その再編成をせまる内容をもつものであった。ここに示された自由貿易の原則は、数百年にわたってシャムの国家権力を支えてきた王室独占貿易の否定であり、その結果国家機構の経済的基盤としての徴税は、伝統的意味を失い、否応なしに近代化を余儀なくされることとなった。この点だけをとって見てもバウリング条約の締結をもって近代史の開幕とする説は、相応の説得力をもつように思われる。しかしながらバウリング条約はまた、生態学的手法による新たな時代区分を試みつつあるわれわれにとっても同じく新時代の設定を要請するほどの重要な意味をもっている。それは、この条約によって米の輸出が自由化され、増大する海外米市場需要に応えて輸出が急激に上昇し、これにともなってタイにおける稲作が、特に新デルタを中心として爆発的な伸びを示したからである。本章においては、タイにおける「近代的」時代を、国家の経済的基盤がプランテーション型の輸出農業におかれる時代と規定するにとどめたいと思う。

(1) Frank M Le Bar et al., *Ethnic groups of mainland southeast Asia*, New Haven, HRAS Press, 1964, pp. 197-215.
(2) Le Bar, et al., 1964, p. 187.
(3) Karl A.Wittfogel, *Oriental Despotism*, New Haven, 1959, p. 42.
(4) 友杉孝「タイ土地制度史ノート」滝川勉・斎藤仁(編)『アジアの土地制度と農村社会構造II』アジア経済研究所、一九六七年。田邊繁治「雲南シップ・ソーン・パンナーの統治形態に関する一考察――ルゥ族の政治組織・土地制度を中心に」『季刊人類学』4-1(一九七三年)、一三一―一六七頁。加藤久美子「ムアン政治権力の水利組織への関与をめぐって――シップソーンパンナー、ムァンツェンフンの事例」『名古屋大学東洋史研究報告』第一八号、一四一―一六五頁。

(5)　田辺前掲論文。

(6)　Wijeyewardene, “A note on irrigation and agriculture in a north Thai village,” *Felicitation Volumes of Southeast Asian Studies presented to H. H. Prince Dhaninivat Kromamun Bidyalabh Bridhyakorn,* vol. 2. Bangkok, 1965, pp. 255-259.

(7)　Konrad Kingshill, *Kudaeng-The Red Tomb : A village study in northern Thailand*, Chiang Mai, 1960, pp. 87-89.

(8)　Meth, *Photchanukrom Thai-yuan, Thai, Angkrit,* Bangkok, 1965, p. 181.

(9)　Phraya Prachakitchakon(Chaem Bunnak), *Phongsawadan Yonok*, Bangkok, 1954, pp. 333-334.

(10)　本書第Ⅰ部第一章参照。

(11)　かつて暹羅斛は、暹すなわちスコータイと、羅斛すなわちロッブリを併せた勢力を意味すると考えられていた。しかし、第一章でのべたように、暹がスコータイではなく、アユタヤであるとすると、暹羅斛とは、アユタヤがその勢力を伸長させて、北方のロッブリを併合した状況に対応するのかもしれない。

(12)　安里延『日本南方発展史』三省堂、一九四二年、一二八－一八四頁。

(13)　Simon de la Loubère, *Du royaume de Siam,* 1691, tom premier, pp. 356, 362.

(14)　“The King of Siam is both a monopolist and a trader”, John Crawfurd, *Journal of an embassy to the courts of Siam and Cochin China,* Kuala Lumpur, 1967, p. 380.

(15)　Maurice Collis, *Siamese White,* London, 1951, p. 40.

(16)　ibid., p. 52.

(17)　David K. Wyatt, “Family politics in seventeenth and eighteenth century Thailand,” in David K. Wyatt, *Studies in Thai history,* Bangkok, 1993, pp. 98-106.

(18)　Prawat, *Prawat Kankha Thai,* Bangkok, 1952, pp. 96-101.

(19) 高橋保「アユタヤ王朝時代におけるタイ華僑の発展」『アジア経済』9巻6号(一九六八年六月)、四六頁所引。

(20) John Anderson, *English intercourse with Siam in the seventeenth century*, London, 1890, p. 424.

(21) Nicolas Gervaise, *Histoire naturelle et politique du royaume de Siam*, Paris, 1688, p. 57.

(22) George Finlayson, *The mission to Siam and Hue, the capital of Cochin China in the years 1821-2*, London, 1826, p. 212.

(23) *loc. cit.*

(24) 図5と共に Robert V. Hubbard, *The canals of the Chao Phraya River Delta in Thailand*, (mimeo.), 1967 の付図に基づき作成。

(25) John Crawfurd, 1967, *loc. cit.*

(26) James C. Ingram, *Economic change in Thailand 1850-1970*, Stanford, 1971, pp. 123-127.

II　タイ近世史の諸相

第一章　暹・スコータイ・アユタヤ――第十一刻文の検討を中心に

はじめに

一三世紀におけるスコータイ王朝の成立、一四世紀なかばにおけるアユタヤ王朝の勃興と五世紀に及ぶ繁栄、ビルマ軍の侵略によるその滅亡、そしてトンブリ朝を経て現ラタナコーシン朝にいたる、というタイ王国史の流れは、今日、大方の歴史学者によって認められており、タイの学校教科書もまたこれを採用して現在に至っている。しかしながら初期のタイ史、とりわけ一三世紀から一五世紀にかけてのタイ王国の歴史は、今日もなお、推論の域にとどまる部分が多く、そのため、最近に至るまで新見解、新解釈の提出が続いている。一九七六年に発表された、チャーンウィット・カセートシリの『アユタヤの勃興――一四・一五世紀のシャム史』(1)、これに対するM・ヴィカリーの長大な書評論文(2)、一九八三年著者の死後出版されたチット・プーミサックの『アユタヤ以前のチャオプラヤー川流域におけるタイ社会』(3)などはその代表といえよう。近年利用可能となった『大徳南海誌』を用いてペリオ以来定説化していた「暹＝スコータイ説」(4)を批判した山本達郎の最近の論文もまたこの分野に新たな問題提起をおこなった重要な貢献である(5)。

初期のタイ史研究の発展を妨げる要因の一つは、同時代史料の不足である。スコータイについては、現在三十数点の刻文史料を利用することができるが、[6] 初期アユタヤ王朝史に関しては、断簡の存在によってのみ知られるもっとも古い年代記についてみても一六世紀をさかのぼるものはまだ発見されていない。[7] 一九世紀初頭に編纂された『三印法典』には、一四・一五世紀の史料が含まれている可能性がきわめて高いが、同法典に含まれたテキストの古層については、厳密な史料批判の手続きを経ない限りその利用については限界がある。[8] こうした史料状況の下で今後初期タイ王国史研究を発展させるためには、一方においてテキストの文献学的研究を深める努力を続けるとともに、これと平行してその歴史が展開する空間的状況についての詳細な検討が行われることが必要である。[9] この手続きをふむことなく文献によって得られる乏しいデータのみに基づく推論をいかに重ねても、限界をまぬかれることはできないであろう。本稿は文献によって得られたデータの蓋然性を確認するための予備的作業として、これまで利用されることの比較的少なかったスコータイ第十一刻文の検討を通じて初期タイ史をめぐる地理的状況を概観し、これにより今後行われるべき考察にあらたな視点を導入することを目的として執筆されるものである。

一　第十一刻文

タイ文部省芸術局の正式呼称で第十一刻文と呼ばれる砂岩の石刻文は、一九二一年、タイ国北部から南流するピン川とナン川の合流点パークナンポーの通称「蛙山 Khao Kop」頂上において、地方視察中の内相ダムロン親王によって発見されバンコクに移されたタイ語刻文である。同刻文は現在国立図書館の「写本・刻文部」に保管されている。[10]

「第十一刻文」は二つの刻面を持つ。制作の年次は不明であるが、その内容の検討から両テキストはそれぞれあまり離れていない別々の時期に制作されたものと考えられている。セデスはその制作年代を一四一九年とし、[11] プラサートらはセデス以後の研究の進展に基づき、半世紀以上さかのぼらせてその制作の時期をスコータイ第六代の王マハタンマラーチャー一世の時代に当たる一三五〇年代と推定した。[12] 後者の見解を採用するとすれば、この刻文が作られたときには、スコータイの南方にすでにアユタヤ王朝が成立し、王朝の創始者ラーマティボディ一世がまだ王位にあった時代となる。

本章のテーマはもっぱら同刻文の第二面にかかわる。第二面のテキストは二九行であるが、最初の三行はほとんど解読不能であり、第四行から第九行までは各行それぞれ二、三語が読めるにとどまる。しかし第一〇行以下の最終の二九行目まではかなりの程度に判読が可能である。プラサートらは第二面の作者を、「スコータイ第二刻文」がその伝記を載せるシー・サッタ・ラーチャチュラームニー大長老(Mahāthera Srīsraddharājaculāmuni 以下シーサッタ大長老と略す)であると推定し、同刻文は、このスコータイの高僧が、おそらくはかの「蛙山」の麓の町のパーリ語旧名と考えられるラタナクータナガラ Ratanakūṭanagara にパゴダを建立したことを記念して制作されたものと考えている。[13]

われわれの当面の関心にかかわるデータは、第二面の一四行目から二三行目に求められる。それはシーサッタ大長老の行った仏教聖蹟巡礼の経路の具体的記述である。それによると同長老の巡礼の範囲は、北はウッタラディット付近から南はマレー半島部を含み、国外にむかってはベンガル湾を挟んでインドとスリランカに及ぶ。おそらくこの道筋は、巡礼路であるとともに、当時、交易路として広く利用されていたルートであった可能性が高い。それゆえこのルートの検討は、一四世紀中葉におけるタイと外世界との関係、直接的には、スコータイとアユタヤを取り巻く世界とその中における両政治権力の位置を知る上にきわめて重要な意味を持つものと考えられよう。

検討に先立ち、まず刻文タイ語テキストの前半部を訳出しておこう。

（1）ファーン(Fāng)、プレー(Phlae)、ラプーン(Raphun)、ターク(Tāk)、チェン［トーン］……(Chiang［Thōng］)に赴き、森に至ってそこで象を放した。［それから］ナコン・パン(Nakhon Phan)、カリンカラート(Kalingkharāt)、パータリブット(Pātalibutr)……［?-］プラナガラ(Phranagara)、ナコン・トゥリー・チョーラマンダラ(Nakhon Trī Colamandala)、マララート(Malalarāt)からランカーティープ(Lankāthīp)へ……（第一四行目から一六行目まで）

「ファーン」は現在のウッタラディット市の南にあるピチャイ郡のムアン・ファーンに比定される。「プレー」の綴字はPhlaeであるが、現代のPhraeに、また「ラプーン」はランプーンの古綴と考えてよかろう。「ターク」は現在のターク市の北方二五キロにあった「旧ターク」。「チェン」に続く欠字については、前後の関係から「トーン」を補い、ピン川沿いの船着き場のひとつであるチェーン・トーンとする。ベンガル湾沿岸の港市マルタバンを目指した旅人は、ここで船をおり、象を調達して西に向かうのをつねとした。今世紀の初頭、ルイ・フィノLouis Finotとともに広くタイ国内を旅行したリュネ・ド・ラジョンキエールLunet de Lajonquièreもまた、ここで下船し、象のキャラバン隊を編成して、ジャイン川を目指している[14]。「森に至ってそこで象を放した」とあるのは、タークから西行してメーソートに向かいそこからミャーワディ、コーカレイを経てチョンドーに至り、ここから船でジャイン川を下るに先立ち、慣習にしたがい不要となった象を森に放したことを意味している。当時、象を森に放すことは大きな功徳を得る宗教的善行と考えられていた。同様の記述が「第二刻文」にも見られる[15]。「ナコーン・パン」はマルタバンである。この地名は「第五刻文」にも見出される[16]。マルタバンは、一五四〇年、タウングー王朝のダビンシュエティ王の攻撃により破壊されるまで、ラーマンニャデーサRāmaññadesa(＝ペグー)のベンガル湾への出口に当たる重要な港市のひとつであった。地名に冠した「ナコン(＝ナガラ)」はその町が首邑であったことを示している。

マルタバンから先は海路である。「カリンカラート」はベンガル湾を挟んでやや北の対岸に当たるオリッサ地方にあった「カリンガ王国」を指す。この王国では、一六世紀にイスラム勢力が進出するまで、仏教、ジャイナ教、ヒンドゥ教文化が栄えていた。「パータリブット」は古代マガダ王国の首都「パータリプトラ」のタイ語訛音である。カリンガ王国に到着したシーサッタ大長老は、そこから陸路、あるいは海路を経てガンジス川を遡上し、はるばる仏教ゆかりのインド王国の古都をたずねたのであろう。次の地名「……プラナガラ」は固有名詞の部分を欠くため比定できないが、おそらくコロマンデル海岸のいずれかの港市であろう。これにつづく「トゥリー・チョーラマンダラ」について、セデスは「トゥリー」を先行する「ナガラ」に続けて「ナガラ・トゥリー」と読んだが、プラサートらはこれを「トゥリー・チョーラマンダラ Tri Collamaṇḍala」とし、コロマンデル海岸のおそらくは中部以南に存在した三つの小港市群の総称と考えた。「マラララート」については、セデスはこれを「マルララート Mallarāt」と読み、「マルラ人の王国」と解釈したが、プラサートらはもうひとつの読み方として1の次に母音aを補った「マラララート Malalarāt」の可能性を考え、ほぼ今日のケララ州に当たるマラバール海岸のマララ王国に比定している。以上の諸地方を経由したのち、シーサッタ大長老は最終目的地であったスリランカの当時の都アヌラーダプラに到着したのであった(17)。

一〇年に及ぶスリランカ滞在の後、ふたたびタイに戻ったシーサッタ大長老の旅行の道筋は、第一九行以下に記述されている。以下同様にテキストを地名を中心に訳出する。

(2) ついで[海を]渡ってタナーワシー(Tanāwasī)に至った。[中略][それから]ペッブリ(Phetburi)ラーブリ

(Rātburi)、［ナコンチャイシー?-］［を経て］アョータヤー・シー・ラーマテープナコン(Ayothaya Sī Rama Thep Nakhōn)に至った。［それから］タイ語でカンポン・クロン・オク(Kamphong Khrong Ok)と呼ばれる町ラタナクータープナガラ(Ratanakūtanagara)に仏塔を建立した。

スリランカから船に乗ったシーサッタ大長老が上陸したのは往路で彼が便船を得たマルタバンではなく、そこから直線距離で五〇〇キロ以上もマレー半島を南下した港市のタナーワシーであった。タナーワシーはふつうテナセリム Tenasserim に比定される。テナセリムはベンガル湾にそそぐテナセリム河口の港メルギ Mergui から、テナセリム川を約七〇キロメートル南に下がった地点に位置している。この両者はたがいに密接に関係しているので、ここでいうタナーワシーはメルギとテナセリムの両方を含むものと解釈すべきかもしれない。

メルギ＝テナセリムから東へ向かいモーダウン峠 Mawdaung Pass においてマレー半島の脊梁山脈を超え、東行してタイ湾に抜けるルートは近世に至るまで利用されていた幹線ルートである。一六七八年の末、ルイ一四世の使節クロード・セブレ Claude Céberet はこのルートを往復した経験をその日記に記している。それによれば、同年一二月二〇日、象に乗ってベブリを出立したセブレら一行は、まずタイ湾沿いに南下し、プランブリ Pranburi を経て、クイブリ Kuiburi に達し、そこから内陸に入りモーダウン峠を越え、マレー半島を横断して一二月三〇日にテナセリムに入った。一行はそこで象をすてて船にのりかえ、翌一六七七年の元旦の夕刻メルギに到着している。(18)

刻文テキストにラーブリが見えていることは、セブレの場合と違って、この刻文の制作された一四世紀当時には、メクロン川をラーブリまで遡上するコースが一般的だったことをうかがわせる。とするとラーブリから先は、ナコンチャイシーを経てスパンブリ Suphanburi に抜ける道が選ばれたことが考えられる。そしておそらくはスパンブリからアユタヤに入り、チャオプラヤー川に沿って北上し、ピン川とナン川に別れる分流点に位置するパークナンポー Pāk Namphō に至ってそこの「蛙山」に仏塔を建立したのであろう。大長老はそこからさらにナン川を経てピサヌローク Phitsanulōk に至り、そこから陸路西行してスコータイに帰ったものと思われる。ここで南からスコータイにはいるコースとしてピン川でなしにナン川を選んだのではないかと考える理由は、シャカ暦六一八年(西暦一二五六―五七年)スコータイの王位にあったローチャラージャ王 Rocarāja[19] が、スリランカの仏像 Sīhalapaṭimā を求めて南タイのナコンシータマラートに赴いたとき、ナン川を利用したという記述が、一六世紀の前半に書かれたとされるパーリ語の史書『ジナカーラマーリー Jinakālamālī』に見えていることによる。[20] スコータイを目指してチャオプラヤー川を遡上する船が、ピン川でなくナン川を好んだのは、おそらくナン川がピン川と比較して水量が豊かで年間を通じて舟航が可能であるという理由によるものであろう。

ここでアヨータヤー・シー・ラーマテープナコンという地名に注目したい。まずアヨータヤーであるが、定説はこれを一三五一年にアユタヤが新都として建設される前に存在していた「旧アユタヤ」であるとする。アヨータヤーは仏典に記された古代インドのいわゆる「十六大国」の一つコーサラ国の首都の名「アヨーディヤー」Ayodhya に由来する地名である。伝説によればそれはインド最初の王マヌによって建設された町であるという。「テープナコン」は「デーヴァナガラ」のタイ読みで、「神の都」の意。そこに君臨する王は、その名の一部に「ラーマ」を冠する。したがって「アヨータヤー・シー・ラーマテープナコン」とは「ラーマ王の統治する神の都アヨーディヤ」を意味することになる。

ここでこれまであまり研究者の注目をひかなかった一つの重要な点を指摘しておきたい。それは「アユタヤ」という呼称が同時代の刻文史料に見当たらないという事実である。現在利用可能な三三点のスコータイ刻文のいずれにも「アユタヤ」という地名は現われない。刻文学者プラサート・ナ・ナコンはこの理由を、当時まだアユタヤという呼称がなかったからであろうと考える。そして当時の呼称は、アユタヤではなく、この「第十一刻文」に見える「アヨータヤー・シー・ラーマテープナコン」であったと推定する。(21)

タイの歴史学者ニティ・イアウシーウォンは、かねてよりアユタヤ王国の歴史を、一五六九年にビルマ遠征軍の攻撃による第一次陥落前と、ビルマによる一五年の占領支配の後、ナレースエンが再び独立を回復した後の歴史とに、分けて考えることの重要性を指摘してきた。かれは、一五六九年以前の「前期アユタヤ」が、きわめて分権的性格の強い存在であり、集権度がより高められた「後期アユタヤ」とは明確に区別されなければならないと主張する。(22) こうした理由から、かれはアーコム・パティヤとの共編にかかるその「初期アユタヤ史論集」に『シー・ラーマ・テープナコーン』という題をあたえた。(23) ニティは、これまでアユタヤ王国の集権的性格の証拠とされてきた、かの「サクディナー制度」の導入に代表される、ボロマトライローカナート王の行政制度の改革もまた、分権的性格の強い「シー・ラーマ・テープナコン」をより集権的な「アユタヤ」へと変貌させるひとつの契機に過ぎなかったとする。ビルマ遠征軍攻撃の前に崩壊する一六五九年以前のアユタヤと、独立を回復したナレースエン大王以後のアユタヤ王国とは、まったくその性格を異にしていた。かれはさらにアユタヤという名称が、こうした国家の性格の変化を強調するためにあらたに採用された国名であるとし、これを一三五一年の王朝創設時に定められた呼称であるとする一八世紀以降に作られた大方のタイ語アユタヤ王朝年代記に基づく定説を全面的に否定した。(24)

二　ベンガル湾を経由するタイ＝スリランカ交通路

以上の「第十一刻文」の検討から、われわれは一四世紀あるいはそれ以前から、現在のタイ国中部の各地とインドないしスリランカの間には、マルタバン、ないしメルギ＝テナセリムを海への出口とする交通路が確立し、シーサッタ大長老のような宗教者がその便を利用することができたことを知った。ちなみに現在最古のタイ語刻文として知られる一二九二年の「第一刻文」(ラームカムヘン王刻文)の第四面にもまた、スコータイの勢力範囲を示した部分に「第十一刻文」第二面に重なる記載を見ることができる。本章に直接かかわる西方および南方に向かう部分だけをとって見ると、まず西に向かっては「チョート Chot」、「パン＝マルタバン」、「ハンサワディ Hansawadi(＝ペグー)」そして「海をもって境とする samutha pen daen」とあり、南にむかっては「コンティ Khonthi」、「プラバン Phrabang」、「プレーク Phraek」、「スパンナプーム Suphannaphum」そして「海岸 fang thale samut」と並ぶ。(25)

「チョート」は、現在のタイ／ビルマ国境の町メーソートである。スコータイからマルタバンに向かおうとすれば、ここを通過せざるを得ない重要な辺境の町である。「コンティ」は現在のカンペンペットの南方、ピン川沿いの町。「プラバン」はピン川とナン川の合流点にあるナコンサワン、「プレーク」は旧チャイナートである。「スパンナプーム」はスパンブリの別名とされる。「シータマラート」はマレー半島のタイ湾沿岸の古都ナコンシータマラートである。マルタバン、メルギ＝テナセリム、そしてこのナコンシータマラートの三つの港市は、タイ人がインド／スリランカに至り、あるいは、逆にタイを目指すインド人、シンハラ人らが利用する海からの入り口でもあった。[26]
ナコンシータマラートについてみると、ここから仏像を求めてスコータイ王の使節がスリランカに赴く記事が先に引用した『ジナカーラマーリー』にも見える。また「第一刻文」には、スコータイ郊外にアランニク寺を建立し、ナコンシータマラートから招聘した大長老に寄進したという記述がある。[27] ナコンシータマラートもまたマルタバン、

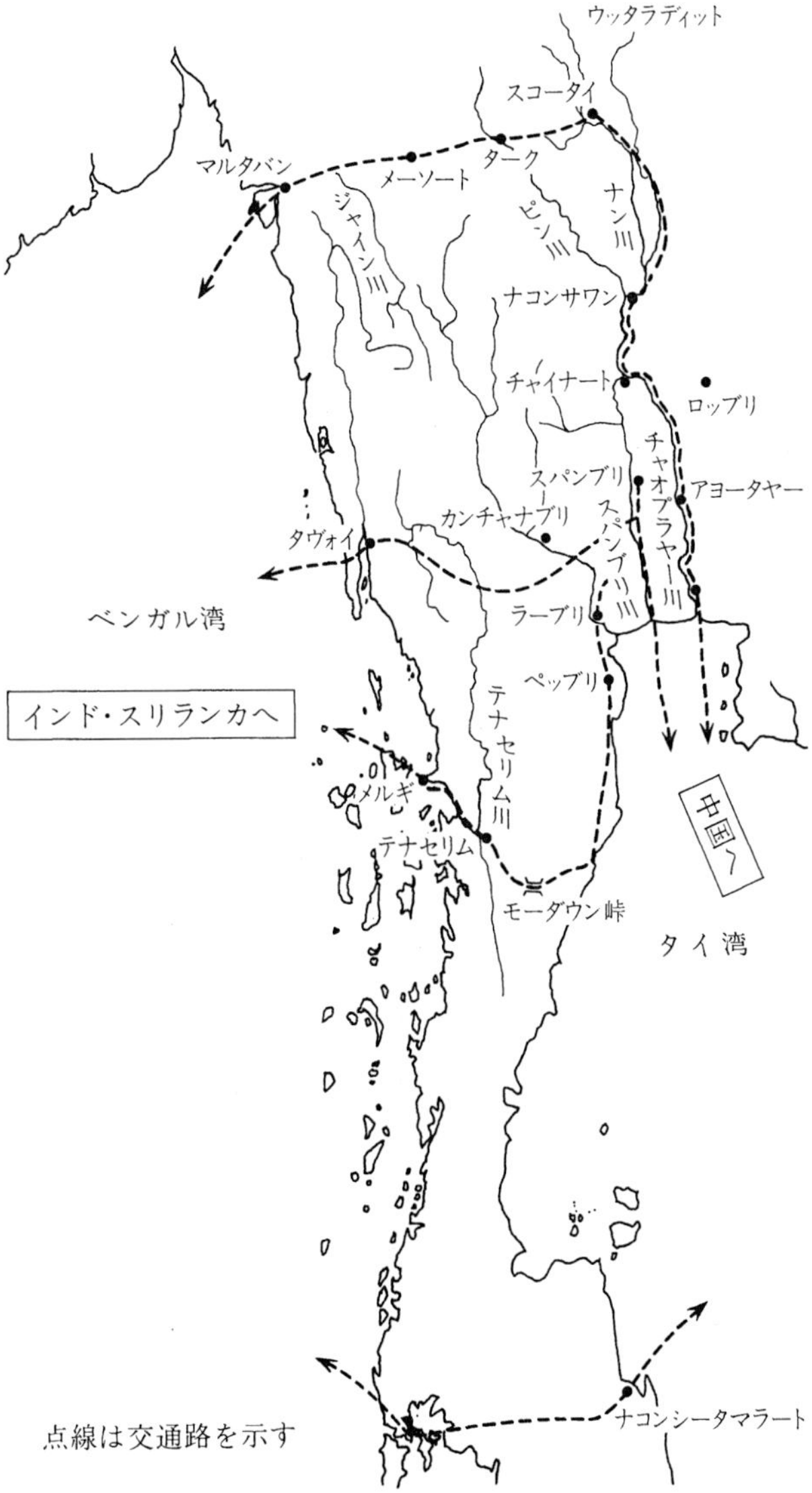

図1　マレー半島横断図

メルギ＝テナセリムとならんで、一四・一五世紀におけるタイと仏教の中心地スリランカと結ぶ交通路の結接点であったことが知られる。「海 samut」ないし「海岸 fang thale samut」がベンガル湾を指すことは言うまでもなかろう。

図1は、以上の考察に基づき、この時代における重要なタイの政治的中心を、ベンガル湾交通圏との関係において示したものである。海外交易と政治権力とのかかわりという視点からこの地図を見ると、一見してスコータイ、アヨータヤー(アユタヤ)、スパンブリ、ペッブリの重要性が注目されるであろう。

まず第一にスコータイとベンガル湾との関係である。スコータイ→チョート→ジャイン川→マルタバンという道筋は、タイとインド／スリランカを結ぶ幹線のひとつであった。中国史料に現われる「暹」をスコータイに比定する議論は今世紀初頭以来繰り返されているが、この地図を見る限り、チャオプラヤー川の下流域に存在した政治権力との関係を問うことなく、スコータイと中国との海路による交通を論じることはいささか非現実的に写る。というのも、チャイナート経由でスパンブリ川を南下するにせよ、あるいはチャオプラヤー川を利用するにせよ、スコータイからスパンブリ、アヨータヤー(＝アユタヤ)ないしロッブリと、かかわりを持たずに、タイ湾へ抜けることはできないからである。陸路によるスコータイと中国との関係も、問題としてたてることはできようが、後世の史料から見ても、ラバのキャラバンによる中国との交易は、たかだかチェンマイを中心とするランナータイの山間盆地の諸国までで、これをスコータイまで南に下げることは無理が感じられる(28)。同時代刻文史料によるかぎり、スコータイは一義的にはマルタバンを外港とするベンガル湾交易圏の一環と考えざるをえない。この点で、タイ湾経由で海路、直接中国に向かう手段を持っていたアユタヤ、スパンブリ、あるいはペッブリなどの状況は、スコータイとはまったく異なっている。

まずアユタヤはチャオプラヤー川を下って、容易に大洋に出ることができた。タイ湾を北上して、チャオプラヤー川を遡上する中国人にとって、アユタヤは、最初の港市であった。一六世紀の三〇年代のアユタヤには、すでに中国人移住者のコロニーが成立していた。(29) アユタヤとほぼ同緯度に位置するスパンブリもまた、スパンブリ川を経て容易にタイ湾へ達することができた。海岸に近接しているペッブリも、同様である。この意味においても、冒頭で触れた山本論文の「暹=アユタヤ仮説」は、現在定説化している「暹=スコータイ説」とくらべ、より説得的な仮説と言わなければならないであろう。いずれにせよ、今後中国との関係において「スコータイ」を論じようとするならば、まず相互の交渉に利用された可能性のある交通路について、厳密な検討を行う必要のあることを強調したい。

これとともに、スパンブリの歴史的意義の評価もまた、今後の重要な研究課題として指摘しておきたい。スパンブリを、中国史料に見える「蘇門邦」に比定することに異論はないであろう。かつて藤原利一郎は、一三四九年に、暹と羅斛が合体して暹羅斛が生まれ、洪武四年(一三七一年)、暹羅斛王が、初めて明に朝貢して以来、一三九八年に至るまで、「蘇門邦王」が、「暹羅斛蘇門邦王」、「暹羅斛王嗣子」あるいは直截に「暹羅斛蘇門邦王」を名乗って明に入貢し、蘇木、馬、丁香などの方物を献じているという『大明実録』の記事を整理して、地方政権としてのスパンブリの重要性を指摘した。(30) すでに述べたように、スパンブリは、スパンブリ川を下り、その東方に当たるアヨータヤー政権とは独立に、タイ湾経由で中国に向かうことが可能なもうひとつの港市であった。スパンブリはすでに述べたように、ラーブリ、ペッブリを経由して、メルギ=テナセリム・ルートにも通じる便を持っていた。管見の限りでは、刻文史料には見当たらないが、スパンブリはまた、後世ベンガル湾上の重要な港となる、タヴォイとも結ばれていた。さらにまたスパンブリは、カンチャナブリを経由して、クエー・ノーイ川からマルタバンに至る古代交易路にも接している。こうした諸点を考慮にいれるならば、スパンブリは、アヨータヤーに勝るとも劣らぬ有利な立地条件を具備した、政治権力(港市政体)であったというべきであろう。「年代記」はスパンブリ出身の王家がロッブリ王家を制してアユタヤ(アヨータヤー)の覇権をにぎったとしているが、こうしたスパンブリ政権が成立した地理的背景は、さらに検討されなければならないであろう。[31]

おわりに

一六世紀に、西方から東南アジアを目指した商人は、ペグーの南に位置するベンガル湾東岸の諸港をもって、シャム(＝タイ)の地と認識していた。同世紀の初めマラッカに滞在したトメ・ピレスは、「シアン王国(Regno de Siam)にはペグー側(da bamda de peguu)(すなわちベンガル湾側―筆者注)に三つの港がある」[32]と書いている。かれはまた、「ペグーの国とマルタマネ(Martamane)に最も近い港はテナサリ(Tenacarij)で、次はジュンカロン(Juncalom)で、その次はテラン(Terram)とケダ(Quedaa)である。ケダの港はシアンに入貢しているケダ王国の一港である。」とも述べている。[33] マルタマネすなわちスコータイ刻文にいう「ナコンパン(＝マルタバン)」は、ペグーすなわちスコータイ刻文の「ハンサワディ」王国の一部と、認識されていたようである。当時、モン人の支配下にあった港市マルタバンは、ベンガル湾交易の覇権をめぐり、アユタヤと、タウングー朝ビルマ(タイ史にいうハンサワディ)との抗争の中心のひとつとなる。マルタバンは、タイ人にとっては、その後も長く、ベンガル湾への重要な外港であり続けるのである。「テナサリ」はいうまでもなくテナセリム、タイ語刻文のタナーワシーである。「ジュンカロン」は、プーケット島にあたり、これはベンガル湾からの旅行者が、マレー半島東岸の要衝ナコンシータマラートへ向かうための入口のひとつであった。「テラン」はプーケット島南方に位置するトランで、ここからトラン川経由で、ナコンシータマラートへ抜ける道は古代から知られていた。[34]

ベンガル湾交易に活躍した一五・一六世紀のアラブ人たちは、モン人の王国ペグーに属していたマルタバンを、インド西海岸からスリランカを経由して、東南アジアに向かう航路の終点と考えて重要視し、テナセリム以南のマレー半島西海岸の諸港は、すべて Barr al-Siam ないし Mul al-Siam すなわちシャムに属すると認識していたという。[35] とくに、メルギからテナセリム川を遡上して、達することのできる港市 Tanasari すなわちテナセリムは、Shar-i Naw すなわちアユタヤへ向かう、起点であった。[36] ここで指摘しておかなければならないのは、一五・一六世紀のアラブ史料が、マレー半島東海岸の諸港、換言すればタイ湾沿岸の諸港を、シャムと関係づけようとせず、これをすべて中華帝国を意味するアラビア語の呼称である Sin ないし Ma'l-Sin の海岸の一部と認識していた点である。[37] つまり、西方から東南アジア大陸部に到達したアラブ人航海者たちは、下ビルマについては、マルタバン以北の港市をペグーと認識し、メルギ以南をアユタヤと認識していた。これに対して一度マレー半島を越えるとそこは中国と境を接する世界であった。

以上の検討から初期のタイ史を考えるための地理的座標軸として次のような図式を設定してみたい。

(1) スコータイは、マルタバンを外港として、ベンガル湾交易圏の一環を形成していた。

(2) マルタバンは、モン人の王国ペグーに属していた。それゆえ、スコータイが、ベンガル湾交易圏の一環としての地位を維持し続けるためには、ペグーとの友好関係を保つことが、必須条件であった。[38]

(3) スコータイが、もし中国と交渉を持ったとすれば、海路による可能性が高いが、その場合、チャオプラヤー川下流域の地方権力と関係をもたざるを得なかったはずである。[39]

(4) アユタヤは、メルギ＝テナセリムを外港として、同じくベンガル湾交易圏の一環を形成していた。
(5) アユタヤはまた、チャオプラヤー川→タイ湾経由で、海路中国市場と直結していた。
(6) ベンガル湾交易圏と、南シナ海交易圏の二つの交易圏の接点という、アユタヤの位置は、東西物産の中継港として、きわめて有利な条件をこの港市に付与していた。
(7) スパンブリもまた初期のタイ史に重要な役割をはたしたが、その背景には、スパンブリがアユタヤと同じくベンガル湾交易圏と南シナ海交易圏の接点にあったという地理的優位性を考える必要があろう。

本章では、初期のタイ国史を考える上で、これまで十分な考慮がはらわれてこなかった地理的条件の検討を通じて、今後文献研究を発展させるための、空間的枠組みの設定を試みた。考察の及ばなかった点については、先学の御叱正を得てさらに補正を加えて行きたい。

（1） Charnvit Kasetsiri, *The Rise of Ayudhya, A History of Siam in the Fourteenth and Fifteen Centuries*, Kuala Lumpur : Oxford University Press, 1976.
（2） Michael Vickery, "Review Article, A New Tamnan about Ayudhaya", *Journal of the Siam Society*, Vol. 67, Pt. 2, 1979, pp. 123-186.
（3） Chit Phumisak, *Sangkhom Thai Lum Maenam Chaophraya kon Samai Siayutthaya*, Bangkok : Mai Ngam, 1983.
（4） Paul Pelliot, "Deux itinéraires de Chine en Inde à la fin du VIIe Siècle", *B. E. F. E. O.* IV Hanoi, 1904, p. 235. 杉本直治郎「シアムの建国にからむ問題点」『東南アジア史研究Ｉ』日本学術振興会、一九五六年、五二七―五七八頁。
（5） Tatsuro Yamamoto, "Thailand as it is referred to in the Da-de Nan-hai zhi(大徳南海誌) at the beginning of the fourteenth century", *Journal of East-West Maritime Relations*, Vol. 1. The Middle Eastern Culture Center in Japan, 1989, pp. 47-58.

(6)　スコータイ刻文の引用としてはYoneo Ishii et al.(eds.), *A Glossarial Index of the Sukhothai Inscriptions,* Bangkok : Amarin Publication, 1989がある。

(7)　Prasert Na Nagara, “Phraratcha Phongsawadan Krung Si Ayutthaya chabap plik”, *Ngan Charuk lae Prawatisat khong Prasert Na Nagara,* Bangkok, 1993, pp. 170-172. ; Michael Vickery, “The 2/K 125 Fragment : A lost chronicle of Ayutthaya”, *J. S. S.* Vol. 65, Pt. 1, pp. 1-80.

(8)　テキストに現われた年次は，一四世紀中葉から一九世紀初頭におよぶ。

(9)　ヴィカリーは注(2)に引用した書評論文のなかでこの点を強調している。

(10)　本刻文は，その発見地にちなんで「蛙山碑文Silacharuk Wat Khao Kop」とも呼ばれる。テキストと注釈は，次の文献にもとめられる。G. Coedès, *Recueil des inscriptions du Siam. Première partie : Inscriptions de Sukhodaya,* Bangkok : Bibliothèque Nationale Vajirañaṇa, Service Archéologique[cremation volume], 1924, pp. 145-149 ; Fine Arts Department, *Prachum Silacharuk Phak thi 1 : Charuk Krung Sukhothai,* Bangkok[cremation volume], 1957, pp. 175-179 ; Khanakammakan Phicharana lae Chatphim Ekasan thang Prawatisat, Samnak Nayokratthamontri, *Prachum Silacharuk Phak thi 1 pen Charuk Krung Sukhothai thi dai phopkon Pho. So. 2463,* Bangkok, 1978, pp. 135-139 ; Fine Arts Department, *Charuk Samai Sukhothai,* Bangkok : Fine Arts Department, 1983, pp. 182-193.

本刻文研究には次のものがある。Prasert na Nagara & A. B. Griswold, *Epigraphic and Historical Studies,* Bangkok : Thai Historical Society, 1992, pp. 405-414.

(11)　Coedès, 1924 : 145.

(12)　Prasert na Nagara & A. B. Griswold, 1992 : 404.

(13)　Prasert na Nagara & A. B. Griswold, 1992 : 405.

(14)　“Du Meping au Gyaing,” E. Lunet de Lajonquière, *Le Siam et Les siamois,* Paris : Armand Colin, 1906, pp. 156-235.

(15)　「第二刻文」第二面第一八行。Khanakammakan Phicharana lae……, 1978 : 45.

(16)「第五刻文」第二面第二四行。Khanakammakan Phicharana lae……, 1978 : 94.

(17) シーサッタ大長老が訪問した当時のスリランカの状況について詳細は *J. S. S.* Volume 60, Part 1(January 1972) pp. 21-152 に掲載された A. B. Griswold and Prasert na Nagara の原論文の pp. 126-128 の長文の脚注に求められる。本稿で利用した Griswold & Prasert 論文集に集録された当該論文では，この部分が乱丁となっているので注意が必要である。

(18) Michel Jacq-Hergoualc'h, *Etude historique et critique du Journal du Voyage de Siam de Claude Cêberet Envoye extraordinaire du Roi en 1687 et 1688,* Paris : L'Harmattan, 1992, pp. 143-154.

(19) Rama Kamhaeng 王に比定される。N. A. Jayawickrama, *The Sheaf of Garlands of the Epochs of the Conqueror,* London : Luzac, 1968, p. 121 n. 2.

(20) "Nānnadiyā……yāva Siridhammanagaram sampāpuni." A. P. Buddhadatta Mahathera(ed.), *Jinakalamalini,* London : Luzac & Co., 1962, p. 87.

(21)「アヨータヤー」という地名は一五四九年から一五六九年まで王位にあったマハーチャクラパット王の時代に当たるシャカ暦一四八二年(西暦一五六三年)にも見えている。Prasert na Nagara & A. B. Griswold, 1992 : 790, 793, 793n. 6. 現在のところ「アユタヤ」の初出は一六八〇年に書かれたと言われる「ルアン・プラスート本年代記」である。(cf. Khanakammakan Phicharana lae Chatphim Ekasan thang Prawatisat, Samnak Nayokratthamontrl, *Prachum Chotmaihet Samai Ayutthaya,* Phak 1, Bangkok, 1967, p. 93.)

(22) 前期アユタヤの分権的性格を強調した論文に，Sunait Chutintaranond, "'Mandala', 'Segmentary State' and Politics of Centralization in Medieval Ayudhya", *J. S. S.,* Vol. 78, pt. 1. pp. 89-100. がある。

(23) Akhom Phathiya & Nidhi Eoseewong, *Si Rama Thepnakhon,*[Sinlapawatthanatham chabap phiset]Bangkok : Samnakphim Chao Phraya, 1984.

ニティの姓名のローマ字表記には，Nithi Iausiwong, Nidhi Aeusrivongse など複数あるが，本書では Nidhi Eoseewong に統一する。

(24) Akhom & Nidhi 1984 : 5.

(25) 正確な位置は不明であるが、スパンブリ周辺と考えられている。

(26) マルタバンとメルギの間には、一五―一六世紀のアラブ史料にもTawahiとして現れるタヴォイがある。(G. R. Tibbetts, *A study of the Arabic texts containing material on South-East Asia*, Leiden & London : E. J. Brill, 1979, p. 235.)

(27) アランニク寺という名称は、当時スリランカで栄えていた「森林部(アランヤワーシー)」にちなんでの命名であろう。

(28) この点に関しては、馬歓の『瀛涯勝覧』の暹羅国の条に見える「雲南の後門に通じる」交易地「上水」とアユタヤとの関係について考証を必要とするが、ここでは問題の指摘にとどめたい。

(29) 黄衷『海語』巻一に「有奶街、為華人流寓者之居。」とある。

(30) 藤原利一郎『東南アジア史研究』法蔵館、一九八六年、二七―三〇頁。

(31) 初期アユタヤをウートン王家とスパンブリ王家の対立ととらえる定説については、最近マーノップが疑義を提出している。(Manop Thawong watsakun, "Ratchawong U Thong Rachawong Suphannabumu, Khwamching ru mayaphap", *Warasan Aksonsat, Mahawitthayalai Sinlapakon*, vol 11, no. 2(2531=1988), pp. 81-99.

(32) 生田滋ほか訳注『トメ・ピレス東方諸国記』(大航海時代叢書5)岩波書店、一九六六年、二一二頁。

(33) 前掲書、二一五頁。Armando Cortesao, *The Suma Oriental of Tomé Pires*, vol. II. London : Hakluyt Society, 1944, p. 386.

(34) Paul Wheatley, *The golden Khersonese*, Kuala Lumpur : University of Malaya Press, 1961, p. 197.

(35) Tibbetts, 1979 : 233.

(36) Tibbetts, 1979 : 236.

(37) Tibbetts, 1979 : 241.

(38) 一六世紀以降くりかえされるアユタヤとタウングー朝ビルマとの抗争の原因のひとつがここにあった。

(39) スコータイ、サワンカロークなどの窯で生産された陶磁器は、すべてアユタヤ経由で輸出されたはずである。これは近年発達した水中考古学によるタイ湾の沈没船の積み荷の研究から明らかにされている。

第二章　アユタヤ王朝の首都の呼称についての覚書

周知のとおり、アユタヤ Ayudya/Ayudhya/Ayutthaya[1] は、一三五一年に始まり、一七六七年、ビルマ軍の攻撃の下に廃墟と化して放棄されるまで、四一六年にわたりタイ王国の首都であり、今日まで、その王国はアユタヤ王国と呼びならわされてきた。こうした学会の常識に対し、アユタヤとは、この王国が一度ビルマによって滅ぼされて、ナレースエン大王の登場によってその独立が回復された一六世紀の後半以降の呼称であって、それ以前は、アヨータヤー Ayodhya/Ayothaya と呼ばれていた、という説がタイの歴史学者によって唱えられ、次第に有力となりつつある[2]。本章では、前章にひきつづき、この新説の妥当性を検討し、さらに議論を発展させるための覚書として執筆される。

一六―一七世紀のヨーロッパ語文献に、Vdiã Hudia, Hudiá, Iudia, Judea, Judia, Juthia, Odiaa, Odia, Udaya など、さまざまな形で表記される、タイの首都名[3]がタイ語の Ayudya/Ayutthaya を写したものであることは古くから知られている。一六八五年から翌八六年にかけて、この地を訪れた、修道院長フランソワ＝ティモレオン・ド・ショワジ François-Timoléon de Choisy は、「王国の首都は Sciajuthaia で、ポルトガル人はこれを Siam と呼ぶ」と記しているが[4]、これはおそらく Si Ayutthaya[5] というタイ語音を転写したものと考えることができよう。Si Ayutthaya が、首都名としてタイ語文献に登場するのは、現在知られているかぎりでは、「ルアン・プラスート

Luang Prasoet 本タイ語王朝年代記」に見える事例がもっとも古い。(6) 現存するアユタヤ王朝年代記完本の中では、最古層に属する、この略述本王朝年代記の小暦七一二年寅年の条に、「陰暦五月金曜日白分六日、Krung Si Ayutthaya の定礎を行う。」とあるのがそれである。(7) この年代記は、その前文に、「[小暦]一〇四二年新年第一二月白分五日、国王陛下より、宮廷占星術師の記録、および御文庫所蔵の諸記録、ならびに年代記の記すところを併せて、現在までの[歴史を]選述せよ、との勅命がくだった。」という記述のあるところから、一六八〇年の成立と考えられている。(8)

アユタヤ Ayudya/Ayutthaya と言う地名が、これまでまったく疑われることなく、王国ないし王朝の呼称とされてきた理由は、上述の「ルアン・プラスート本」を初めとするタイ語年代記が、新王国の首都名として、この呼称を掲げているという理由による。しかし、ここで注意しなければならないのは、現在、完本と断簡本をあわせて、八種の写本が知られている、タイ語本アユタヤ王朝年代記が、もっとも古い「ルアン・プラスート本」でさえ、その成立の時期は一六八〇年であり、他の多くの刊本にいたっては、いずれも一八世紀末以降に編纂されたものであり、建国の時期から見るならば、はるか後代に属するという事実である。(9) それゆえ、これらの年代記に基づくかぎりでは、首都が、少なくとも一六八〇年以降には Ayudya/Ayutthaya と呼ばれていたと言えるにとどまり、一四世紀中葉に新王国が建設された当時においても、そのように呼ばれていたかどうかについては、にわかに断定し難い。とくに留意すべきは、Ayudya/Ayutthaya という地名が、刻文史料にまったく登場しないという事実である。アユタヤという地名が、刻文上の証拠を欠くという事実を重視したニティは、その呼称が後世のものであり、当初は、別の呼称で呼ばれていたのではないか、と考えたのである。(10)

一三五一年、チャオプラヤー川、パーサック川、ロッブリ川が合流する中部タイの交通の要衝に、(11) タイ王国の新たな首都として、アユタヤ(Ayudya/Ayutthaya)が建設される前、その地に、かつて「アョータヤー Ayodhaya」と呼ばれる町があった、という説は、今世紀のはじめ、ダムロン親王によって唱えられた(12)。その説は、その後展開されることなく、今日にいたったが、近年、アユタヤ周辺で発見された仏教遺構、仏像彫刻の考古学者による研究が進み、この地方は、一四世紀以前において、すでにかなり高い文化が発達していたことが、次第に実証され、ダムロン仮説の蓋然性が、にわかに高まりつつある(13)。アユタヤ成立以前に、古都 Ayodhaya が成立した時期については、なお推測の域を出ないものの、この分野で精力的に業績を発表している、考古学者シーサック・ワンリポードン Srisakra Vallibhotama によれば、遺品、遺構の形式の検討から、おそらく一二世紀をさかのぼることはなかろうという(14)。

現存する完本のなかでは最古層に属するものと見られながら、タイ語原本の散逸により、現在オランダ語訳によってのみその原形を推定できる「アユタヤ年代記」に、「ファン・フリート本アユタヤ王統記」がある(15)。同書はこの王国の首都名を Judia と表記している(16)。ファン・フリート Jeremias van Vliet は、在 Judia のオランダ東インド会社に、一六三三年から四一年まで、商館員として在勤していたことから、この「王統記」が執筆されたのは、おそらく一六四〇年であったと推定される。「王統記」は、初期アユタヤ王国のマレー的性格を示唆する建国説話を収録するなど、現存する他のタイ語年代記刊本には見られない特徴をもっており、アユタヤ史研究のための重要な根本史料の一つである(17)。同書の内容で興味がひかれるのは、Judia のある場所に、かつて Ajuthia という名の古都が存在していた、という伝承を収録している点である。Judia および Ajuthia という地名のタイ語原綴を、この史料だけから再構することは困難であるにせよ、これらふたつの地名が、互いに別個の、ふたつの語に対応しているものと見られる。

ところで、アヨータヤー Ayothaya という地名は[18]、一五世紀に北タイのチェンマイで書かれたランナータイ語の仏教史「Mūlasāsanā」の中に見える。この中に、アノーマダッシー Anomadassi とスマナ Sumana というスコータイのふたりの大長老が、南方のアヨータヤー Ayothaya に赴き、かの地において三蔵の研究を深めたという記事があるのがそれである。これは、一四世紀の半ば、スコータイの南方に、アヨータヤーという仏教の盛んな町があり、スコータイの僧が仏教教理の研鑽に赴くほどの、仏教教学の一中心であった事実の存在を示唆している[19]。

前章でも述べたように、この Ayothaya という地名は、刻文史料の中に現われる。「第十一刻文」あるいは「蛙山 Khao Kop 刻文」と俗称されるタイ語刻文がそれである[20]。「第十一刻文」は、シーサッタ大長老という名の僧が、巡礼のためスコータイからマルタバン経由で海路スリランカに赴き、帰路、中部タイの要衝パークナンポーに至ってそこに仏塔を建立した記念の刻文で、制作の時代は一三五〇年代と推定されている[21]。同長老は、スコータイへの帰路、Ayothaya を通過した。管見の限りでは、タイ語刻文で Ayothaya という地名が現われるのは、現在のところではこの第十一刻文ひとつしかない[22]。

以上見てきたとおり、アユタヤにせよ、アヨータヤーにせよ、現状ではそれらの地名の存在を実証できる同時代史料は、予想外にとぼしい。こうした史料状況を前提とした上で、ニティは次のような仮説を提出している[23]。

(1) 同時代の刻文史料には、アヨータヤー Ayothaya はあるがアユタヤ Ayudya はない。
(2) それゆえこの町は、タイ王国の王都となってからも、しばらくの間アヨータヤーと呼ばれていた可能性が高い。
(3) アヨータヤーからアユタヤへの改名は、ビルマ軍によって占領されたタイ王国が、ナレースエン大王の登場によって独立を回復したことを内外に印象づけるのが目的であったと考えられる。その時期は一六世紀末と推定される。

この説は、アユタヤという地名が刻文史料に見られないこと、刻文史料ではアヨータヤーと呼ばれていることの二点をその論拠としているので、まず原名とされるアヨータヤー Ayothaya について検討しよう。タイ語の綴字から見て、アヨータヤーはサンスクリット語のアヨーディヤ Ayodhya に由来すると考えられる。アヨーディヤとは、前六世紀ごろ栄えた一六大国のひとつコーサラ王国の首都で、『ラーマーヤナ』の主人公ラーマはダシャラタ王の長男としてそこに生まれた。[24] タイのアヨータヤーが、このインドの古代国家アヨーダヤーに由来するとする推定の根拠は、「第十一刻文」が、この都を Ayothaya Rama Thepnakhon、サンスクリット綴に転写すれば Ayodhya Rama Devanagara すなわち「ラーマの神都アヨーディヤ」と呼んでいることによる。

Ayodhya という首都名は、北タイのもうひとつのタイ王国、ランナータイの首都チェンマイの僧ラタナパンニャー長老 Ratanapanna Thera が、パーリ語で著述したランナータイ仏教史『ジナカーラマーリー Jinakālamālipakaraṇaṃ』にそのパーリ語形を求めることができる。[25] 同書の著作年代は、一五二八年と推定されている。[26] 同書の「スマナ長老伝 Sumanatherakathā」には、先に触れたスコータイの僧スマナ長老が、アヨージャー Ayojjhapuraṃ に赴き、師について仏教を学んだ後スコータイに戻った、という記述が見られるが、[27] ここでいう Ayojjhā はサンスクリット語の Ayodhyā のパーリ語形にほかならない。[28] とすれば、一五二八年の時点では、タイ王国の首都は、まだアユタヤとは呼ばれず、アヨータヤーであった可能性が高まる。

アユタヤであるならば、タイ語では Ayothayā ではなく、Ayutthaya、パーリ語でならば Ayudya ないし Ayuddhaya でなければならないであろう。この語は語根 yudh- に由来する yuddha に否定辞 a- 冠した派生語で

「無敵の、不敗の」を意味する。[29] そこでこの語をテキストに求めてみると、一八六一年、ビルマの僧パンニャーサーミ Paññasāmi によって著わされたパーリ語の史書『サーサナヴァンサ Sāsanavaṃsa』[30] にそれを見出すことができる。同書のヨーナカ王国の章は、マハーラッキタ長老が、仏教を確立させた王国のひとつとして「アユッダヤー Ayuddhayā 王国」をあげる。[31]

もうひとつの重要な史料のひとつに、タイ語で『チュンラユッタカーラウォン Cunlayutthakarawong ∧ Culayuddhakāravaṃsa』[32] と呼ばれる、パーリ語の史書が存在する。同書は、バンコクのチェートポン寺院の住職ソムデット・プラワンナラットの作とされるパーリ語アユタヤ年代記で、一九一七年にその断簡二帖がバンコクで発見された。[33] 幸い現存する写本は、アユタヤ創設の記述を含んでいるのでそれによってこの地名を検討してみよう。同書は、まず新都の建設に一年を要した、と述べた後、つぎのようにその呼称の由来を説明している。すなわち、その[都]の名は、〈シーアユッダヤー Siayuddhaya〉である。妻の名はシーアーユ、夫の名はウッダヤー。それは[そこが]妻と夫ふたりの住まいであったからである。[34]

この語源俗解の当否はさておくとして、ここでは新都の呼称が、明確に「アユッダヤー Ayuddhaya」とされている点に注目したい。この語が、タイ語アユタヤ Ayutthaya に対応するパーリ語形であることは疑いを入れないであろう。以上の検討から、われわれは次のような結論に到達する。すなわち、その上限は確定できないにせよ、一九世紀に制作されたパーリ語の著作が王都の名前を「アユッダヤー」と記載していることは、すくなくともこれらの史料が作られた時点においては旧都[35]はタイ語で「アユタヤ」、より発音に忠実にしたがうならば「アユッタヤー」であった、と。[36]

われわれは一七世紀のフランス人が、王都をSciajuthaiaであったと記録したことを指摘した。このころまでには、王都はすでにAyutthayaと呼ばれていたのである。他方、一五二八年に『ジナカーラマーリー』が書かれた時代には、王都はパーリ語の対音から見て「アヨータヤー」であって、まだアユタヤとは呼ばれていなかった可能性が高い。これらの事実を総合するに、王都名の変更の時期は、一五二八年よりおそく一七世紀までのいずれかの時代ということになる。(37) 現在のところ、一六世紀後半の史料で、王都をアユタヤとする文献がまだ発見されていない以上、改称の時期を特定することは困難であるが、以上の検討は、ニティらの所説の蓋然性がかなり高いことを示しているように思われる。ニティらは、アヨータヤーからアユタヤーへの改称が、独立回復を印象づけるためと考えたが、Ayuddhayaの語源が「無敵の、不敗の」を意味するという事実から、もっともな推論といえよう。本章は、前章で利用できなかった史料をもちいて、同様の結論を導こうとしたものである。いずれも、新説の検証に向けての第一歩にすぎず、今後ともさらに研究を進める必要があることはいうまでもない。

(1)　タイ語の表記法ではサンスクリットないしパーリ語のd、dhがいずれもth発音されるので、文献にはAyudya、Ayudhyaのふたつの形が現われる。なおタイ語の発音はいずれもAyutthayaである。
(2)　Akhom Phathiya & Nidhi Eoseewong, *Si Rama Thepnakhon, Rudmkhwamrieng waduai prawatisat ayuthaya tonton*, Bangkok, 1984, pp. 3-5.
(3)　John Anderson, *English intercourse with Siam in the seventeenth century*, London : Kegan Paul, Trench, Truebner, 1890, p. 18, n. 6.
(4)　"La Capitale du Royaume se nomme Sciajuthaia : les Portugais l'ont nommée Siam." abbé de Choisy, *Journal du voyage de Siam fait en 1685 et 1686*. Paris : Éditions Duchartre & van Buggenhoudt, 1930, pp. 236-37.
(5)　Siはサンスクリット語のSriに由来するタイ語で、吉祥、光明、繁栄などを意味し、美称として地名の前につけられる。富田竹二郎『タイ日辞典』養徳社、一九八七年、p. 1690 f 参照。

（6） Luang Prasoet 本より古層に属するとされる年代記の存在の指摘は、Michael Vickery によって為されたが（Michael Vickerly, "The 2/K Fragment : A lost chronicle of Ayutthaya", *The Journal of the siam Society,* LXV, 1 (January, 1977) : 51-70)、その後同一の書物の一部を構成すると考えられる別の断簡が発見されている。(Prasert Na Nagara, "Phraratcha phongsawadan Krung Si Ayutthaya chabap plik", in *Ngan Charuk lae prawatisat khong Prasert Na Nagara,* Bangkok, 1993, pp. 170-172.)

（7） Krung は首都を意味する。*Prachum chotmaihet samai ayuthaya phak 1,* Bangkok : Khanakammakan chatphim ekasan thang prawatisat watthanatham lae borannakhadi samnaknakoknratthamontri, 1967, p. 93.

（8） Prachum chotmaihet, 1967, loc. cit.

（9） アユタヤ年代記の諸本についての解題については、石井米雄「タイ語文献について（2）-Phraracha Phongsawadan Krung Kao」本書第III部第二章を参照。また最近発見された二種の断簡本についてはPrasert Na Nagara, 1993, 170 ff. が詳しい。

（10） Akhom Phathiya & Nidhi Eoseewong, 1984 : 51.

（11） この場所は河中にある「円形の小さな島」と認識されていた。ファン・フリート「シアム王国記」(生田滋訳・注『フーンス、フリート、コイエット　オランダ東インド会社と東南アジア』(大航海時代叢書II－11）岩波書店、一九八八年、一〇六頁)。

（12） チャーンウィットによる問題点の整理がある。Charnvit Kasetsiri, *The rise of Ayudhya,* Kuala Lumpur : Oxford University Press, 1976, pp. 76-92.

（13） Srisakara Vallibhotama, *Sayam Prathet* (thailand's historical background from prehistoric times to Ayuthya), Bangkok : Ngadi, 1992, pp. 255-56.

（14） Srisakara Vallibhotama, 1992 : 257.

（15） テキストとその英訳は *The short history of the kings of Siam by Jermias van Vlitet,* Bangkok : The Siam

Society, 1975 に求められる。「シアム王統記」と題する生田滋氏の邦訳がある。前掲生田訳、一九八八年、二一五―二八八頁所収。

(16)　*The short history* : 17. Judia という音は、ビルマ語でタイを意味する Yodaya に似ている。

(17)　生田滋「イレミアス・ファン・フリート著『シアム王統記』の記事に関する覚書」『創大アジア研究』第11号(一九九五年一月)五五―五六頁。

(18)　カナ表記はタイ語音を示す。

(19)　Prasert Na Nagara & A. B. Griswold, *Epigraphic and Historical Studies,* Bangkok : The Historical society, 1992, pp. 326-327.

(20)　G. Coedès, *Recueil de inscriptions du Siam,* Première partie : Inscriptions de Sukhodaya, pp. 145-149.

(21)　本書第II部第一章参照。

(22)　Y. Ishii, O. Akagi, Nidhi Eoseewong, Arunrut Wichienkeew (eds.), *A Glossarial Index of the Sukhotai Inscriptions,* Bangkok : Amarin Pubication, 1989, p. 238

(23)　Akhom Phathiya & Nidhi Eoseewong, 1984, p. 5.

(24)　辛島昇ほか監修『南アジアを知る辞典』平凡社、一九九二年、三〇頁。

(25)　A. P. Buddhadatta (ed.), *Jinakālamālī,* London : Pali Text Society, 1962.

(26)　Saeng Manavidura, "Some observations on the Jinakālamālīpakaraṇa" in N. A Jayawickrama, *The Sheaf of Garlands of the Epochs of the Conqueror being a translation of Jinakaalamalipakaraṇaṃ,* London : Pali Text Society, 1968, p. xxxiii.

(27)　Tada kira Sumano nāma thero Sukhodayanivāsiko Ayojjapuraṃ gantvā garūnaṃ santike dhammaṃ uggahetvā Sukhodayapuraṃ pun'āgami, *Jinakālamālī,* 1962, p. 84.

(28)　G. P. Malalasekera, Dictionary of Pali Proper Names., Vol I. A-DH, London : The Pali Text Society, 1960, p. 165.

（29） 松山納『タイ語辞典』大学書林、一九九四年、一一八四頁1。

（30） Mabel Bode(ed.), Sāsanavaṃsa, London : Pali Text Society, 1987. Kanai Lal Hazra, The Buddhist Annals and Chronicles of South-East Asia, New Delhi : Munshiram Manoharial Publishers, 1986, pp. 91-92 参照。なお本書には生野善應氏による邦訳がある。生野善應『ビルマ上座部仏教史――「サーサナヴァンサ」の研究』山喜房仏書林、一九八〇年。

（31） Kamboja-Khemāvara-Haripuñjaya-Ayuddhayādīsu ankekadisu raṭṭhesu sāsanaṃ patitthāpesi, *Sāsanavaṃsa*, p. 49. 生野善應、前掲書一〇三・一〇五頁。

（32） Cunlayutthakarawong, Bangkok(cremation volume), 1920, 68 pp.

（33） Cunlayutthakarawong, p. ii.

（34） Tampi sīayuddhayānāma tāya siāyu nāmaṃ tassa uddhayā nāmaṃ dvinnam jayapatikanam vasanatta, Cunlayutthakarawong, p. 29.

（35） 当時の首都はバンコクであり、アユタヤはすでに旧都 Krung kao であった。

（36） ここでも一八・一九世紀のパーリ語史書において、旧称のアヨージャーを用いているものが存在している事実を指摘しておく必要があろう。この点の考証は将来の検討課題としたい。その事例として、一七八九年にバンコクで制作されたパーリ語の「結集史 Sangītyavaṃsa」と、スリランカで制作され、一八一五年までの仏教の歴史を記した「小史 Culavaṃsa」を上げておく。いずれもアヨージャー Ayojjha としている。cf. *Sangītyavamsa* Chap. 7 passim ; *Culavaṃsa* Chap. 98, 1. 91 ; Chap. 100, Is. 60, 64, 74, 89, 101, 122, 139.

（37） 第II部第一章の注(21)で言及した刻文から、本章の一五二八年は一五四九年以降とあらためるべきであろう。

第三章 「港市国家」としてのアユタヤ——中世東南アジア交易国家論

はじめに

オーストラリアの歴史学者アンソニー・リード Anthony Reid は、一五世紀から一七世紀における海上交易の拡大がジャワのマタラム王国、スマトラのアチェ王国、レ朝ベトナム、タイのアユタヤ朝など東南アジアの各地にそれまでにない強力な集権国家を生み出す契機をもたらしたという事実に注目し、この時代を「交易の時代 the Age of Commerce」と名付けた(1)。これらの新しい型の国家の成立には、国王が交易によって獲得した富と、国王がその富を用いて排他的に獲得した軍事的手段の存在が重要な役割を果たしたと考えられる。海上交易によって生み出される富が、国王のもとに集約されるためには、王都に隣接して、外航船の寄港が可能な港の存在することが、有利な条件の一つとなる。生田滋は、かつて東南アジアにおける貿易港と政治権力との関係を、次の三つの類型に分類した。第一は、中・東部ジャワのように、貿易港が、内陸部の政治権力の支配下におかれている場合、第二は、香料群島に見られるように、貿易港自体に、政治権力の座が存在している場合、第三は、貿易港を中心に存在する国家権力が、周辺の土地にもその支配を及ぼしている場合で、スマトラ、西ジャワにその例を求めることができるとする(2)。交易港と政治権力の場(＝王都)との空間的関係の遠近の差があるにせよ、両者の構造的結合現象は、東南アジアの各地で歴史的に観察されるところである。シンガポールのカティリタンビ＝ウエルズ J. Kathirithamby-

Wells は、両者の結合関係を「同心性 concentricity」と呼び、交易港を不可分の構成要素としてもつ国家を「港市国家 port polity」という概念でとらえることを提案している。(3) 本章は、一三五一年チャオプラヤー・デルタ下流域に成立したアユタヤ王国の構造的特質を「港市国家」の概念を用いて解釈しようとする試論である。

一　アユタヤの位置

北タイに発するピン、ワン、ヨム、ナンの四河川は、ナコンサワンで合流し、一条の大河チャオプラヤー川となって南流し、やがてチャイナートを扇頂とする大デルタを形成するにいたる。アユタヤは、その古デルタ部の南限にあり、東北タイの西縁を南流するパーサック川が、チャオプラヤー川と合流する地点に、一三五一年、アユタヤ王国の首都として建設された港市である。河口からアユタヤ港までは約八〇キロの距離があり、帆船の遡航には数日を要した。一五三六年の自序のある黄衷の『海語』はその間に二関の存在を指摘し、また一六一七年に張燮が編纂した『東西洋考』はこれを三関として、河口からアユタヤ城南方郊外にあったポルトガル人町、日本人町に達するのに九日を要したとする。(4) 一六八五年にアユタヤを訪問したショワジ M. l'Abbé de Choisy は、河口の砂州からアユタヤ(Siam)までの間に、七ヵ所に立ち寄ると記している。(5) 河口からの距離の大きさは、一見外航船の寄港に不利な条件に見えるが、海賊など外敵の攻撃に対する防衛の見地からすれば、かえって有利な条件であった。ジュルヴェーズ Nicolas Gervaise の『シャム王国史 *Histoire naturelle et politique du royaume de Siam*』(一六八八年)所収の地図には、バンコクなど五ヵ所の防塁の名が見える。(6) バンコクには両岸あわせて五四門の大砲が配備され、一〇〇名のポルトガル人メスティーソ・クリスチャンの兵士が守っていた。(7)

港市としてのアユタヤを考える上で、外港としてのメルギ、ないしテナセリムの存在は見過ごすことができない。メルギからマレー半島を陸路横断して、タイ湾沿岸のプラチュアップキリカンに出たのち、北上してアユタヤに至る行程は、旅行に前後一〇日間を要したが、ベンガル湾を渡って交易のためシャムに赴こうとする西方の商人は、風待ちの時間を含め前後六ヵ月を要するマラッカ海峡コースより、むしろメルギ経由を選ぶのが普通であったという。[8] 英国人冒険商人ジョージ・ホワイト George White が一六七八年に書いた『シャム貿易報告 *Report on the Trade of Siam*』によれば、メルギ知事、テナセリム副王、およびテナセリム―アユタヤ間の主要地点の知事はすべてインド人ないしペルシャ人ムスリムがアユタヤ王によって任命されていた。[9] アユタヤは、ベンガル湾への出入口を持つことによって、南アジアおよび西方諸国と、中国を中心とする東アジアの結接点たりうるという、交易戦略上の優位性を享受することができたのであった。

　交易港の価値は、安全性、倉庫等の港湾設備、関税等政府によって課される賦課金の大小、予見可能性など基本的条件のほか、そこにおいて調達可能

図1　シャム王国周辺図

出典：Nicolas Gervaise, *Histoire naturelle et politique du royaume de Siam*, Paris, 1688.

な商品の内容とその量によって決定される。前近代における東南アジア大陸部の輸出品の内容を見ると、その大半を占めたのは、広義の森林生産物 forest products であった。したがって、多様な森林生産物の生産地をその後背地として持つことは、港の魅力をさらに高める役割を果たした。アユタヤが、チャオプラヤー川とパーサック川の合流点に位置していたという事実は、とりもなおさずこの港市が、北タイと東北タイという、魅力的な物産のふたつの生産地と、年間を通じて運搬船の航行可能な水路によって結ばれていたことを意味していた。これらの森林生産物は、後述するように「スワイ」(物納租税)として集荷され、海外に輸出されて王庫を富ませたのである。

アユタヤのもうひとつの魅力は、背後に展開する広大な古デルタの後背湿地で生産される低廉な余剰米の存在である。トメ・ピレスは「シアン」すなわちアユタヤには多量の米があって、毎年二、三〇隻ものジャンクがこれをマラッカに運んでいたと述べている。(10) シャム米の低廉な価格については、鎖国時代の「暹羅船風説書」が、手間のかからない浮稲栽培を「余国より別而下直」な理由として挙げている。(11) 米需要の増大に応じて新デルタの開発が飛躍的な速度で進展を見た一九世紀以前においても、タイは東南アジア第一の米輸出国であった。(12)

以上の考察から、国際交易におけるアユタヤの位置は、次のように要約することができよう。

(1) アユタヤは、メルギないしテナセリムを外港として持つことによって、中国とインド・西方諸国の双方に触手を持つ、中継貿易基地としての役割を果たすことができた。メルギ→マレー半島横断路→アユタヤ→南シナ海ルートが、マラッカ海峡経由の東西航路より所要時間が短かかったという事実は、蒸気船の登場、一八一九年のシンガポール開港以前の東南アジア貿易を考える上で見逃すことができない。

(2) アユタヤは、ふたつの河川を媒介として、物産豊かな後背地と結ばれることによって、海外において需要の大きい多種多様な輸出向け森林生産物の調達が容易であった。

(3) アユタヤは、チャオプラヤー・デルタという、有力な余剰米生産地を後背地に持つことによって、海外市場での米需要に応えることができた。

これらの三条件は相乗して、国際的中継地としてのアユタヤの地位を、揺るぎないものにしたのであった。

二 海上交易とアユタヤ王

明の朝貢体制の枠組みの中で、アユタヤ(暹羅)が、対中国貿易に極めて積極的であった事実はよく知られている。太祖洪武帝は、一三六八年即位後、海外諸国へ使臣を派遣して新王朝の成立を伝えた。この詔諭に応えて、アユタヤ王(暹羅国王)が行った朝貢は、洪武から永楽にかけての五三年間に五七回を数えた。これは「三年一貢」の建前をはるかに超えるばかりでなく、東南アジア諸国の中でも群を抜いて大きかった。これはアユタヤ朝諸王の海外貿易にかける関心の強さを示すものである。(13) 同様に外国商人のアユタヤに関する関心が、他の東南アジア諸国とくらべ格段に強かったこともまた、しばしば指摘されるところである。たとえば『歴代宝案』によって琉球船の派船の状況を見ると、一四一九年から一五七〇年までの一五一年間にアユタヤを訪れた琉球船は六一隻に達しているが、これはその派遣回数においても、派船の持続性においてもマラッカ、パッタニ、ジャワなど近隣の東南アジア諸国をはるかに凌駕している。アユタヤから将来した物産は琉球王朝の明朝に対する進貢品の重要な内容をなした。(14) また一六〇四年から一六三五年までの三一年間に、日本が東南アジア諸国に送った三五六隻の朱印船中、暹羅向けの船は五六隻で第二位を占めている。(15) これらの数字は、アユタヤの寄港地としての魅力を示しているといえよう。

アユタヤのベンガル湾貿易については、オランダ東インド会社アユタヤ商館長を勤めたヨースト・スハウテンが、シャム王は「毎年、コロマンデルに船舶と資本を送っている」と書いている。[16] かれの下で商館員を勤めたファン・フリートは、アユタヤでよく売れる中心的な商品として「さまざまな種類の、さまざまな模様のコロマンデルとスラートからの織物」をあげ、それらは「イスラム教徒、異教徒、シアム人およびその他の国民によってタナサリ(=テナセリム)を経由して多量にもたらされる」としている。[17] また一六八五年に、サファヴィー朝の使節団の書記として、アユタヤを訪れたイブネ・ムハマド Ibn Muhammad Ibrahim は、かれの『スレイマーンの船』のなかで、シャム国王に利益をもたらす重要輸出品のひとつは、毎年デカンおよびベンガルに輸出される馴象であるとし、そのためアユタヤ王は、毎年三〇〇頭から四〇〇頭もの象を捕獲させ、輸出用にこれを調教すると書いている。[18]

アユタヤを訪れた外国人はタイ国王を「商人王」としてとらえた。[19] タイ国王は、その家産の増大を通して権力基盤の強化をはかった。そのもっとも重要な手段の一つが、対外海上交易であった。そのため国王としての地位が最高度に利用された。「国」のみが交易の主体でありえた朝貢体制下での、中国に対する積極的な朝貢使節の派遣、アラカン、アチェ、コロマンデル海岸の諸国との同盟関係の維持努力などは、それぞれ相手国の事情に応じた、交易活動推進のための環境整備をめざすものであったといえよう。

しかしながら、ファン・フリートも指摘しているように、タイ国王は、自ら交易のための大商船隊を所有しなかった。[20] 南シナ海貿易について見るならば、しかるべき「唐船 samphao」を選び、これに投資する委託貿易の形態がとられた。『華夷変態』に見える「暹羅屋形仕出し唐船」がそれである。その場合、若干名のタイ人が国王投資分の荷物について「目付」「帳付」の任務を帯びて乗船することはあったが、貿易実務はすべて「唐人船頭」の宰領にまかされ、タイ人は関与しなかった。タイ国王がこれをタイ人にゆだねなかったのは、タイ人が「商売の儀無功」であったからであるという。[21] にもかかわらず貿易船の運行、現地での貿易実務を担当するいわゆる「唐船役人」(『和漢三才図会』)ないし「唐船役者」(『増補華夷通商考』)が、アユタヤの官僚制度の一環に組み込まれ、それぞれの任務に応じた「位階田」(サクディナー)が与えられていた点は注目に値しよう。上位のサクディナーを与えられていたのは、「船主」(四〇〇)、「夥長」(大船二〇〇、小船一〇〇)、財附(大船二〇〇、小船一〇〇)である。(22)「船主」は「船頭」とも呼ばれ、航海中は役がなく、目的港に到着後先方の官憲と交渉し、取引の指揮をとることをその任務とした。(23)ファン・フリートが「国王は、自分の資本を用いて、コロマンデルと中国で取引を行い、その取引と国内における取引から、非常に大きな利益を上げている」と書いていることから推定するに、おそらくはベンガル湾交易においてもまた、唐船貿易と類似の委託貿易の方法がとられていたものと考えられよう。(24)

こうした委託貿易のための輸出商品の調達もまた、国王がその政治権力を行使することによって実施された。物納租税「スワイ suai」がそれである。「スワイ」は、後代には金納化されるが、それ以前の時代では「スワイ」として全国各地の物産がアユタヤにもたらされ、それらの物産がアユタヤからの輸出品の大半を占めていた。ド・ラ・ルベール Simon de la Loubère は、物納租税として米、蘇木、沈香、硝石、象、獣皮、象牙その他を上げている。米はマラッカ、ジャワ、中国などへ、蘇木、獣皮は日本へ、象はコロマンデル諸国などへの、それぞれアユタヤからの主要な輸出品として知られている。

国王のこうした管理貿易の実務は、「プラクラン Phra Khlang」と呼ばれる高官とその下僚たちによって担当された。「プラクラン」はヨーロッパ人にはポルトガル訛音の Barcalon という形で知られていたが、中国・日本向けの漢文文書では「大庫」ないし「大庫司」が用いられている。(25)『三印法典』所収の「文官位階田表」によれば、「プラクラン」は非王族官僚としては「チャクリ」などとならんで最高の位階田一万が与えられ、爵位は「オークヤー Okya」、欽賜名は「シータンマラート Si Thammarat」であった。これに次いでかれの次官にあたるプラ・

ピパットコーサーラートPhra Phiphat Kosarat」(位階田一〇〇〇)以下、七〇を超える数の官職名が並ぶ。大別して租税の徴収を担当する官職と、輸出入実務を担当する官職に別れる。前述した「唐船役者」は、後者のうち輸出業務を担当し、通訳など外国人商人の応接は輸入業務担当といってよかろう。

プラクランは「スワイ」として各地から搬入される物産の集荷にあたったが、税として徴収できない品物、ないし不十分な量しか徴収できない品物については、公権力による買い上げが行われた。この措置とならんで、外国商人に対してはプラクランの役人以外からの物産の購入を禁止した。輸入品についても、国王の名による先買特権が行使された。特に火薬、硫黄、武器は禁制品として、私人の取引が禁止されていた。(26)

こうした王権の商取引への関与が、いつの時代に始まったかを、タイ側史料から特定することは困難であるが、『歴代宝案』所収の、洪熙元年(一四二五年)の咨文によれば、すでに一四一九年の段階において、アユタヤでは「官買」「官売」が行われていたことがわかる。すなわちこの咨文は、琉球船がアユタヤに運んだ中国製の磁器が、タイの役人のつけた一方的な値で強制的に買い上げられる一方、かれらの求めた蘇木も住民から購入することは許されず、役人の手から購入することを強いられたと記し、こうした外国人商人にとっては不条理な慣行に対する異議の申し立てを行っている。(27)

以上の考察から、アユタヤを中心とする海外交易がタイ国王に利潤をもたらす構造は、およそ次のように要約される。

(1) ベンガル湾貿易に対する国王の投資

国王の投資によって、コロマンデル諸国からもたらされる主たる輸入品には、各種のインド産の織物がある。アユタヤからの主要輸出品が象であったことは、上述した通りである。インド産の織物は、テナセリム経由でアユタヤにもたらされたが、テナセリム(あるいはメルギ)・アユタヤ間の要衝を管掌する役人に、いずれもイスラム教徒が任命されていたことは、南シナ海貿易の直接担当者がすべて中国人であったこととともに、アユタヤ王のきわめて実践的な思考様式を反映している。

（2） 南シナ海貿易に対する投資

「暹羅屋形仕出し唐船」と呼ばれるジャンク船貿易へのタイ国王の投資形態の詳細については、今後の研究の進展を待たなければならないが、この投資がかなり大きな利潤を国王にもたらしたであろうことは、同時代資料の記述からもうかがわれる。[28]

（3） 輸出用タイ国物産の租税としての徴集

タイからの主要輸出品は米、蘇木、沈香、錫、鹿皮、鮫皮などでいずれも「スワイ」として徴集されたものが中心をなした。

（4） 輸出用タイ国物産の独占的買い上げ

タイ物産に対する海外市場での需要が、「スワイ」による強制的徴集量を上回る場合には、プラクランが独占的価格によって強制的に買い上げて不足分を補塡した。象牙などがその例である。

（5） 輸出品の独占価格による販売

前述した琉球船の蘇木調達の例に見られるように、ある商品については、外国人が、私人から直接それを購入することを禁じた。

（6） 輸入品の独占的価格による買い上げ

前述の琉球船による中国製磁器の輸入の例に見られるように、プラクランはしばしば輸入の先買特権を行使して

(＝官買)排他的に希少商品の独占をはかった。

(7) 王室販売所を通じての独占売買

ド・ラ・ルベールは、各地方に設けられていた王室の小売店に言及している。[29] たとえば硝石、鉛、蘇木などはタイ人外国人の別を問わず、王室販売所においてのみ売買が許された。

三 港市人口の多民族性

トメ・ピレスは、シアン(＝アユタヤ)の外国人商人には「アラビア人、ペルシャ人、ベンガラ人、たくさんのケリン人、シナ人、その他の国の人がいる」と書いている。[30] 一六八五年、ルイ一四世の派遣使節に随行して、アユタヤを訪れたド・ショワジ de Choisy は、その旅行記のなかに、四三ヵ国の人々が「お国ぶりの衣装をまとってフランス大使に表敬したと記している。[31]『三印法典』所収「文官位階田表」によれば、「プラクラン」には、イギリス通事、フランス通事、オランダ通事、「唐通事」のほか、西方イスラム諸国を意味した「ケーク Khaek」所轄の部局に四名、おそらくはコロマンデル海岸諸国と考えられる Phromthet (Brahmadesa) 所轄部局に二名の通事職がそれぞれおかれていた。通事職は総計一三名にもおよび、宮廷家産官僚と外国人商人との接触の密度をしめしている。アユタヤとその周辺に居留地をもつ外国人は、大別して、近隣諸国からの移住民(ラーオ人、クメール人、モン人など)と、主として交易にかかわる職業に従事するもの、宣教師、傭兵(中国人、ペルシャ人、日本人、マレー人、ポルトガル人、オランダ人、フランス人など)などに分かれる。それぞれに人口は時代によって変遷があるが、ド・ラ・ルベールはナライ王(一六五六―八八)末期において、「モール人」、東洋生まれのポルトガル人、シナ人、マレー人の人口を三千人ないし四千人と推定している。[32] 日本人については、一六三〇年の日本人町焼き打ち以前の盛時の人口を千人ないし千五百人とする岩生成一の推定がある。[33] またペルシャ人については前出の『スレイマーンの船』がナライ王即位当時、利潤の大きかった馴象交易のためにアユタヤに渡った三〇名程度のペルシャ人は、後に一〇〇人ほどに増えたとしている。[34]

ジュルヴェーズによれば、ポルトガル人は七〇〇人ないし八〇〇人の居留区を形成して生活していた。[35] かれはまた日本人、トンキン人、コーチシナ人、カンボジア人の居留区にも言及し「かれらはいずれも自国人の頭領のもとにおかれている。その頭領は、国王の許可を得てかれらが選出するもので、それぞれの国の慣行にしたがって統治している」と述べている。[36]

外国人居留区の統治形態については、ド・ラ・ルベールが、以下のようにさらに詳しい記述を行っている。[37]

外国人はそれぞれの居留区をもっている。これらの居留区は城外にあって、町の郊外をなしている。これらの居留区をポルトガル人はCamp[38]といいシャム人はバーン(ban)と呼ぶ。さらに、外国人は、それぞれの頭領を選出する。その頭領をシャム人はナーイ(nai)と呼んでいる。これらの頭領は自国民の事項に関しては、国王がその目的のために任命し、その国人の所轄官(le mandarin de cette nation)と呼ぶところの官吏とともにこれを決する。ただし、いささか重要な事件については、この官吏によって決定されることなく、［かれの上司である］barcalon（＝プラクラン）の決裁にゆだねられる。

ド・ラ・ルベールに先立つこと半世紀、ファン・フリートは、アユタヤに居住する外国人の行政について「……外国からやってきた居住者たちも［特定の代官たちのもとに］分属させられている。」と述べ、ペグー人、ラーオ人、日本人、中国人、マレー人、ポルトガル人のそれぞれの欽賜名を上げている。[39] 前後の記述からこれらの所轄官はシ

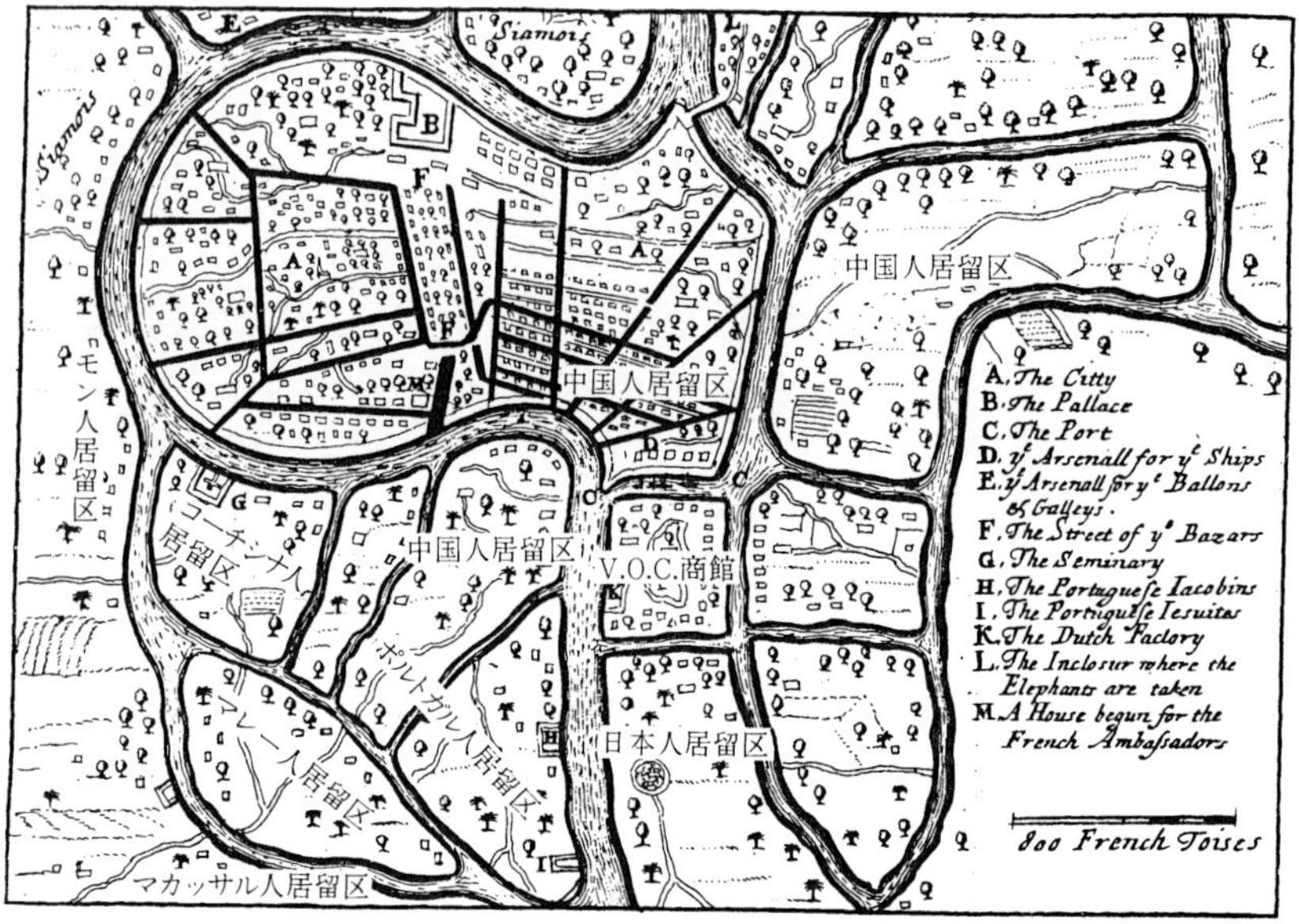

図2 アユタヤ市街図と外国人居留区
出典：Simon de la Loubère, *The kingdom of Siam,* Singapore : O. U. P., 1986.

ャム人官吏で、タイ語でムーンナーイmunaiと呼ばれる官職に相当する役職と考えられる。ムーンナーイとは各賦役労働単位ごとに置かれ、国王の課す賦役を円滑に実施するのに責任を負う役職である[40]。ファン・フリートは「これらの代官たちはどんな機会をも見逃すことなく、支配下にある人々から利益を上げる」と書いているが[41]、これらの外国人担当のムーンナーイたちのなかには、国王の名の下に権力を行使して私利をむさぼる者がいたにちがいない。

外国人居留区については、ド・ラ・ルベールがその著書に収録したアユタヤ市街図にその大要が示されている(図2を参照)。それによると、四方を川と運河に囲まれて、川中島の様相を呈する首都アユタヤ城の南側には、チャオプラヤー川を挟んで右岸にポルトガル人居留区、その対岸の左岸に日本人居留区が描かれている。この位置は、先に引用した『東西洋考』の記述に一致する。ポルトガル人居留区のさらに南にはマカッサル人の居留区が見える。オランダ東インド会社の商館は運河を挟んで日本人居留区の北側にあった。(42) ポルトガル人居留区とマカッサル人居留区の間にはマレー人居留区が記載されている。アユタヤ城の西郊・西南郊にはそれぞれモン人とコーチシナ人の居留区があった。このうちもっとも注目されるのが中国人居留区で、チャオプラヤー川とパーサック川との合流点を挟んで左右に広がっており交易上の要衝を抑えていた。城外ばかりでなく両河の合流点に近いアユタヤ城内の東南端にも中国人街のあったことは、ショワジの日記の記述からも知られるところである。(43) この事実は港市アユタヤにおける中国人の重要性を示す証左のひとつと見られよう。

おわりに

以上「港市国家」という視点から、アユタヤについて考察を行ってきた。アユタヤ王は、政治権力と商業権力を兼備した国王であった。メルギ＝テナセリムを外港として持つことによって、東西交易の中継点となったアユタヤは、東西物産の中継交易に加えて、米、蘇木、獣皮などの近隣諸国に需要の多い物産を、自国の余剰生産物の中から輸出できる能力をそなえていたことにより、交易上きわめて有利な地位を確保することができた。アユタヤ国王は、プラクランと呼ばれる長官を長とする組織を通じて、この輸出入貿易ならびに国内交易のあらゆる側面に介入し、それによって莫大な利益を得た。こうした一連の過程において、外国人は必須の存在であった。これらの外国人は定められたそれぞれの居留地での居住を許され、王室管理貿易という枠組みのなかで、交易活動の自由を認められていた。注目に値するのは、こうした外国人商人が国王権力と対立する関係ではなく、つねに国王権力を補完する役割を演じてきたことである。こうした役割は、タイ官僚機構の一員の徴表である爵位、欽賜名、位階田の授与によって公的な認証を与えられていた。このメカニズムはまたこれらの外国人の「タイ人化」のチャンネルとしての機能も果たした。地方の交易の拠点の行政官ばかりでなく、中央官制のなかでも外国人の進出はめざましいものがある。その最も顕著な事例は一七世紀の初頭のアユタヤに渡り、タイ人の妻をめとり、後に出世して、ベンガル湾交易を担当するプラクランの部局の長となったペルシャ人シェイク・アフマド Sheik Ahmad である。かれはソンタム王(一六一〇—二八)の時プラクランに昇格し、さらに首相格のサムハナーヨックの地位に昇った。アユタヤ滅亡後の一九世紀にいたるまで、タイ宮廷の顕官を独占し、時に king-maker の役割さえ果たしたブンナーク家は、後に仏教徒に改宗したこのペルシャ人商人の子孫たちである(44)。

国王と外国人居留民との関係を考察する上で、タイの歴史学者ニティの提起した家産官僚に見られるふたつのカテゴリーに留意することが重要である。ニティはアユタヤ王朝の官僚群を、「行政職 Khunnang fai Pokkhrong」と、「専門職 Khunnang fai Phuchamnankan」という二つの概念を用いて分析することを提唱している(45)。前者は、プライと呼ばれる賦役義務者の一定数の統制を、その権力の基盤とする官僚を指す。これに対し後者は、専門とする職能を持つ官僚で、たとえば王室儀礼の執行や法律の検索を任務としたバラモン僧、王室委託貿易の各分野を担当するいわゆる「唐船役人」、主として軍事技術を担当した技術者などがこれに含まれる。注目すべきはこれらの「専門職」の大半が外国人であったという事実である。たとえば「クロム・アーサー・ジープン Krom Asa Yipun」と呼ばれた「日本人義勇部隊」や、「クロム・フラン・メンプーン Krom Farang Menpun」という「ポルトガル人銃砲隊」などがこれにあたる。「唐船役人」はもとより中国人であり、王室バラモンはインド移民とその子孫たちであった。これらの専門職の部局がすべて国王の直属であったことは、「アユタヤ王」の地位を Primus inter pares から、absolute monarch へと上昇せしめる契機となった。専門職能者の独占により、タイ国王には外来の先進文明の所産を排他的に享受する道が開かれたのであった。常備軍の制度を欠き、戦時には上述した賦役徴発のシステムを通じて随時兵力の調達を行っていたアユタヤ朝のタイにおいて、国王が、高度の機動性を持つ外国人部隊を配下に保ち、火器の調達手段を独占していたという事実は、「唐船貿易」による王庫の富裕化と相まって、とりわけ一六世紀後半以後のアユタヤにおける国王権力の強化に貢献したと考えられる。こうした政治体制にとって交易港アユタヤの存在はまさに不可欠であったと見なければならないであろう。

(1) Reid, Anthony, *Southeast Asia in the Age of Commerce 1450-1680*, New Haven, Yale University Press, 1988; -do- "'An Age of Commerce' in Southeast Asian Hisotry", *Modern Asian Studies* 24. I, 1990.
(2) 生田滋「東南アジアにおける貿易港の形態とその機能——十七世紀初頭のバンタムを中心として」『世界の歴史13 南アジア世界の展開』筑摩書房、一九六九年、二五八頁。
(3) Kathirithamby-Wells & Viliers, John, *The Southeast Asian Port and Polity, Rise and Demise*, Singapore: Singapore University Press, 1990, pp. 1-3.
(4) 「少進為一関、守夷酋、又少進為二関、即国都也」(黄衷『海語』巻一(中国史学叢書三五、台北、学生書局、一九八四年)、風俗、暹羅)。「三関　其一為程尽所轄、其二為本夷所轄、其三為仏郎機日本関」、「交易賈舶入港約三日程至第三関……又三日至第二関、又三日至仏郎日本関」(張燮『東西洋考』巻二(台北、正中書局、一九七六年)、暹羅)。
(5) ショワジ「シャム王国旅日記」『ショワジ　タシャール　シャム旅行記』(17・18世紀大旅行記叢書)二宮フサ訳、岩波書店、一九九一年、一七二頁。
(6) Forteresse de Bankok(右岸)、Fortresse de Bankok(左岸)、Fort Tlakieu(右岸)、Fort Tlakieu(左岸)、Fort Tlaquan?
(7) Gervaise, Nicolas, *Histoire naturelle et politique du royaume de Siam*, Paris, 1688, pp. 67-71.
(8) Collis, *Siamese White*, London, 1951, p. 31; Domingo Navarrete, *The Travels and Controversies of Friar*

Domingo Navarrete, Cambridge, 1962, pp. 383-384.

（9） Collis, 1951：40.

（10） トメ・ピレス『東方諸国記』（大航海時代叢書5）生田滋他訳、岩波書店、一九六六年、二一七頁。

（11） 林春勝・林信篤『華夷変態』（東洋文庫）平凡社、一九五八年、一二七九―一二八一頁。

（12） 前近代におけるタイ米の輸出に関しては Sarasin Viraphol, *Tribute and Profit, Sino-Siamese Trade 1652-1853*, Cambrigde, 1977 参照。

（13） 藤原利一郎『東南アジア史の研究』法蔵館、一九八六年、二一一六六頁。

（14） 安里延『日本南方発展史』三省堂、一九四一年、一二九―一二〇八頁。

（15） 岩生成一『南洋日本町の研究』岩波書店、一九六六年、一二六―一二八・一六九―一七三頁。

（16） フランソア・カロン『日本大王国志』幸田成友訳（東洋文庫）平凡社、一九六七年、二七四頁。

（17） 生田滋（訳・注）『フーンス フリート コイエット オランダ東インド会社と東南アジア』（大航海時代叢書II―11）岩波書店、一九八八年、一九六頁。

（18） Ibrahim, Ibn Muhammad, *The Ship of Sulaiman*, tr. by John O'Kane, London, 1972, pp. 150-151.

（19） 「歴代国王はみな立派な商人であったし、現国王（＝ナライ王）もまた同様である」（生田訳、一九八八年、一九九頁）。「国王自身もまた一商人で、船舶と資本を毎年コロマンデルや支那に送り……」（カロン、一九六七年、二七四頁）。

（20） 生田訳、一九八八年、一四〇・一四二・二〇〇頁。

（21） 「惣而暹羅人は商売之義無功に御座候故、屋形よりも慥成唐人を船頭に申付遺申し候」（東京大学史料編纂所『唐通事会所日録一』東京大学出版会、一九五五年、九九頁）。

（22） 日本側史料の「夥長」にあたる役職名は『三印法典』には laataa と見えている。おそらくは西川如見の採録した章州方言とは別の中国語方言音を転写したものであろう。

（23） 西川如見『増補　華夷通商考』（岩波文庫）岩波書店、一九八八年、一〇六―一〇七頁。

（24） 生田訳、一九八八年、一二一―一二二頁。

(25) khlangはタイ語で「財宝庫、倉庫」の意。たとえば元和九年八月の酒井忠世あての書簡の発信人は「暹羅国握雅西潭麻喇大庫」とある。このうち「握雅西潭麻喇」はOkya Sithammaratの音訳で「大庫」はPhra Khlangの直訳である(近藤正斎『近藤正斎全集』第一、国書刊行会、一九〇五年、二一一頁)。
(26) de la Loubère, Simon, *The kingdom of Siam*, Singapore, 1986, p. 95.
(27) トメ・ピレスはシャムの外国商人に対する態度を狡猾として非難しながら「しかしこの国には良い商品が豊富なので、商人にとってはしばしば起こることであるが、利益のためには少しくらいのことは我慢するのである。これはそうしなければ他に取引きする方法がないからである」と述べて、アユタヤ港における不本意な慣行に対して諦めの姿勢を表明している(トメ・ピレス、一九六六年、二一三頁)。
(28) 「国産の品物でもおおきな取り引きが行われる。すなわち蘇木、沈香、錫、鉛であって、国王はそれから大きな利益を上げる。」(生田訳、一九八八年、一九七頁)これらの品物は、いずれも唐船が長崎にもたらした物産であった。
(29) 「国王のまた別の収入は、かれが自国民および外国人と行う商取引からもたらされる。国王の商取引の範囲は、もはやシャムにおいては、個人が商売を営む余地のないほどに広範囲にわたるものである。国王は卸売りだけでは満足せず、バザーや市場の中まで王の小売店を出している」(de la Loubère, 1986 : 94)。
(30) トメ・ピレス、一九六六年、二一三―二一四頁。
(31) ショワジ、一九九一年、一八六頁。
(32) de la Loubère, 1986 : 112.
(33) 岩生、一九六六年、一四四頁。
(34) Ibrahim, 1972 : 94-95.
(35) Gervaise, Nicholas, *The natural and political history of the Kingdom of Siam*, Bankok, White Lotus 1989, p. 58.
(36) Gervaise, 1989 : 58.
(37) de la Loubère, 1986 : 112.

(38) campo の誤り(Michel Jacq-Hergoualc'h, *Étude historique et critique du livre de Simon de la Loubère Du royaume de Siam*, Paris, 1987, p. 366)。

(39) 生田訳、一九八八年、一六八頁。

(40) 本書第II部第一一章参照。

(41) 生田訳、一九八八年、一六八頁。

(42) オランダ東インド会社アユタヤ商館の位置については、Han ten Brummelhusi, *Merchant, Courtier and Diplomat, A History of the Contacts between the Netherlands and Thailand*, Gent, 1987, p. 13 の地図参照。

(43) 「われわれ中国人街のはずれで船を降り、モール人街に入った。この二つはシャムで最も美しい街路である」(ショワジ、一九九一年、一九三―一九四頁)。

(44) Wyatt, David K., *Thailand, a short history*, New Haven, 1982, pp. 108-109.

(45) Nidhi Eoseewong, *Kanmuang Thai samai Phra Narai*, Bangkok, 1980, pp. 7-8.

第四章　プラクラン考――「港市国家」の中核組織についての考察

プラクラン、すなわちポルトガル語で言うところの barcalon は、王国内外の交易を司る役職である。プラクランは国王の倉庫監督官であり、いってみれば国王の商館長である。この語は、これまでに何度も言及したあのパーリ語の pra と、「倉庫」を意味する clang を結合してつくった言葉である。プラクランは外務大臣でもある。というのは国の渉外業務はそのほとんどすべてが交易に関係しているからである。難を避けてシャムに移住した諸国民は、まずこの役人にかれらの問題を持ち込む。かれらはかつて交易の自由さに惹かれてシャムに渡った人達である。つまるところ、プラクランとは、諸都市の歳入の管理官である。

(Simon de la Loubère, *Du royaume de Siam*, I, Paris, 1691, p. 356)

「港市政体 port-polity」(1)とは、交易港が、政治権力と「同心的」に不可分の関係をもって結合することによって成立する政治統合を指す。(2)一四世紀の中葉、チャオプラヤー河下流の古デルタ最先端部の河港アユタヤを首都として成立した「アユタヤ王朝」は、東南アジア大陸部における代表的「港市政体」であり、その規模と高度に整備された行政制度から見て、まさに「港市国家」と呼ぶにふさわしい。筆者は第二部第三章においてアユタヤの「港市国家」としての性格について概括的な考察をおこなったが、本章では、「港市国家アユタヤ」の中枢機関である「プラクラン」に関する知見を整理して「港市国家」研究の備忘としたい。

一　アユタヤの対外海上交易

暹羅すなわちアユタヤ(一三五一―一七六七)が、明の洪武帝の招諭に応え、一三七一年以降、多数の進貢船を中国に派遣した史実はよく知られている。(3) 当時アユタヤは、すでに中国のジャンク船をはじめ、諸外国の商船の往来する交易の中心として発達していた。たとえば『三印法典』所収の法令のうち、初代の王ラーマーティボディ一世(一三五一―一三六九)が発したとされる勅令の中に、中国のジャンク船を意味する samphao という語が頻出する事実などは、こうした状況の存在を推定させるものといえよう。(4) 一四二五年と一四三二年の年次を持つ『歴代宝案』の二つの咨文によれば、琉球船は「洪武永楽以来」暹羅すなわちアユタヤに、毎年「二三舟」を派船して「土宜を献じ」ていた。(5) 琉球のアユタヤ訪問は、琉球王朝の対中国進貢品の調達を目的とするものであったが、琉球から中国への進貢品目に蘇木、胡椒、象牙など、後世琉球船が好んでアユタヤにこれを求めた物産の名が登場し始める時期は、『中山世鑑』によれば一三七三年、(6)『明実録』によれば一三九〇年以降であることから、すでに一四世紀末には、琉球船の対アユタヤ交易が開始されていたことが推定される。(7) さらに『高麗史』には一三八八年にはアユタヤ仕出しの暹羅船が高麗に到達したという記事が見えており、以上を総合すると、一四世紀後半にはアユタヤ港を中心とする対東アジア海上交易がかなりの進展を見ていたものと思われる。洪武永楽年間の五三年間(一三七一―一四二四)に、明に対して行われたアユタヤからの派船は延べ六二回に及んだ。(8) 中国への進貢に際しては、通常、貢船である正船のほかに、附塔貨を積載した商舶が随伴して交易に従事するならわしがあったので、この点を考慮に入れるならば、(9) アユタヤ港から中国に向かう交易船の数は年々かなりの隻数に上ったことが考えられる。

一方当時のアユタヤは、後にビルマ領となるメルギ、テナセリムをベンガル湾に対する外港として持っていた。西方から「サルナウ」[10]すなわちアユタヤに向かった商船は、まずメルギに到着すると河を下ってテナセリムに至り、そこで貨物をおろし、陸路マレー半島を横断して東海岸のクイ、すなわち今日のプラチュアップキリカン付近に出、海岸に沿って北上して陸路ペッブリに至り、そこから再び海に出てチャオプラヤー河口に至り、アユタヤに向かうのが通例であった。[11] これはマレー半島が一五世紀のアラブ人航海者にとって、Barr al-Siam「シャムの海岸」ないしMul al-Siam「シャムの地」の名で知られていたという事実にも照応する。[12] 一四九八年、南インドのコーチンに達したヴァスコ・ダ・ガマもまた、おそらくはかの地で得た伝聞に基づいてサルナウの記述を残している。[13] アユタヤは東アジア、東南アジアばかりでなくマレー半島横断路経由で西方からもたらされる物資の集散地でもあったのである。一三八六年、アユタヤが明に派遣した朝貢船が、胡椒、蘇木とともにその生産地が南アラビア、ソマリーランドなどに局限されている乳香を、その朝貢品の目録に加えている事実は、アユタヤが当時この樹脂を、ベンガル湾経由で入手できたことを示唆している。前に述べたように中国からあるいは中国に向かうジャンク船とともに、こうした西方諸国の珍貨を満載したペッブリからの商船もまたアユタヤの港を賑わせたにちがいない。アラブないしペルシャ商人の影響が一四世紀のアユタヤに見られた証拠として、やはり『三印法典』のなかに、明らかにbazaarを写したと考えられるphasanという語がtalat-phasanすなわち「バザール市場」というタイ語の中に見えているという事実を指摘しておきたい。[14]

二　アユタヤにおける「官売買」

『歴代宝案』第一集所収の咨文には、アユタヤ港に到着した琉球船が、その目的とする交易活動を行う過程で遭遇したタイ側官憲の対応ぶりなど、「実録」を含む同時代の中国史料からは得られない、港市アユタヤに関する具体的な情報が含まれている。『歴代宝案』所収の咨文は、一五世紀初頭の港市アユタヤの実情を知る上に極めて有益な史料である。なかでもアユタヤにあてた現存史料中最古の史料といえる洪熙元年の中山王尚巴志よりの咨文は、本章の考察対象である「プラクラン」の萌芽的ないし初期的形態の存在を示唆する重要な史料と考えられる。以下に同咨文の内容を摘記して考察の出発点としよう。(15)

(1)　永楽一七年(一四一九年)に、琉球中山王の使者が海船三隻に搭乗して交易のためアユタヤに赴いた時、「所在の官司」は、持参した磁器の分量が少ないといってこれを「官買」する一方、琉球船が購入を希望した蘇木に関しては、一般商人の「私売」を許さず、「所在の官司」の「官買」品の購入が強制された。そのため商売は欠損となった。

(2)　そこで永楽一八年(一四二〇年)以降、貨物の量を増やしてアユタヤ港を訪れ続けたが、「所在の官司」はいぜんとして「官買」を止めないばかりか、かえってそれを強化したため、欠損はさらに大きくなった。

(3)　そこで永楽二二年(一四二四年)には派船を一時中止するにいたった。

(4)　洪武永楽以来、琉球は毎年アユタヤに商船を派遣してきたが、「官買」を経験したことはなかった。本年再び商船を派遣するについては、かつての例にならって持参する磁器の官買を免除し、求めるところの蘇木と胡椒を購入して帰国させてもらえるようにして欲しい。

この咨文は、アユタヤ港において、かつて自由な交易が認められていたが、一四一九年以来、「官売買」の制度が導入され、「所在の官司」による貿易の統制が行われる様になったことを推定させる。アユタヤにおける「官売買」の慣行はその後も継続したらしく、たとえば一四三二年の咨文には、「各船に装載せる磁器等の物は」「所在の管事の頭目」によって、多く「官買」されたばかりか、逐一磁器を選び出すことでいたずらに遅延し、また貨物の買い上げ値段についても安価をつけられたため欠損したとの苦情が述べられており、(16) さらにまた一四四二年の咨文にも「官買」免除の請願が記されていて「官売買」の慣行がなおも続いていたという状況を示唆している。一四六五年の咨文には「なお街市にて貿易を許されんことを乞う」という文言が見えるが、これがはたして「官売」の慣行が緩んだことを意味するのかどうかは即断のかぎりではない。いずれにせよ、これらの記事からわれわれは、一四一九年以降、アユタヤに輸入品の官による強制買い上げ制度と、蘇木や胡椒などの重要輸出品の官による専売制度が導入され、これが自由貿易を望む外国商人を苦しめた状況をうかがうことができる。

ところで、これらの咨文は、「官売買」を担当した役人を「所在の官司」あるいは「所在の管事の頭目」と記すのみで、具体的な官名については記載していない。この点について重要なのは、同じく『歴代宝案』の収録する琉球に宛てた暹羅からの書簡である。一四八〇年に発出された一通の書簡は「暹羅国礼部尚書屋把羅摩訶薩陀烈」から琉球国王に宛てられたものである。「屋把羅摩訶薩陀烈」の最初の三字は、おそらくオークプラ Okphra というアユタヤ時代の二等官のタイトルを現わしたもので、のこる五字は何らかの欽賜名を表わすとみてほぼ誤りはないであろう[17]。問題は「礼部尚書」であるが、これはいうまでもなく中国の官名で、おそらくはこれに相当するアユタヤの官職名を示したものと思われる。この官名は前に言及した一四三二年の咨文に見える「管事の頭目」と同一の高官を指すのかも知れない。いずれにせよ、ここでは一五世紀において、交易のためにアユタヤ港に入港した外国商船の交易活動を取り締まる役職が設けられており、その存在が往訪の琉球人によって確認されていたという事実を指摘するにとどめたい。

三　プラクラン

本章の冒頭に引用した一文は、一六八七年九月から翌八八年の正月にかけて、ルイ一四世の使節としてアユタヤに滞在して外交交渉にあたったフランス人ド・ラ・ルベールの筆になる報告の一節で、アユタヤ港における交易の最高責任者であり、実質的には外務大臣でもあった「プラクラン」という高官について述べたものである。「プラクラン」という語は、ド・ラ・ルベールの指摘するように、〝至上の〟を意味するパーリ語varaに由来するタイ語phra(pra)と、〝蔵〟を意味するタイ語khlang(clang)との合成語である。このタイ語は、ポルトガル訛音barcalão[18]を通してヨーロッパ諸語に入った可能性が高く、そこからbarcalon, praclang(Nicolas Gervaise, 1688), pra clang(de la Loubère, 1691), Berklam(Engelbert Kampfer, 1690-92), Berkelangh(Jeremias van Vliet, 1692)などの綴字が生まれた。一方、『三印法典』中の用例をみると、「官印法 Phrathammanun」、「訴訟法 Rapfong」、「裁判官法 Tralakan」、「相続法 Moradok」「雑律 Betset(農地 Rai-Na)」「刑法 Aaya Luang」「謀反法 Kabotsuk」「三六条律 Kot 36 kho」などに用いられているが、いずれも単に、現在の「国庫」に相当する意味で使われているもので、港における交易の監督官という意味ではない。ポルトガル人を始めとする欧米人が耳にしたのはこの意味における「プラクラン」ではなく、後述する港務担当の高官チャオプラヤー＝プラクランの省略形としてであろう。以下に訳出する資料は、内外の学者たちによってしばしば引用されるラーマ五世王(一八六八―一九一〇)の「行政改革に関する勅語 Phraratchadamrat」のうち「プラクラン」に関する一節である。(19)

［〝四本の支柱〟の名で知られる muang, wang, khlang, na という四人の大臣のうち］もと Phrakhlang と呼ばれ、現在は Phrakhlang Krommatha と呼ばれる官職は、王室の財宝庫に収められた財産の管理、公金の支出、諸種の税金の徴収管理、王室財産にかかわる訴訟の処理などを司る役職であった。しかし現在では、王室財宝庫に納入される税金(phasi-akon)の額は僅少で、また支出も同様に減少し、必要に応じて、夫役を徴発して用をまかなうのが基本となっている。そしてこうした夫役徴発の役目は、［プラクランではなく］おおむね「マハータイ(民部)」と「カラーホーム(兵部)」である。こうして Krom Phrakhlang という役所は、その名にふさわしからぬわずかばかりの仕事をする役所になってしまっている。

かつて盛んに中国と交易を行い、王室ジャンク船を仕立てていた時代には、［「プラクラン」こそが］直接に王室財産の売買を担当していた。ジャンク船の運航もまた「プラクラン」の責任とされていた。このように外国との交易がその直接の担当であった時代には、「プラクラン」は［タイを訪れ、またはタイに居住した］外国人の間でよく知られた存在であった。そこで外国人が［タイに］入国した場合には、［その役所の長である］チャオプラヤー＝プラクランにその接遇をゆだねられていたのである。そのため、外国人受け入れ担当の港務局の役人たち(phanakangan chaotha)は、みな「クロム＝プラクラン」(＝プラクラン局)の所属となった。関税、国内税などさまざまな国の課徴金の徴収業務、ジャンク船の運航、外国人の取り扱いなどの業務は、当時はそれほど過重な仕事とは言えなかった。というのも、ふたつの分野をふたりの長官が分掌していたからである。すなわち財務は財務長官が、渉外事務は外務長官がそれぞれ管掌していた。兵部長官(カラーホーム)所管の[南部]諸国の統治が[沿岸諸国担当の]クロマター(Krommatha)すなわち「港務省」に移管されたとき、港務省は前述した部局にさらに新たな任務を負うこととなる。すなわちチャオプラヤー＝プラクラン(財務長官)は内務、司法、軍務、財務、港務などの長官の事務を兼担して[北部を治めていた同格の長官職である]カラーホーム以上の責任を分担させられることになり、必然的に財務の業務がおろそかになった。税金などの課徴金の徴収や、公金の支出事務はプラヤー＝ラーチャパックディ Phraya Ratchaphakdi の職掌となり、ジャンク船運航の業務はプラヤー＝シーピッパト Phraya Siphiphat の兼管となった。[こうした変化のなかで]チャオプラヤー＝プラクランに残された業務は、年金(biawat)受給者の名簿管理と年金支給くらいとなってしまった。官印の検閲は引き続きチャオプラヤー＝プラクランの所管であったので、港務省のなかにクン＝タナラット Khun Thanarat という職が設けられた。しかし時代を経るに連れ、業務がさらに減少すると、チャオプラヤー＝プラクランは、年金の名簿管理さえおぼつかなくなり、クン＝タナラットは、港務省かぎりの年金だけを取り扱う職になってしまったのである。

チャオプラヤー＝プラクランは、一時、財務関係の業務からはなれたといったが、のちに再びその業務に復帰した。ただ今回は、以前のように王室財宝庫とは異なり、内務卿や兵務卿と同様、税金の徴収に責任をもつこととなった。とはいっても、Khlang Ratchakan を管掌したにすぎない。一方チャオプラヤー＝プラクラン事務代理となったプラヤー＝ラーチャパックディの権限は縮小され、プラクラン＝マハーソンバット Phrakhlang Mahasombat だけを統括することとなった。「マハータイ」(北部諸国担当)、「カラーホーム」(南部諸国担当)、クロマター(沿海諸国担当)、クロムアンシンカーからもたらされる税金、ならびに以上三省の所管する地方国から税として送られてくる物産品と代納現金、水田税、課役代など各種の公務に使用されるべき公金の徴収は、いずれもそれぞれのクロムが各自対応することになった。そこでプラヤー＝ラーチャパックディに聞いても、[徴収する]金額も知らないばかりか、納入の遅延を催促する権限さえもたず、送れば送ってきただけを受け取ってすませるという状態となった。こうして、国庫の収入額はだれに聞いてもわからず、納入を催促できる人さえいなくなり、「プラクラン」は無きに等しく、その名のみが知られる存在に成り下がってしまったのである。国の歳入は先細り、歳出を賄いきれなくなった。チャオプラヤー＝プラクランは「外務大臣」に変貌したが、外国との接触が増えるにつれて外務大臣の任務が増えて今日見られるような状況となった訳だが、とにかく諸種の任務が錯綜しているため、そのいずれもが中途半端なまま、公務が停滞するという事態をまねいている。

この「勅語」は、国王という国政の状況を直接知りうる立場の人物によって書かれた文章であるだけに、その信憑性は高いが、発言の典拠が一切示されていないこと、制度の変遷はわかるが変化の時期がいつであるかまったくしめされていないところに問題が残る。ところでこの資料に全面的に依拠して、前近代タイの「財政制度」を論じたウェールズ H. G Quaritch Wales[20] は、ここから次のような変遷の図式を読み取ろうとした。

(1) 一五世紀の「プラクラン」は、財務大臣として畿内 wong ratchathani における歳入と歳出の一切を統括していた。当時は地方国の中央に対する財政的貢献はさして大きくなかったが、一六世紀末までに地方国の首長のもとで財務を担当したルアン＝クラン Luang Khlang が地方国からの歳入の一部を首都に送達するようになった。

(2) その後地方国が、すべて「マハータイ(民部)」、「カラーホーム(兵部)」、「プラクラン(財務)」という三人の高官による分割統治にゆだねられる体制が確立すると、「プラクラン」が所轄の地方国(沿海地方)内部における税 akon、物納税 suai、課役代 kha ratchakan、通過税、そしてのちには請負徴収税 phasi の一部の徴収を受け持つようになった。同様に「マハータイ」と「カラーホーム」はそれぞれ自己の管轄下におかれた北部諸地方国、および(その管轄権が停止された一時期をのぞき)南部諸地方国においてこれらの諸税を徴収する任務を負った。一七世紀末以降、中央の権力が強化されると、地方での歳入の中央への送付は増加した。

(3) 一七世紀に発展した王室外国貿易は、はじめ「プラクラン」が業務統括の任に当たっていたが、貿易を通じて外国人との接触が増すにつれ、「プラクラン」は外国人の監督という付加業務を課せられたため、本来の任務である財務の監督がおろそかになる傾向が生じた。その結果、税 akon の徴収は、別個に設けられたクラン＝マハーソンバット Khlang Mahasombat という役所の長官であるプラ＝ラーチャパックディ Phra Ratchaphakdi の責任へと移管された。しかし後年、税の徴収制度が、「マハータイ」、「カラーホーム」、「ムアン muang」、「クラン＝シンカー Khlang Sinkha ＝ Merchandise Treasury(内容をとってあえて意訳すれば「物納税処理担当財務官」)という役職が新たに設けられたことである。この役職は物納であるスワイと、人民から集めた物産の(外国商人への)売却と、先買特権を行使して排他的に入手した外国輸入商品の小売を担当した。「勅語」に欠けている時代を補ったウェールズの議論のうちで、もっとも注目されるのは、一七世紀における外国貿易の発展の結果もたらされた制度変化の中で、プラ＝シーピパットという高官の下に、「クラン＝シンカー」

という役職が新たに設けられたという指摘である。この新役職は(1)物納税ないし人民から徴発した物産(おそらくは蘇木、胡椒、象牙など)を、アユタヤ港に入港した外国船に売却することと、(2)先買特権を行使して、排他的に購入した輸入品を、国内で販売することであったという。このうち(1)にいう職務内容は、まさに「歴代宝案」所収の咨文のなかで指摘された「官売買」を彷彿させる。ここに示されたウェールズの敷衍的解説は、おそらく一七世紀末の報告である後述のド・ラ・ルベールの記述などを典拠とするものであろうが、この新役職と、われわれが先に検討した「歴代宝案」所収の一五世紀の咨文によってその存在が確認されている「官売買」の担当役人との関係はどのように考えればよいか、今後にのこされた課題である。

四　Barcalon

冒頭に引用した『シャム国史』の筆者ド・ラ・ルベールは同書の「Barcalon と財政について」と題する章のなかで、かれが実見した一七世紀末アユタヤの財政制度について「プラクラン」を中心に大要以下のような報告を行っている。(21)

(1) アユタヤ国王の収入は「諸都市からの収入 revenus des Villes」と「地方からの収入 revnus de la Campagne」よりなる。「プラクラン」は前者の徴収を担当する役職である。

(2) 国王の収入は、「耕地税」、「船幅税」、「輸出入税」、「酒税」、「ドリアン税」、「きんま税」、「びんろうじ税」、「果樹園税(新設)」、「王室農場における夫役」、「不定期の課徴金ないし献上金」、「六ヵ月の夫役、課役代ないし代替物として納入する現物」、「自国民ならびに外国人とのさまざまな商行為によって得られる利益」よりなる。

(3) 国王の物品販売事業は卸売りばかりでなく小売も含み、市場には王の小売店がある。

(4) 王の専売商品は以下のとおりである。

木綿布地

錫

象牙、硝石、鉛、蘇木

びんろうじ

火薬、硫黄、武器

皮革

(5) 上記以外のもの(米、魚、塩、砂糖、など)の販売は自由。

ここには「プラクラン」が都市部から得られる歳入を担当する役職であるとの指摘がある。都市と地方との区別はこの文脈だけからでは明らかではないが、「プラクラン」の管轄地域が、「マハータイ」の北部地方、「カラーホーム」の南部地方にたいして、沿海地方に限られていることを勘案すると、事実上の担当は港市であったものと思われる。管轄地域である首都アユタヤを中核とする諸港市における「プラクラン」の任務は以下のようにまとめられよう。

(1) 管轄地域における租税の徴収

アーコーン akon その他の諸税の徴収業務である。五世王の指摘するように、この分野における「プラクラン」の権限は時代により大きく変化し、一般に縮小の傾向にあった。

（2）　租税 suai として人民から徴発した各地の物産の王室倉庫への集荷、貯蔵
蘇木、錫、硝石、燕巣、カルダモンなどが夫役義務のない遠隔地から税としてアユタヤに送られた。
（3）　人民から強制的に買い上げた各地の物産の王室倉庫への集荷、貯蔵
『歴代宝案』の咨文にある「私売」を禁じた物産の蘇木、胡椒などがこれにあたる。
（4）　上記（1）（2）で集荷した貨物の輸出
アユタヤからの輸出品の中核をなしたのは後世にいたるまで（1）（2）の方法で集荷された広義の「森林物産」によって占められていた。
（5）　国王所有の貨物を輸送する商船の監督
次節で述べるように、これらの貨物船の乗務員はタイの役人として位階田が与えられその上下関係が示されている。また『華夷変態』『唐通事会所日録』などの唐船関係史料からも、タイ人役人が監督のため「唐船」に便乗していたことがわかる。
（6）　入港する外国船舶の監督（通訳業務を含む）
『海語』『東西洋考』などに見える河口からアユタヤ港までの各所におかれた「関」では、たとえば「朱印状」の査検など、入港の検査を行った。また外国船との接触のため通訳官がおかれていた（次節参照）。
（7）　先買特権の行使による輸入品の独占的購入
『歴代宝案』の「官売」がこれにあたる。
（8）　上記の方法で入手した外国産品の独占的販売
a　卸売

b　王室販売所における小売

おそらくコロマンデル地方からの輸入品である木綿が国王の独占販売権のもとにおかれていたことがド・ラ・ルベールによって指摘されている。

五　『三印法典』所収「文官位階田表」

『三印法典』に収録されている「文官位階田表 Phrayakan Tamnaeng Na Phonlaruan」は、アユタヤ時代の民部に所属する全官庁とその職員を「階級」、「欽賜名」、「職名」、「位階田」の四指標をもって示した「職員録」である。これによってわれわれは、当時のアユタヤの官庁組織の全貌を、きわめて具体的な形で知ることができる。しかし本史料もまた「三印法典」のすべてに共通する問題点、すなわちテキストの内容と序に記載された制定年代との不一致の問題から免れていない。とくにこの「文官位階田表」の場合には、その内容の大半が文章でなく、官職名の羅列であるだけに、後世の写本制作時における改竄の可能性がきわめて大きく、その利用にあたっては細心の注意を必要とする。

一八〇五年に作成された現行の「文官位階田表」テキストは、その序文にこの作成を命じた王の名と制定の年次を次のように示している。

王名：Phrabat Somdet Phra Boroma Trailokanayakadilok

年次：一二九八年

ここに記された王名は、アユタヤ王朝のボロマトライローカナート王（一四四八―八八）であることはほぼ確実である。年次の一二九八年はどの暦法によるかの問題であるがいわゆる「チュラーマニー暦」であるとされ[22]、第三桁目の数字は七の誤りであること、西暦に直せば一四六六年であるとの考証が行われている。これは同王の治世期間に当たる。したがって次に示すように後世の改竄部分のあることは認めるにせよ、すくなくともこのテキストの原形が一五世紀半ばに成立したことだけは認めなければならないであろう。個々の官職を検討するに先立ち、まずテキストのローマ字転写をつぎに掲げる。職名その他必要に応じて邦訳ないし中国語訳を付記することとする。また欽賜名はイタリックでこれを示した。右端の数字はサクディナー(位階田)を示す。なお全体の構造の理解を助けるために、便宜的に全体を三節にわけ、それぞれに連番号を付すことにする。

一見して一一〇—一一一頁にかかげた表に先立つ序に見える年次と矛盾する記述の存在に気づく。オランダ人、イギリス人、フランス人の到着はいずれも一七世紀であって、一五世紀にこれらのヨーロッパ人の存在を前提とする官職があるはずはない。明らかな後世の竄入に違いない。すくなくともこの部分に関しては、一七世紀後半の状況と反映していると見なければなるまい。ここに掲げられた個別の官職については、比定が困難なものもあるので詳細な検討は今後の課題とし、ここではこの表から読み取れる「プラクラン」という役所の構造の輪郭を描き出すにとどめたい。

まずプラクラン全体を取り仕切る「長官」ないし「大臣」(I-1)であるが、位階田一万という最高閣僚級のこの高官の欽賜名は、一六二三年の酒井忠世に宛てられた書簡の差出人である「握雅西潭麻喇大庫」に完全に対応する。「大庫」とはまさにプラクランの翻訳にほかならない。

ここではテキストにない段落をもうけ、全体を四グループに分けたが、その根拠は一〇〇〇以上の位階田をもつ四名のうち、近代的官庁制度における「大臣官房」的組織の長(I-2)を除くのこりの三名をそれぞれの長とする、

(10)	船幅 6 m 余の小船の船長		200
(11)	船主		400
(12)	大船の Tonhon (航海士)		200
(13)	小船の Tonhon(航海士)		100
(14)	大船の Lata(刺達)		200
(15)	小船の Lata(刺達)		100
(16)	"Panchu"(船大工)		80
(17)	左操舵手		80
(18)	右操舵手		80
(19)	左 chintengkhao	帳付け	80
(20)	右 chintengkhao	帳付け	80
(21)	亜班(主帆柱手)		50
(22)	総管(総務)		50
(23)	"Tekkho"(貨物係)		50
(24)	押工(大工)		50
(25)	香工(祈禱役)		30
(26)	大僚(艫柱)		30
(27)	杉板(舳柱)		30
(28)	"Chomphu"(?)		30
(29)	頭掟(錨役)		30
(30)	"Hutiao"(水深測定役)		30
(31)	一仟(帆おろし役?)		25
(32)	二仟(帆おろし役?)		25
(33)	三仟(帆おろし役?)		25
(34)	"Chap kathao"(船清掃役?)		25
(35)	"Bia pan"(料理人)		25
(36)	"Chinteng"(船主, 刺達, "Panchu" の代理人計 18 人)		25
(37)	"Nai rong"	7 人	25

IV.

(1)	Phra *Siphiphatratanakosa*		3,000
(2)	Luang *Ratanakosa*		800
(3)	Khun *Phibunsombat*		600
(4)	Khun *Sawadikosa*		600
(5)	Mun *Sombatbodi*		300
(6)	*Mun Thanarat*		300
(7)	Khun *Khlang*	Khlang Pa Chak 局長	600
(8)	Khun *Sikhongyot*	Khlang Pa Chak 局長	600
(9)	Mun Phithaknawa	Khlang Pa Chak 次長	400
(10)	Mun Wisutsombat	Khlang Wangchai 局長	600
(11)	Mun Phibunsombat	Khlang Wangchai 次長	400
(12)	Mun Chainawa	Khlang Wangchai 次長	400

I.

(1)	Okphaya *Sithammarat Dechadiammatayanuchit Phiphit Ratanaracha-kosathibodi Aphaiphiriya Barakaramaphahu*[*Sakdi*]*na*		10,000
(2)	Phra *Phiphatkosarat*	"Palat Thunchalong"	1,000
(3)	Khun *Phinitchairat*	"Palat Nangsan"	800
(4)	Khun *Raksasombat Chambamroe*	"Sak lang dika hai chai	800
(5)	Khun *Racha-akon*	"Kho nitrachakan banchi klang"	800
(6)	Khun *Thepharat*	"Samuha akon"	600
(7)	Khun *Yisansapphayakon*	"Samubanchi"	600
(8)	Khun *Thipkosa*		800
(9)	Khun *Thanarat*	"Dai chaek biawat"(年金支給官)	600
(10)	Khun *Siracha-akon* の指揮下におかれる Khummun 級の役人 8 名		300
(11)	Khun *Theppharat* の指揮下におかれる Khunmmun 級の役人 13 名		300
(12)	Khun *Sombat*	"Klong chanasut"Khun 4 名	600
(13)	Khun *Kaeo-ayat*	"Thanai Kosa"	600
(14)	Khun *Akson*	"Samian Tra"	600

II.

(1)	Phra *Chularachamontri*		1,400
(2)	Khun *Rachasethi*	Khaek Prathet Chawa, Malay, English を監督する次官級港湾官	800
(3)	Luang *Rachamontri*	Khaek, Prathet Angkrit, Yuan, Farang を監督する港湾官(chao tha)	800
(4)	Mun *Phinitwathi*	通事	300
(5)	Mun *Sisongphasa*	通事	300
(6)	Mun *Satwathi*	通事	300
(7)	Mun *Samretwathi*	通事	300
(8)	Mun *Thipwacha*	英語通事	300
(9)	Mun *Thewacha*	英語通事	300
(10)	Luang *Nonthaket*	Phromathet 管轄の港務官(chao tha)	800
(11)	Mun *Sachawacha*	通事	300
(12)	Mun *Satwathi*	通事	300

III.

(1)	Luang *Chodukrachasethi*		1,400
(2)	Luang *Thepphakdi*	オランダ人担当港務官	600
(3)	Khun *Thongsu*	中国人担当通事世話役	600
(4)	Khun *Thongsamut*	中国人担当通事世話役	600
(5)	Khun *Worawathi*	フランス語通訳	300
(6)	Khun *Rachawadi*	カピタン通訳	300
(7)	Khun *Raksasamut*	カピタン通訳	300
(8)	Khun *Wisutsakhon*	河口詰船長通事案内役	400
(9)	船幅 8 m 以上の大船の船長(中国, Khaek, イギリス)		400

三部局が存在するとの推定によるものである。このように考えると、第一グループは、もっぱら税の徴収にかかわっていたことが、この部局所属の役人に与えられた欽賜名の意味から推定される。この部局の関係者には「kosa(倉庫、貯蔵庫)」「akon(税)」「sombat(財産)」「sapphayakon(資源)」などに「phiphat(発展、進歩)」、「raksa(保存)」「thep(神のような)」、「racha(王の)」などの語を組み合わせた欽賜名が与えられているからである。

第二グループは、もっぱら港に入港する外国の接受に関係しているが、ここでの外国人は、もっぱらベンガル湾、マレー半島横断路経由で、アユタヤを訪れた者のようで、いわゆる「Krommatha Sai 港務左局」がこれにあたるのかもしれない。「Phromathet」の正確な意味は不明であるが、文脈からコロマンデル海岸からの商人である可能性が高い。

第三グループの一から八までは、むしろ第二グループに入るべきと思われるが、一〇から三七までの官職は、江戸時代に「唐船役人」、ないし「唐船役者」の名でわが国の文献にも見え、タイ語で samphao と呼ばれた「唐船」の乗組員を網羅している。

第四グループは、欽賜名の検討からだけでは具体性を欠く上に、決め手となるべき Khlang Pa Chak と Khlang Wangchai というふたつのクロムの実体も不明である。将来の検討課題としたい。

「チャオター chaotha」という語は、『歴代宝案』にも「謝替」の翻字で見えている役職名と思われるが、この「位階田表」に、オランダ人、中国人、コロマンデル(?)人などに関するそれぞれの港湾事務の統括者であることから、後世「シャーバンダル」として理解された役職を示すと考えてよいかもしれない。

アユタヤの「港市国家」としての性格を解明するためには、外国史料からの接近では自ずと限界があり、タイ語史料の利用が必須の作業となる。そのためにはさらに厳密な史料批判が行わなければならないが、本稿は将来行われるべき本格的なタイ語史料検討作業のための備忘である。

（1）“port-polity”は「港市国家」と訳せるが、ここでいう“polity”は近代的な意味における国家に限らず、さまざまな規模、さまざまな態様の政治統合を意味する術語として用いられているので、「港市政体」という訳語を用いることにする。
（2）Kathirithamby-Wells & John Villiers, *The Southeast Asian Port and Polity, Rise and Demise*, Singapore: Singapore University Press, 1990, pp. 2-3.
（3）本書第II部第一章・第二章。
（4）例えば一三五六年の「誘拐法(Lakpha)25」は、人を誘拐し、ジャンクにのせてこれを外国に売却するものは死刑にするとし、また西暦一三六〇年の制定とされる「雑律(寄託)」の一つの条は、外国で販売する目的をもって商品をジャンクに寄託する場合には、長老を招いて事前に価格を取り決めるべきことを規定している。(Phonghan Suphatphan, “A historical study of the system of royal monopolies in Siam”(in Thai) (M. A. Thesis, Chulalongkorn University, 1968, pp. 9-10.)
（5）沖縄県立図書館『歴代宝案』(校訂本第二冊第一集)巻23―43、一九九二年、沖縄県教育委員会、五三五―五三六頁・五四八頁。
（6）ただしこの記録は、一六五〇年の編述と言う『中山世鑑』の性格から、後世の進貢物の名をそのまま転記した可能性があり信憑性が低い。
（7）洪武二三年には、中山王が胡椒五〇〇斤、蘇木三〇〇斤を、また世子武寧からも胡椒二〇〇斤、蘇木三〇〇斤が進貢されている(小葉田淳『中世南島通交貿易史の研究』刀江書院、一九三九年、二六六―二六七頁)。
（8）藤原利一郎『東南アジア史の研究』法蔵館、一九八六年、三二―三三頁・五七―五九頁。
（9）小葉田淳、前掲書、三〇五・四一五頁。

(10) サルナウ(Sarnau, Sornau, Xarnauz)は、ペルシャ語の Shahr-i-nav のポルトガル訛音。

(11) テナセリムープラチュアプを結ぶ交易路については "Andrew D. W. Forbes, The Tenasserim-Prachuap Portage Route: A Forgotten Link Between the Bay of Bengal and the Thai Kingdom of Ayutthaya"(paper presented at the 9th IAHA Conference) Manila, 1983 が詳しい。

(12) G. R. Tibbetts, *Arab Navigation in the Indian Ocean Before the Coming of the Poruguese,* London: The Royal Asiatic Society of Great Britain and Ireland, 1983, p. 477.

(13) Neves Aguas, *Roteiro da Primeira Viagem de Vasco da Gama,* Publicacoes Europa-America, n. d., p. 98.

(14) Phongphan, 1968, p. 9. 一三五六年の「誘拐法」第一条に「どこの talat-phasan であれ」という文言が見えている。

(15) 沖縄県立図書館、前掲書、五三五―五三六頁。

(16) 沖縄県立図書館、前掲書、五四五―五四六頁。

(17) この欽賜名については、かつて東恩納寛惇が「Mahasuwanarath」(Kobata & Matsuda, Ryukyuan Relations with Korea and South Sea Countries, Kyoto, 1969.) という読みを示した。

(18) Michel Jacq-Hergoualc'h, *Étude historique et critique du livre de Simon de la Loubère "Du royaume de Siam",* Paris: Editions Recherche sur les Civilisations, 1987, p. 327n.

(19) King Chulalongkorn, Phraratchadamrat nai Phrabat Somdet Phrachulachomklachaoyuhua song thalaeng Phraboromarachathibai Kaekhai Kanpokkhrong Phaendin (行政組織の改革に関する五世王の勅語) Bangkok, 1927, pp. 5-7.

(20) H. G. Quaritch Wales, *Ancient Siamese Government and Administration,* New York: Paragon Book Reprint, 1965, p. 215, 215n.

(21) "Chapitre IX. Du Barcalon, & des Finance" de la Loubère, *Royaume de Siam,* Tome Premier, Paris, 1691, pp. 356-365: -do-, *The Kingdom of Siam,* Singapore: Oxford University Press, 1986, pp. 93-95.

(22) Phiphat Sukkhathit, "Sakarat Chulamani", *Silpakorn,* Vol. 6, No. 5, p. 56.

第五章　アユタヤの陶磁貿易

明代の中国に「暹羅」(『明史』)、江戸時代の日本には「しゃむろ」(『和漢三才図会』)の名で知られた今日のタイ国は、一四世紀中葉から一八世紀後半におよぶ四〇〇年あまりの間、中部タイを流れるチャオプラヤー、パーサック、ロッブリ三河川の合流点にあった港市アユタヤを首都とする王国であり、交易国家として繁栄した。中部タイのサワンカローク窯で焼かれた「寸胡録」、スコータイ窯で焼かれた「ソコタイ」などのタイ産の陶磁器は、このアユタヤを積み出し港として日本に輸出されたと考えられる。本章では、アユタヤ史を、日本との「陶磁貿易」という観点から概観する。

一　アユタヤの対外貿易

アユタヤを出発したタイ人が、日本の土を踏んだ最初の記録は、管見の及ぶかぎりでは『高麗史』四六巻に見える記事である。それによると、戊辰の年、すなわち一三八八年に、暹羅斛王(=アユタヤ王)の命を受けた「奈工等八人」の使節が、高麗に向かってアユタヤを出発した。一行八人は、高麗に赴くに先立ち、何らかの理由で日本に立ち寄り、一年間とどまった後(「發船至日本、留一年」)目的地の高麗に到着し、高麗王に謁見を許された。高麗に向かう八人のタイ人使節が、一年間滞在した日本の場所について、この史料は沈黙しているが、おそらくは九州西岸のいずれかの地であったろう。

アユタヤは、一三七一年以降、盛んに明に朝貢船を送っている。『大明実録』を利用した先学の研究によれば、アユタヤ朝貢船の対明派船は、他の東南アジア諸国と比べても活発であった。派船数がとくに多かった洪武、永楽両年間について見ると、五三年間に五八回の朝貢が記録されている。これは平均年一回を超え、『会典』などに見える「三年一貢」よりはるかに多い朝貢回数となる。アユタヤ王の対中交易重視策の証左といえよう。おそらく上述した高麗への派船も、対東アジア貿易に対するアユタヤ王の関心の一端を示すものであろう。

中国では、漢代以来、南海の物産が珍重され、とりわけ宋代以降は「羅針盤」の発明や、重量貨物の運搬を可能とする「ジャンク船」の発達によって、中国人自身の手により、「こしょう」など東南アジアの物産が、大量に中国にもたらされた。東南アジア物産に対する中国市場の需要は、時代を下るにつれ、増加こそすれ減少することはなかった。その一方で明は、「倭寇」に対する防衛という政治目的と、「朝貢体制」という名の独占貿易体制の強化という経済目的から、海禁令をしく。中国人の私貿易が禁止された情勢を背景に、一四二四年、三山統一を果たした中山王治下の琉球が、交易の空隙を埋める中継貿易商人として登場する。かくして琉球船は、「海禁令」下の東アジアにおいて、重要な歴史的役割を果たした。琉球人は、日本、朝鮮、中国の物産を東南アジアに運び、東南アジアでは南海の物産を調達した。当時、中国で急激に需要が増大しつつあった調理用の「こしょう」と、染料の原料となる「蘇木」とが、東南アジアを訪れる琉球船の目的であったらしい。

琉球の外交文書集成である『歴代宝案』には、調達した東南アジアの物産は、「大明御前への進貢に備える」ためであると書かれている。これは、琉球船の東南アジア交易の目的が、中国への朝貢用物資の調達にあったことを示唆している。一方、琉球船が東南アジアへ運んだ、東アジアの物産の内容をみると、中国からは主に陶磁器、日本からは刀剣類や扇等が運ばれている。

二 中国史料に見えるアユタヤからの輸出品目

ところで、中国市場に大きな需要のあった「こしょう」や「蘇木」以外に、アユタヤで調達できた物産は何であったろうか。一五世紀の初め、明の永楽帝の命により行われた「鄭和の西洋下り」は、三点の報告書を後世に残した。馬歓の『瀛涯勝覧』、費信の『星槎勝覧』と鞏珍の『西洋番国志』がそれである。鄭和の大航海の目的は、明の威勢を海外諸国に示すという政治目的のほか、一種の市場調査であったと考えられる。訪問先の各港の記述の末尾には、それぞれの港市で調達可能な物産についてかなり詳しい記述が見られる。

『瀛涯勝覧』『星槎勝覧』『西洋番国志』はいずれも「暹羅」についての専条があるが、もっとも詳しい『瀛涯勝覧』(一四三三年)によって、「暹羅」の物産を検討してみよう。馬歓によれば、暹羅の物産には、「黄連香」「羅褐速香」「降真香」「沈香」「花梨木」「白荳蔻」「大風子」「血褐」「藤結」「蘇木」「花錫」「象牙」「翠毛」があった。いずれも広義の森林生産物 forest products に属する。馬歓はとくに「蘇木」について、「薪のように沢山あるが、その色合いは他国産のものより勝っている」と説明を加えている。余談ながら、タイの「蘇木」(紅色染料の材料)は日本でも珍重され、鎖国になってからも一貫して輸入されつづけた。「花錫」は錫であるが、マレー半島の産であろう。「黄連香」「大風子」「血褐」「藤結」「白荳蔻」は、いずれも生薬として医療に広く用いられた。「降真香」「沈香」は香木として有名である。「藤結」「花梨木」は細工物の原料として利用された。

この表には「寸胡録」や「ソコタイ」など陶磁器の名が見えていない。通説によれば、スコータイにおける製陶業は、一三世紀にスコータイ王が招いた中国陶工によって始められ、それがサワンカロークに窯が移され、さらにチェンマイ窯が起こったとされる。あるいはサワンカローク窯がもっとも古く、やや遅れてカロン窯が起こり、一四世紀にそれがスコータイに移りさらにサワンカロークに戻ったともいわれる。いずれの説をとるにせよ、馬歓が「暹羅」の物産を紹介した時代には、タイで窯業が開始され、おそらく輸出されていたに違いないはずであるのに、なぜ陶磁器が掲げられていないのであろうか。

『瀛涯勝覧』が書かれて一世紀を経た一五三六年、もう一人の中国人がアユタヤについて書物を残している。黄衷の『海語』がそれである。同書には「マラッカ」と「暹羅」の産物についてかなり詳しい記載がある。それによると、「暹羅」では「蘇方木(＝蘇木)」「檳榔」「椰子」「波羅密」「片脳」「諸香」「雑果」「象歯」「犀角」「金寶」「玳瑁」を産出する、つまり調達が可能であるという。このうちから『瀛涯勝覧』になかったものをひろうと「檳榔」「椰子」「波羅密」「片脳」「犀角」「金寶」「玳瑁」があげられるが、ここにも「陶磁器」記載されていない。タイで窯業が盛んであったのは、スコータイとその周辺の地域である。スコータイは一四三八年までには、アユタヤに併合されてしまう。したがって、アユタヤがサワンカローク、スコータイなど窯業の製品を輸出しようと思えば、当然できたはずである。

まず考えられるのは、『瀛涯勝覧』にせよ『海語』にせよ、著者も読者も中国人である。当然のことながら、東南アジアについてのかれらの関心は、もっぱら中国にない物産に向けられたはずである。とすれば、かりにアユタヤで陶磁器の調達が可能であったとしても、おそらくは品質において中国の陶磁器とくらぶべくもないタイ産の陶磁器など、特記する必要がないと判断されたのかもしれない。ちなみに、琉球船が「こしょう」、「蘇木」の調達のために、東南アジアに持ち込んだものは、まさに中国製の陶磁器にほかならなかった。

三　御朱印船の貿易品目

一六世紀末、すなわち秀吉の時代から、家康が江戸に幕府を開いた一七世紀初頭になると、日本人は、莫大な利潤の獲得を目指し、自前で外洋船を仕立て、はるばる本土からアユタヤに出かけて交易を行う様になる。朱印船貿易がそれである。御朱印状の発給が確認できるのは、一六〇四年、すなわち徳川家康の時代以降である。この年以降、第三次鎖国令によって御朱印船の渡航が禁止される一六三六年までの三二年間に、確認されたものだけでも、九〇隻の御朱印船がアユタヤに渡航している。御朱印船貿易の実態に関しては、岩生成一博士の精密な研究がある。その研究によれば、日本からのアユタヤ向け輸出品には「銅」「鉄」「薬缶」「硫黄」「樟脳」「扇子」「傘」「畳」「屏風」「所帯の道具」などがあった。一方、アユタヤからの輸入品としては、「蘇木」「鹿皮」「鮫皮」「水牛角」「鉛」「錫」「龍脳」「血褐」「更紗」「木綿縞」「象牙」「藤」「珊瑚珠」「沈香」といった品目がならぶ。「鹿皮」「鮫皮」は、最重要の対日輸出品目で、日本国内に生じた巨大な需要に応えるべく、大量に輸入された。輸出に必要とする数量を確保しようとあまり多くの鹿を殺したため、タイの鹿は絶滅したとさえいわれている。事実、オランダ史料は、年間の対日輸入量が三〇万枚にも達したと報告している。ちなみに「鹿皮」は、江戸では武士の陣羽織、大名奥方の火事装束の上衣、足袋や鉄砲を入れる袋などに仕上げられたらしい。これに対して「鮫皮」の方は、滑り止めとして刀の柄や鞘に用いられたという。いずれにせよ、われわれの当面の関心に引きつけて考えるならば、ここでもアユタヤから日本向けの輸出品目に「陶磁器」の姿はまったく見当たらないのである。

四　オランダ船の舶載品目

御朱印船のライバルは、オランダ東インド会社の貿易船であった。一六〇二年、パタニに到着したオランダは、一六〇八年、首都アユタヤに交易基地を設け、一七六七年アユタヤが滅亡するまで、日本との交易を続けた。対日輸出品の品目は、基本的には御朱印船のそれと同じく、「鹿皮」「鮫皮」を中心とする皮革類と「蘇木」によって占められていた。岩生博士の調査によれば、一六三四年のオランダ人が報告したアユタヤ産品の対日輸入量として次の表がある(岩生成一『新版朱印船貿易の研究』二九六―二九七頁)。

鹿　皮	六〜七万枚
鮫　皮	一万五千〜二万枚
蘇　木	三〜四〇万斤
極上沈香	一〜一二〇〇斤
鉛	六〜八万斤
錫	四〜五〇〇〇斤
カンボジア胡桃	五〜六万斤
黄　膏	一〜一万二〇〇〇斤
乾檳榔	八〜一〇〇〇〇斤
太泥藤	二〜三〇〇〇束
象　牙	一五〇〇〜二〇〇〇斤

(後略)

若干の新品目は見られるとはいえ、これまで見てきたアユタヤからの輸入品目と基本的には変わっていない。陶磁器がない点もまた同様である。

五　唐船の舶載品目

御朱印船廃止後のアユタヤからの、対日輸入を受け持った貿易船には、オランダ東インド会社船とならんで、いわゆる「唐船」があった。「唐船」は、運航者が「唐人」すなわち中国人であったことによる命名であるが、起港地はかならずしも中国とは限られない。「奥船」と呼ばれた「唐船」は、アユタヤを含む東南アジア各地の港市をその起港地とした。

「唐船」に関する一次史料の編纂物としては「唐船風説書」をまとめた『華夷変態』とその続編、ならびに「唐通事」の勤務日誌である『唐通事会所日録』などがあるが、これらの史料には、日本への輸入品についての系統的な記載はない。これに対して「唐通事」がその内容について重要な責任を負い、これゆえ内容の信憑性のきわめて高い史料といわれる『唐蛮貨物帳』には、輸入品の明細をきわめて具体的な形で記載している。ただし、現在内閣文庫に残っている『唐蛮貨物帳』テキストは、宝永六年(一七〇九年)、宝永七年(一七一〇年)、正徳元年(一七一一年)、正徳二年(一七一二年)、正徳三年(一七一三年)の五年間だけにかぎられているのが残念である。それでも輸出入の傾向をつかむには十分な量といってよかろう。

「暹羅」つまりアユタヤに関しては、一七一一年と翌年の一二年の二年間に長崎に入港した「暹羅出し唐船」についての「貨物改帳」すなわち輸入品明細目録が残されている。いずれも類似の内容なので、以下に一七一二年に入港したアユタヤ仕出しの唐船の積荷の目録を例として掲げておこう(内閣文庫『唐蛮貨物帳』)。

嶋茶宇	八口
薬種色々	三千六拾斤
穿山甲	弐枚
藤　黄	五百五拾三斤
大楓子	四万四千三拾斤
丁　子	百六拾斤
椰子油	千八百斤
蘇　木	八拾八万九百斤
氷砂糖	七千七百斤
うるし	三万斤
象　牙	千百五拾斤
牛　角	弐百拾壱斤
錫	壱万弐千斤
鉛	八万六百斤
□□	千五百三拾斤
たんから(丹柄)	五百斤
ゑんす(燕巣)	二拾二斤
べっこう	拾八斤
沈　香	三千六拾弐斤
柄　鮫	三千九百五拾六本
さや鮫	二枚
犀　皮	八拾斤
虎　皮	三枚
山馬鹿皮	弐千拾九枚
大撰鹿皮	千七百拾六枚
中撰鹿皮	三千九枚
みとり鹿皮	千五百六拾枚
こびと鹿皮	弐千九百五拾六枚
牛　皮	千百八拾五枚
めのう数珠	三連
紙地雑絵	六幅

冒頭の「嶋茶宇」とは、インドのチャウル(茶宇)産の縞地の上質絹布であって、アユタヤの物産ではない。ベンガル湾貿易によって、インドから調達された商品の転売品であろう。それ以外の品目を見ると、「皮革類」「生薬」「蘇木」「その他」に大別される。アユタヤから日本への輸入品は、一七世紀に「皮革類」がとくに重要になるという特徴があるものの、基本的には後年まで大筋で不変と見られる。

この史料の年代的不備をおぎなう史料として、永積洋子氏らの努力でオランダ史料に基づき復元された、一六三七年から一八三三年にいたる三〇〇年間の「唐船貨物改帳」がある。ここには、一六三八年から一七五六年までの一〇八年間に、長崎に入港した三五隻の暹羅船の積荷目録が収録されている。それを見ると、「皮革類」「蘇木」「砂糖」「香辛料」「うるし」「鉱物」などが主で、これまた前引の諸資料に見える内容と類似していることがわかる。陶磁器の名はここには見当たらない。

暹羅すなわちアユタヤと日本とは、一四世紀末以来の長い交流の歴史がある。一四世紀に交易のあったことを示す史料は、まだ見つかっていないが、一五世紀に入ると、琉球による仲介貿易が盛んに行われるようになり、その状況は一六世紀末まで続く。一七世紀に入ると、オランダ東インド会社によって、組織的な日・タイ貿易が開始される。一時期、御朱印船もこれに参加し、ライバル、オランダの商権を脅かしたが、一六三八年の鎖国令以後、ライバルとしての朱印船は姿を消した。鎖国時代のアユタヤと日本との貿易は、もっぱらオランダ船と「唐船」の名で知られた中国人の運航するジャンクによって担われる。

アユタヤ・日本間の貿易は、日本からの輸出品は、銅などの「金属」と「俵物」と呼ばれる乾物(いりこ、ほしあわび、ふかひれなど)が中心であった。これに対して、アユタヤからの輸入品は、時期により若干の新品目が加わるとはいえ、その大筋において変化なく、「蘇木」、「皮革類」、「生薬」などが主たる品目であった。いずれにせよ、「陶磁器」が、日本に輸入されたという事実は、文献的にこれを立証できない。

それでは、アユタヤからタイ産の陶磁器は輸出されなかったのであろうか。われわれは、現在インドネシアやフィリピンに、明らかに前近代に輸入されたと考えられる、多数のタイ陶磁器が存在している事実を承知している。また近年発達した水中考古学も、沈船の積荷の中に、多量の貿易陶磁器が存在していた事実を明らかにしている。

現在、東京の根津美術館に収蔵されている「柿香合」がタイ産であることはあまりにも有名な事実であり、「すんころく」なる語が、小堀遠州の手で共箱に記されていることを知らない者はいない。『九世紀から一六世紀の東南アジアにおける東洋陶磁貿易』の著者ガイ John S. Guy は、一四世紀に、中部タイで輸出用陶磁器の生産が開始され、一五世紀にはそれが普及したと述べ、一四三八年、生産地である旧スコータイの版図がアユタヤに併合されると、アユタヤはスコータイ陶磁器の積み出し港となったと書いている。日本への輸出に関しては、沖縄本島の今帰仁グスクで宋胡録が発見された点に触れ、琉球商人によって、タイの陶磁器が日本に輸入されたとしている。彼はまた、タイ湾で発見された、沈船から回収された積み荷の中に、嘉靖年間（一五二二―六六年）の製品と見られる中国陶磁とともに、宋胡録が見いだされた点を指摘している。

六　陶磁器が輸入品目にない理由

こうした諸事実と、これまで検討してきたアユタヤの輸出品のなかに、「陶磁器」の名が見当たらないという事実との間に横たわる矛盾は、どのように説明できるのであろうか。将来の研究への備忘として、二、三の可能性について触れておきたいと思う。

第一は、陶磁器の輸出があったとしても、きわめて数が少なかったため、これを輸出品目として掲げる必要がなかったことが考えられる。少数の逸品などが、たとえば、長崎の役人などに、土産としてもたらされたといった状況を想定することができようか。

第二に、中国の史料に「陶磁器」が「暹羅産」として掲げられていない理由は、たとえアユタヤにおいて「陶磁器」の調達が可能であったとしても、もともと「陶磁器」は中国の特産品であり、あえて「低級の」「タイ産陶磁器」などを調達可能品目に掲げる必要がなかったのであろう。

第三に、そもそも後世日本で珍重される、鑑賞目的の陶磁器の輸入はなかったという見方である。陶磁器の輸入はあったであろう。しかし、それは何らかの別の輸入品の「容器」として結果的に輸入されたという想定である。生産者も輸出者も、まったく考えていなかった新たな価値が、輸出先である日本において、たまたま容器として入って来た陶磁器に付与されたのではあるまいか。この仮説を立証するためには、今後、それが何の容器として輸入されたかのかという点について実証的な研究が行われる必要があろう。さきに引用した輸入品目のなかから可能性の高いものを上げれば、たとえば「椰子油」「うるし」「砂糖」などがあげられよう。さまざまな薬種のなかにも、陶磁器の容器に入れて運ばれたものもあったかもしれない。いずれにせよ、これまでの輸入陶磁器の研究とはまったく方向の違う、しかし重要なこの方面の専門家による研究の進展を期待したい。

参考文献

小葉田淳『日本経済史の研究』思文閣出版、一九七八年。

安里　延『日本南方発展史』三省堂、一九四一年。

岩生成一『新版朱印船貿易史の研究』吉川弘文館、一九八五年。

岩生成一『南洋日本町の研究』岩波書店、一九六六年。

山脇悌二郎『長崎の唐人貿易』吉川弘文館、一九六四年。

永積洋子編『唐船輸出入品数量一覧 1637-1833――復元唐船貨物改帳・起帆荷物買渡帳』創文社、一九八七年。

第六章　アユタヤ王朝の統治範囲を示す『三印法典』中の三テキスト

はじめに

本章では、重要なアユタヤ時代史料である『三印法典 Kotmai Tra Sam Duang』(1)をもちいて、アユタヤ王朝の統治範囲の確定を試みたい。ちなみに、現存の『三印法典』写本は、アユタヤ王朝の統治範囲を具体的な地名表をもって示す、少なくとも三種類のテキストを含んでおり、本章の目的にとってきわめて有益な史料である。

個々のテキストの検討に入るに先立ち、まずアユタヤ王朝における地方統治の形態についての定説を整理しておこう。アユタヤ王朝の統治形態は、基本的には、「首都(krung ないし muang luang)」による「地方国(hua muang)」の支配ととらえられる。背後に展開するこれらの地方国に対する王都アユタヤの支配が、どの程度の実効性をもち得たかという問題は、地形、距離、利用可能な交通手段等諸種の条件によって一様ではない。新デルタ末端部に位置する港市アユタヤにとって、もっとも身近な交通手段は河川であり、その意味で舟船によって到達可能な中部タイの諸ムアンの支配は、交通に象の利用を必要とする北部の山間盆地や、人の移動や物資の運搬を、もっぱら牛車 kwian に依存するコーラート高原地方などと比べ、比較的容易であった。

アユタヤ王朝は、一四世紀半ばから一六世紀半ばにいたる二〇〇年間に、北は雲南省南部から、南はマライ半島の南端まで、東はメコン河沿岸から、西はサルウィン河流域までの、広大な地域に支配を及ぼす勢力に発展したと考えられている。このように広範な領域に対する支配体制は、ボロマトライローカナート王(一四四八—八八)の治世下に確立したとするのが定説となっている。[(2)] 典拠は、『三印法典』中の *Kot Monthianban*(後掲のテキストC)である。

ボロマトライローカナート王は、全土を、(1)畿内 Wong Ratchathani (2)大国 Muang Phraya Maha Nakhon および(3)朝貢国 Prathetsarat の三つに分類した。交通至便の「畿内」諸国は、首都から派遣され、首都の大臣 senabodi に対して責任を負う代官の直接統治下におかれた。「大国」と称される諸国は、王族や、中央・地方の貴族によって統治されるのが建て前であったが、交通が不便なため、実態は半独立の状態にあった。国主 chao muang は、アユタヤ王朝に対する臣従のあかしとして、誓忠の飲水を行うことが義務づけられていた。[(3)]「朝貢国」は、北部のランナータイ、南部のマレー系諸国など、いずれも文化の異なる僻遠の諸国で、これらに対する中央政府の支配は脆弱であり、しばしば名目にとどまった。三年に一度、「金銀樹 ton-ngoen ton-thong, bunga mas」と呼ばれる貢物を献送する義務が課されていたが、近隣諸国との戦争の際、アユタヤから挙兵の命令をうけることでもないかぎり、首都との関係は希薄であった。

一五六九年、ビルマ軍の侵略により、トライローカナート王の治績とされるかの統治組織は、壊滅の危機に瀕した。アユタヤはその後十数年にわたってビルマの支配下におかれる。一五九〇年、父王の後を襲って王位についたナレースエン大王(一五九〇—一六〇五)は、まず、実力をもってビルマの勢力を排除したのち、ただちに混乱した国内統治組織の再建に着手した。王の手によって Muang Phraya Maha Nakhon は廃止され、領域内の諸国は、第一級国、第二級国、第三級国、第四級国の四段階に再編成された。[(4)] ウェールズ H. G. Quaritch Wales は、ナレースエンの行った行政改革をあとづける史料として、*Phra Ayakan Na Hua Muang*(テキストA)を挙げる。[(5)]

一七世紀末、とりわけ一六九一年に起こったナコンシータマラートの反乱を契機として、兵力徴集の効率化という観点から、全国は南部、北部に二分され、それぞれの統治を、Mahatthai と Kralahom という、アユタヤ宮廷の二大顕官の手にゆだねた。Wales は、*Phra Thammanun* 第二部（テキストB）から、この改革の存在を推定している。

Mahatthai-Kralahom による全国の二分統治は、その後、外国貿易の伸長によって、港湾局 Kromatha の重要性が高まり、それにともない、タイ湾沿岸諸港市の統治の責任が、Kromatha の手にゆだねられるようになると、全国はそれまでの二区分から、Mahatthai-Kralahom-Kromatha の三大顕官による三区分支配体制となって近代の到来を迎えるに至る。(6)

ここに紹介しようとする三種のタイ語テキストは、上記の通説の典拠であるにとどまらず、アユタヤ王朝の統治範囲を、具体的にかつ体系的に示したタイ側史料として他に類を見ない重要性をもつ史料である。(7) ただし、これらのテキストを収録する『三印法典』自体は、前述のとおりその成立が一八〇五年であること、また同「法典」編纂の目的が、あらたにバンコクに都をさだめたラタナコーシン朝（一七八二―）の基礎となる法典の作成におかれていたこともあり、そこに収録されたアユタヤ法テキストは、当然のことながら、状況に応じて、追加、削除、修正が加えられ、その結果、原形からはかなり違ったものとなった可能性を排除することはできない。とりわけここにとり上げた三テキストについて見ると、法律文よりも地名の羅列であるだけに、その可能性がさらに大きいものと見られる。それゆえ、これらのテキストの利用にあたっては、まず十分な史料批判を加えておく必要がある。なおここに引用したテキストは、すべてランガ Lingat 校定本に従い、ブラドレー本、ラーブリー本との綴字の異同を注に示すこととした。

テ キ ス ト A ①

พระไอยการตำแหน่งนาทหารหัวเมือง *Phra Ayakaan Tamnaeng Na Thahaan Huamüang*
/ Law of the Military and Provincial Hierarchies /

30

ศุภมัศดุ ๑๒๙๘ ศกสุนักขสังวัชฉะระกาลบักเขทัศมีดิถียังอาทิตยวาร พระบาทสมเด็จพระรามาธิบดีศรีบรมไตรโลกนารถ บรมบพิตรพระพุทธิเจ้าเยู่หัวสถิตยอยู่ณะพระธินั่งเบญจรัตนมหาปราสาทโดยบุรภาภิมุกข เจ้าพญาธรรมาธิบดีศรีรัตนมหามนเทียรบาลกราบบังคมทูลพระกรรุณาว่าตำแหน่งศักดินาหัวเมือง

เอก
โท
ตรี
จัตวา
} ปากใต้ฝ่ายเหนือนั้นจะทรงพระกรรุณา

โปรดพระราชทานเปนประการใด ฯ จึ่งพระบาทสมเด็จพระพุทธิเจ้าอยู่หัว มีพระราชโองการตรัสเหนือเกล้า ฯ สั่งว่าเจ้าพญาแลพญาพระหลวงเมืองผู้รั้งกรมการบันดารับราชการอยู่ณหัวเมือง เอก โทตรี จัตวา ปากใต้ ฝ่ายเหนือ } ทั้งปวงให้ถือศักดินาตามพระราชประหญัติดั่งนี้

31

เจ้าพญาสุรศรีพิศมาธิราชชาติพัทยาธิเบศวราธิบดี

---

① *KTSD*, vol. 1, pp. 263–271.

อภัยพิริยบรากรมภาหุ เมืองพิศณุโลก[2] เอกอุ นา ๑๐๐๐๐ ขึ้นประแดงเสนาฎขวา

. . .

เมืองขึ้นพิศณุโลกย เจ้าเมือง นาคล ๑๖๐๐

เจ้าพญาศรีธรรมราชชาติเดโชไชยมไหยสุริยาธิบดีอภัยพิริยบรากรมภาหุ เมืองนครศรีธรรมราชเมืองเอก นา ๑๐๐๐๐ ขึ้นประแดงอินปัญาซ้าย

. . .

เมืองขึ้นเมืองนครศรีธรรมราช นาคล ๑๖๐๐

ออกญากระเสตรสงครามรามราชแสนญาธิบดีศรีสัชนาไลยอภัยพิริยบรากรมภาหุ พญาสวรรคโลกย เมืองโทนา ๑๐๐๐๐ ขึ้นประแดงจุลาเทพซ้าย

ออกญาศรีธรรมศุกราชชาติบดินทรสุรินทฤๅไชยอภัยพิริยภาหุ เจ้าเมืองศุกโขไทเมืองโท นา ๑๐๐๐๐ ขึ้นประแดงจุลาเทพซ้าย

ออกญารามรณรงคสงครามรามภักดีอภัยพิริยภาหะ เมืองกำแพงเพชู เมืองโท นา ๑๐๐๐๐ ขึ้นประแดงเสนาฎขวา

ออกญาเพชูรัตนสงครามรามภักดีพิริยภาหะ เมืองเพชบูรรณ[3] เมืองโท นา ๑๐๐๐๐ ขึ้นประแดงเสนาฎขวา

---

② *Ratburi*, vol. 1, p. 254 & *Bradley*, vol. 1, p. 199: พิศณุโลกย์

③ *Ratburi*, vol. 1, p. 256: *เพชร์บูรณ์* *Bradley*, vol. 1, p. 201: *เพชบูรร*

ออกญากำแหงสงครามรามภักดีพิริยภาหะ เมือง
นครราชศรีมา④ เมืองโท นา ๑๐๐๐๐ ขึ้นประแดงจุลา
เทพซ้าย

ออกญาไชยยาธิบดีศรีณรงคฤๅไชย อภัยพิริยบรา
กรมภาหุ เมืองตะนาว เมืองโท นา ๑๐๐๐๐ ขึ้น
ประแดงอินบัญาซ้าย

. . .

เมืองขึ้นเมืองโท นาคล ๑๐๐๐

ออกญาศรีสุริยะราชาไชยอภัยพิริยภาหะ เมือง
พิไชย เมืองตรี นา ๕๐๐๐ ขึ้นประแดงเสนาฎขวา

ออกญาเทพาธิบดีศรีณรงคฤๅไชยอภัยพิริยภาหะ
เมืองพิจิตร เมืองตรี นา ๕๐๐๐ ขึ้นประแดงเสนาฎขวา

ออกญาไกรเพชูรัตน สงคราม ราม ภักดีพิริยภาหะ
เมืองนครสวรรค เมืองตรี นา ๕๐๐๐ ขึ้นประแดง
จุลาเทพซ้าย

ออกพระไชยธิบดีศรีรณรงคฤๅไชยอภัยพิริยภาหะ
เมืองจันทบูรรณ⑤ เมืองตรี นา ๕๐๐๐ ขึ้นประแดง
อินบัญาซ้าย

④ *Ratburi*, *loc. cit.*: นครราชสีมา

⑤ *Ratburi*, vol. 1, p. 257: จันทบูรณ์ *Bradley*, vol. 1, p. 202: จันทบูร

ออกพระวิชิตภักดิ์ศรีพิไชยสงคราม พระไชยา เมืองตรี นา ๕๐๐๐ ขึ้นอินบัญาซ้าย

ออกญาแก้วเการพยพิไชยภักดิ์บดินทรเดโชไชยอภัยพิริยภาหะ ออกญาพัตะลุง เมืองตรี นา ๕๐๐๐ ขึ้นประแดงอินบัญาซ้าย

ออกญาเคางะทราธิบดีศรีสุรัตวลุมหนัก พระชุมภอร[6] เมืองตรี นา ๕๐๐๐ ขึ้นประแดงอินบัญาซ้าย

. . .

เมืองขึ้นเมืองตรี **นาคล ๘๐๐**

ออกพระศรีสุรินทฤาไชย เมืองเพชบุรีย ขึ้นประแดงเสนาฎขวา

ออกพระสุระบดินสุรินทฤาไชย พระไชยนาก[7] ขึ้นประแดงเสนาฎขวา

ออกเมืองอินทบุรีย เมืองอินท ขึ้นประแดงเสนาฎขวา

ออกเมืองพรหมบุรีย เมืองพรหม ขึ้นประแดงจุลาเทพซ้าย

ออกพระญี่สารสงคราม พระสิงคบุรีย[8] ขึ้นประแดงจุลาเทพซ้าย

---

⑥ *Ratburi, loc. cit.*: *ชุมพร* *Bradley loc. cit.*: *ชุมภร*

⑦ *Ratburi*, vol. 1, p. 258 & *Bradley*, vol. 1, p. 203: *ไชนาท*

⑧ *Bradley, loc. cit.*: *สิงบุรี*

ออกพระนครพราหม พระลบบุรีย[9] ขุนประแดงเสนาฎขวา

ออกพระพิไชยรณรงค พระสรบุรีย ขุนประแดงเสนาฎขวา

ออกพระพิไชยสุนธร เมืองอุไทยธานี[10] ขุนประแดงจุลาเทพซ้าย

ออกพระศรีสิทธิกัน เมืองมโนรมย

ออกพระวิเสศไชยชาญ เมืองอ่างทอง ขุนประแดงษารภาษขวา

ออกพระสวรรคบุรี เมืองสวรรคบุรีย[11] ขุนประแดงจุลาเทพซ้าย

ออกพระพิไชยภักดีศรีมไหยสวรรค เมืองการบุรีย[12] ขุนประแดงอินบัญาซ้าย

ออกเมืองพลคบุรีย เมืองไทรโยค ขุนประแดงอินบัญาซ้าย

ออกพระสุนธรสงครามรามพิไชย พระสุพันทบุรีย[13]

---

⑨ *Ratburi*, vol. 1, p. 258 : *ลพบุรี* *Bradley, loc. cit.* : *ลบบุริ*

⑩ *Bradley*, vol. 1, p. 203 : *อูไทยธานี*

⑪ *Ratburi*, vol. 1, p. 258 : *สรรคบุรี*

⑫ *Ratburi, loc. cit.* : *กาญจน์บุรี* *Bradley, loc. cit.* : *กาณจนบุรี*

⑬ *Ratburi, loc. cit.* & *Bradley loc. cit.* : *สุพรรณบุรี*

ขึ้นประแดงจุลาเทพซ้าย

ออกพระศรีสวัดบุรีย เมืองศรีสวัด⑭ ขึ้นประแดงเสนาฎขวา

ออกพระสุนธรบุรียศรีพิไชยสงคราม เมืองนครไชยศรี

ออกพระอมรินทฤาไชย เมืองราชบุรีย⑮ ขึ้นประแดงจุลาเทพซ้าย

เมืองวิเสศฤๅไชย เมืองฉะเชิงเทรา ขึ้นประแดงเสนาฎขวา

ออกพระพิบูรสงคราม เมืองนครนายก ขึ้นประแดงเสนาฎขวา

ออกพระอุไทยธานี เมืองปราจินบุรี⑯ ขึ้นประแดงจุลาเทพซ้าย

พระนนทบุรียศรีมหาสมุท เมืองนนทบุรีย ขึ้นประแดงอินปัญาซ้าย

พระสมุทสาคร เมืองท่าจีน

พระสมุทสงคราม เมืองแม่กลอง

พระสมุทประการ เมืองปากน้ำ

---

⑭ *Ratburi, loc. cit.*: สวัสดิ

⑮ *Ratburi, loc. cit.* & *Bradley loc. cit.*: ราชบุรี

⑯ *Ratburi, loc. cit.*: ปราจิณบุรี

พระชนบุรีย เมืองชนี[17] ขึ้นประแดงอินบัญาซ้าย

พระปรานบุรียศรีสงคราม เมืองปรานบุรีย[18] ขึ้นประแดงอินบัญาซ้าย

ออกพระพิไชยภักดีศรีวิสุทธิสงคราม เมืองกุย ขึ้นประแดงอินบัญาซ้าย

ออกพระราชภักดีศรีสงคราม เมืองรยอง ขึ้นประแดงอินบัญาซ้าย

เมืองบางลมุง

พระศรีสมอรัตนราชภักดีศรีบวรพัช เมืองท่าโรง

พระนครไชยสินนรินท เมืองบัวชุม

พระจันบูรรราชภักดีศรีขันทเสมา เมืองกำพราน

เมืองไชยบาตาน

เมืองจัตวาขึ้น { มหาดไท / กระลาโหม / กรมท่า } ถือศักดินาดั่งนี้

เจ้าเมือง นา ๓๐๐๐

---

[17] *Ratburi*, vol. 1, p. 259 & *Bradley, loc. cit.*: ชล

[18] *Ratburi, loc. cit.* & *Bradley*, vol. 1, p. 204: ปรานบุรี

一　テキストA

——「兵部ならびに地方官位階法 Phra Ayakaan Tamnaeng Na Thahaan Huamuang」

1　訳　文

幸いあれ。一二九八年[30]、戌年、下半月、一〇日、日曜日。Phraramathibodi Si Boroma Trailokanat Boroma Bophit 王は、Bencha Ratana Mahaprasat 殿に出御成って東面し給う。Chaophraya Thammathibodi Si Ratana Mahamonthianban 奏上して曰く、南方、北方の第一級国(huamuang ek)、第二級国(huamuang tho)、第三級国(huamuang tri)、第四級国(huamuang chattawa)の官職・位階田(tamnaeng-sakdina)を如何に定め給うや、と。国王陛下はこれに応え、南方、北方の第一級国、第二級国、第三級国、第四級国にあって王に仕える Chaophaya, Phaya, Phra, Luang, Muang, Phu Rang および Kromakan は、以下に定めるところに従い Sakdina を受くべし、と宣う。

第一級国 Phitsanulok[31] の(Chao Muang(国主))Chaophaya Surasi Phitsamathirat……は、Na([位階]田)一〇〇〇〇。Pradaeng Senat Khwa の所管とする。(中略)

Phitsanulok の属国(Muang Khun)の Chao Muang は、各々田一六〇〇(後略)

第一級国 Nakhon Si Thammarat の(Chao Muang)Chaophaya Sithammarat……は、田一〇〇〇〇。Pradaeng Inpan-ya Sai(左局)の所管とする。（中略）

Nakhon Si Thammarat の属国の Chao Muang は、各々田一六〇〇。（後略）

第二級国 Sawankhalok の Okya Kaset Songkhram……は田一〇〇〇〇。Pradaeng Chulathep Sai(左局)の所管とする。

第二級国 Sukhothai の Okya Sithammasuk……は田一〇〇〇〇。Pradaeng Chulathep Sai(左局)の所管とする。

第二級国 Kamphaeng Phet の Okya Ramananarong Songkhram……は田一〇〇〇〇。Pradaeng Senanat Khwa(右局)の所管とする。

第二級国 Phetchabun の Okya Phetcharatana Songkhram……は、田一〇〇〇〇。Pradaeng Senat Khwa(右局)の所管とする。

第二級国 Nakhon Ratchasima の Okya Kamhaeng Songkhram……は、田一〇〇〇〇。Pradaeng Chulathep Sai(左局)の所管とする。

第二級国 Thanao の Chaiyathibodi……は、田一〇〇〇〇。Pradaeng Inpan-ya Sai(左局)の所管とする。（中略）

第二級国の属国の Chao Muang は、各々田一〇〇〇。（後略）

［以下は第三級国］

第三級国 Phichai の Okya Sisuriyaracha は、田五〇〇〇。 Pradaeng Senat Khwa(右局)の所管とする。

第三級国 Phichit の Okya Thephathibodi……は、田五〇〇〇。Pradaeng Senat Khwa(右局)の所管とする。

第三級国 Nakhon Sawan の Okya Kraiphetcharatana……は、田五〇〇〇。Pradaeng Chulathep Sai(左局)の所管とする。

第三級国 Chanthabun の Okphra Chaiyathibodi……は、田五〇〇〇。Pradaeng Inpan-ya Sai(左局)の所管とする。

第三級国 Chaiya の Okphra Wichitphakdii は、田五〇〇〇。(Pradaeng)Inpan-ya Sai(左局)の所管とする。

第三級国 Phatthalung の Okya Kaekaurop……は、田五〇〇〇。Pradaeng Inpan-ya Sai(左局)の所管とする。

第三級国 Chumphon の Okya Khawngatharathibodi は、田五〇〇〇。Pradaeng Inpan-ya Sai(左局)の所管とする。

第三級国の属国の Chao Muang は、各々田八〇〇。

[以下は第四級国]

M. Phetchaburi の Okphra Sisurin……Pradaeng Senat Khwa(右局)の所管とする。

Chainat の Okphra Surabodin……Pradaeng Senat Khwa(右局)の所管とする。

M. In の Okmuang Intnaburi. Pradaeng Senat Khwa(右局)の所管とする。

M. Phrom の Okmuang Phromburi. Pradaeng Chulathep Sai(左局)の所管とする。

Singburi の Okphra Yisan Songkhram. Pradaeng Chulathep Sai(左局)の所管とする。

Lopburi の Okphra Pichainarong. Pradaeng Senat Khwa(右局)の所管とする。

M. Uthaithani の Okphra Pichaisunthon. Pradaeng Chulathep Sai(左局)の所管とする。

M. Manorom の Okphra Sisitthikhan.(原テキストに所管官庁名を欠く。)

M. Ang Thong の Okphra Wisetchaichan. Pradaeng Sanphat Khwa(右局)の所管とする。

M. Sawankhaburi の Okphra Sawankhaburi. Pradaeng Chulathep Sai(左局)の所管とする。

M. Kanburi の Okphra Phichaiphakdi. Pradeng Inpan-ya Sai(左局)の所管とする。

M. Saiyok の Okmuang Phonkhaburi. Pradaeng Inpan-ya Sai(左局)の所管とする。

Suphanburi の Okphra Sunthon Songkhram. Pradeng Chulathep Sai(左局)の所管とする。

M. Sisawat の Okphra Sisawatburi. Pradaeng Senat Khwa(右局)の所管とする。

M. Nakhon Chaisi の Okphra Sunthonburi.(原テキストに所管官庁名を欠く。)

M. Ratburi の Okphra Amarin……Pradaeng Chulathep Sai(左局)の所管とする。

M. Chachoengsao の Muang Wiset……Pradaeng Senat Khwa(右局)の所管とする。

M. Nakhon Nayok の Okphra Phibun Songkhram. Pradaeng Senat Khwa(右局)の所管とする。

M. Prachinburi の Okphra Uthaithani. Pradaeng Chulathep Sai(左局)の所管とする。

M. Nonthaburi の Phra Nonthaburi……Pradaeng Inpan-ya Sai(左局)の所管とする。

M. Tha Chin の Phrasamutsakhon.(原テキストに所管官庁名を欠く。)

M. Mae Klong の Phrasamutsongkhram.(原テキストに所管官庁名を欠く。)

M. Pak Nam の Phrasamutprakan.(原テキストに所管官庁名を欠く。)

M. Chon の Phra Chonburi. Pradaeng Inpan-ya Sai(左局)の所管とする。

M. Pranburi の Phra Pranburi. Pradaeng Inpan-ya Sai(左局)の所管とする。

M. Kui の Okphra Phichaiphakdi……Pradaeng Inpan-ya Sai(左局)の所管とする。

M. Rayong の Okphra Ratchaphakdi……Pradaeng Inpan-ya Sai(左局)の所管とする。

M. Banglamung(原テキストに国主の欽賜名、所管官庁名を欠く。)

M. Tha Rong の Phra Si Samoratana……(原テキストに所管官庁名を欠く。)

M. Bua Chum の Phra Nakhonchaisin……(原テキストに所管官庁名を欠く。)

M. Kampran の Phra Chan……(原テキストに所管官庁名を欠く。)

M. Chaibadan(原テキストに国主の欽賜名、所管官庁名を欠く。)

[首都にあるところの]Mahatthai, Kralahom, および Kromatha に属する第四級国における sakdina は以下のとおり。すなわち、

Chao Muang は、田三〇〇〇。(後略)

2　テキスト成立の時期

前文(第30節)には、本テキストの成立の時期を示唆する次の四つの事項が含まれている。

a　一二九八年(依拠した暦法不詳)

b　戌年

c　下半月、一〇日、日曜日

d　国王の名：Phrabat Somdet Phraramathibodi Si Boroma Trailokanat Boroma Bophit Phra Phutthichauyuhua

まず国王の名について見ると、これは一四四八年から一四八八年まで在位した、ボロマトライローカナートの王名に一致する。一二九八年が、いかなる暦法に基づく年次であるかは不明だが、「三印法典」に含まれている他のテキストの用例から類推して、(1)仏暦(＋五四三年)、(2)大暦(＋七八年)、(3)小暦(＋六三八年)もしくは(4)チュラーマニー暦(＋一八八年)のいずれかの可能性が大きい。「仏暦」とした場合の一九三六年は、この際問題とならない。つぎに「大暦」の可能性を吟味してみると、一三七六年となって、トライローカナート王の治世と一致しない。そこで最後の可能性として「チュラーマニー暦」で換算すると、一四八六年という数値を得る。これは同王の統治年代の範囲に入り、その点では矛盾はない。しかし、一四八六年は午年であって戌年ではない。

タイの歴史文書における年代の記載の方法のひとつに、十二支と、小暦で示した年数の末尾の数字をパーリ語で示したものを組み合わせるという方法がある(たとえば小暦一二四六年であれば戌年第六年 pii choo choo sok)。これは数字を用いないで、写本作成時における誤写を少なくする副次的効果をもつ。タイ人の記録作成者は、十二支と小暦年数の末尾の数字にはとりわけ注意を払う傾向があり、したがって誤りが比較的少ない。チュラーマニー暦は、小暦との差が四五〇年あるので、末尾の数字はつねに両者が一致する。そこで一二九八年の末尾八を正しいと仮定して、これを「戌年・第八年」の組み合せと考えて、トライローカナート王の治世中にその組み合わせの可能性を求めてみると、小暦八二八年、すなわち一四六六年がこれに相当することがわかる。一四六六年をチュラーマニー暦に逆算すると一二七八年となり、十位の数字が一致しなくなる。タイ文字の七と九とは誤認されやすく、したがって、一二九八は一二七八の誤写であることが十分考えられる。以上の考証に基づき、本テキストの年代を、ひとまず、トライローカナート王の治世第一八年、一四六六年であると考えたいと思う。

3 テキストに現われた地名

掲出の順序にしたがって、テキストAに現われた地名を整理すると、表1のようになる。説明の便宜上、順序を逆にして第四級国から検討してゆきたい。

テキストには、「Mahatthai, Kralahom および Kromatha に属する第四級国」とある。前述したとおり、Mahatthai, Kralahom, Kromatha とは、アユタヤ王朝以来、ラーマ五世王の時まで存続した三大顕職の名で、[8] 第四級国とは、首都周辺の、交通至便の地を占め、中央から派遣された役人による直接支配が行われていた「国王直轄地」を指す。首都(Krung)の周辺に、第四級国が展開する地域全体を総称して Wong Ratchathani(畿内、直訳すれば「王城域」)という。図1は、Wong Ratchathani 内の第四級国の位置を示したものである。いずれも、川筋ないし海岸に面し、チャオプラヤー・デルタ地帯の伝統的な交通手段である舟運の便がよい。この点をさらにはっきりさせるため、これらの諸国を、水系別に整理するとつぎのようになる。

1 パーサック河流域

AYUTTHAYA-Saraburi-Kamphran-Chaibadan-Bua Chum-Tha Rong(→Phetchabun)

2 チャオプラヤー河流域

a 北行

(1)チャオプラヤー河本流域

AYUTTHAYA-Ang Thong-Phrom-Singburi-In[tha]buri-Chainat-Uthaithani-Manorom(→Nakhon-sawan)

表1　地方国の級別分類

	国　　名
第1級国	1. M. Phitsanulok　2. M. Nakhon Si Thammarat
第2級国	1. M. Sawankhalok　2. M. Sukhothai 3. M. Kamphaeng Phet　4. M. Phetchabun 5. M. Nakhon Ratchasima　6. M. Thanao
第3級国	1. M. Phichai　2. M. Phichit 3. M. Nakhon Sawan　4. M. Chanthabun 5. M. Chaiya　6. M. Phattalung 7. M. Chumphon
第4級国	1. M. Phetchaburi　2. M. Chainat 3. M. In(thaburi)　4. M. Phromburi 5. M. Singburi　6. M. Lopburi 7. M. Saraburi　8. M. Uthaithani 9. M. Manorom　10. M. Ang Thong 11. M. Sawankhaburi　12. M. Kanburi 13. M. Saiyok　14. M. Suphanburi 15. M. Sisawat　16. M. Nakhon Chaisi 17. M. Ratburi　18. M. Chachoengsao 19. M. Nakhon Nayok　20. M. Prachinburi 21. M. Nonthaburi　22. M. Tha Chin 23. M. Mae Klong　24. M. Pak Nam 25. M. Chon　26. M. Pranburi 27. M. Kui　28. M. Rayong 29. M. Banglamung　30. M. Tha Rong 31. M. Bua Chum　32. M. Kampran 33. M. Chaibadan

(M.＝Muang)

(2) ノーイ河流域

AYUTTHAYA-Ang　Thong-Sawankhaburi-Chainat

b 南行

AYUTTHAYA-Nonthaburi-Pak Nam(→タイ湾へ)

3 ロッブリ河流域

AYUTTHAYA-Loburi

4 ターチン河流域

AYUTTHAYA-Tha Chin-Nakhon Chaisi-Suphanburi

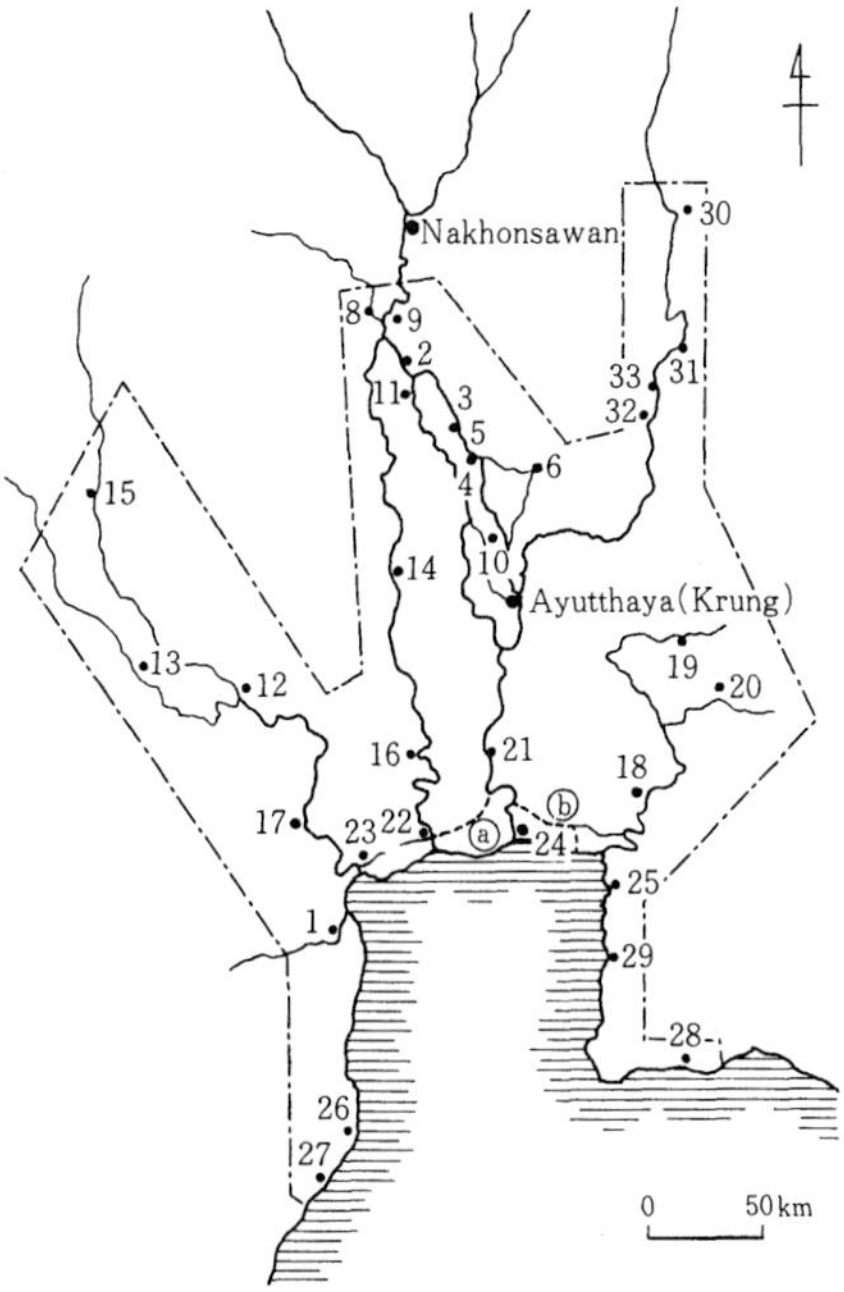

図1　Wong Ratchathani(畿内)の諸国. テキストAにより作図(番号は前ページの表に対応). ⓐMahachai 運河(1645-1722), ⓑSamrong 運河(1498)

5 メクロン河・クェーノイ河流域

AYUTTHAYA-Thà Chin-Mae Klong-Ratburi-Kanburi → Sisawat
→ Saiyok

6 バンパコン河流域

AYUTTHAYA-Chachoengsao → Prachinburi
→ Nakhon Nayok

7 タイ湾沿岸地方

a 東海岸

AYUTTHAYA-Pak Nam-Chon[buri]-Banglamung-Rayong

b 西海岸

AYUTTHAYA-Pak Nam-Phetchaburi-Pranburi-Kui

以上の第四級国一覧表は、いつごろの状態を反映するものであろうか。ウェールズは、これを一八世紀の状況を反映すると推定しているが、推論の根拠は示していない。(9) この内、たとえばNonthaburiのように、本テキストの原形が成立した一四六六年にはまだ存在しておらず、したがってこれが後世の付加であることが明瞭であるものもある。(10)

第一級国として掲げられている二国のうち、前者のPhitsanulokは、アユタヤ王朝の北境経略のいわば鎮守府として要衝である。同様にNakhon Si Thammaratは、マライ半島部の諸国に対する鎮撫の任務を負っていた。

第二級国・三級国は、Muang Nuaと呼ばれる北方の諸国と、それ以外の諸国に分けられる。

1　北方諸国 Muang Nua

Sawankhalok, Sukhothai, Kamphaeng Phet, Phetchabun, Phichai, Phichit, Nakhon Sawan の諸国。かつてスコータイ時代に属し、アユタヤ王朝の膨張にともなってその付庸となった。

Nakhon Sawan の南、チャオプラヤー河の合流地点である Pak Nam Pho 以北の河川交通は、第四級国の位置するデルタ地帯と比較して不便であり、特に乾季には、Nakhon Sawan が大型船の遡行の北限となる。(11) したがって、これらの地方においては、南方諸国に比して、陸上交通機関への依存度が大きい。

2　その他の諸国

a　Nakhon Ratchasima　コーラート高原の入口。北方諸国に対する Phitsanulok 南方諸国に対する Nak-

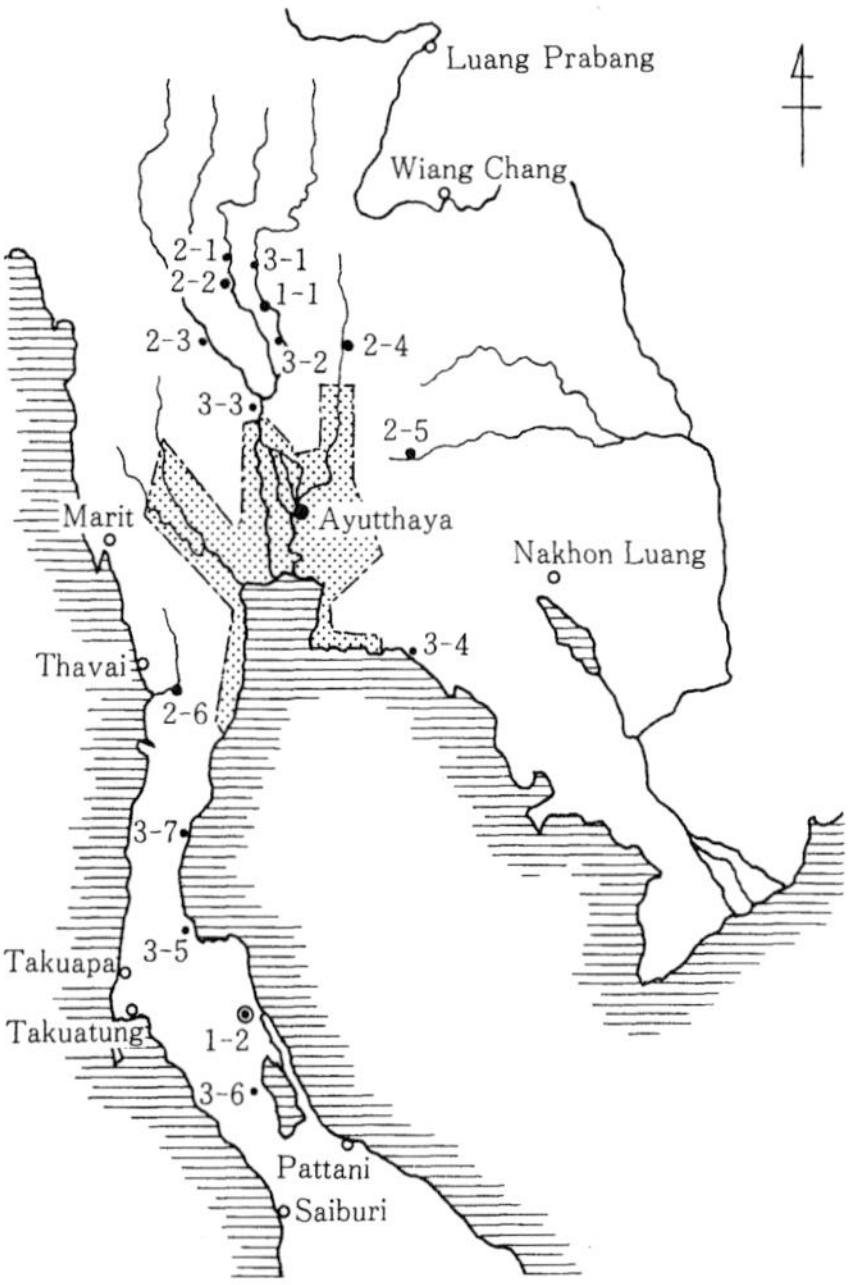

図2　第1-3級国の所在地．●首府，◉第1級国，•第2級国，・第3級国，○テキストAに含まれていない諸国．▭内は畿内(Wong Ratchathani)．番号は144ページの表に対応する(例 1-1は第1級国の1すなわちPhitsanulok)．

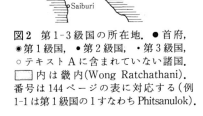

hon Si Thammarat と同様の任務を、ラーオ諸国に対して持っていた。西方にドン・プラヤーファイの大密林が横たわっており、マラリヤの脅威が畿内との交通を疎外していた。ラタナコーシン朝に入って後、第一級国に昇格している。

b　Thanao　テナセリム Tenasserim のタイ名。一七六五年ビルマ領となるまで、古くからベンガル湾を東行する旅行者にとって、アユタヤへの入口として知られていた。(12)

c　Chanthabun　タイ湾東北部にあり、カンボジアに向かう辺境の国であった。

d　Chaiya, Phatthalung, Chumphon　いずれもマレー半島部の諸国(図2参照)。

二　テキストB——「官印法 Phrathammanun」

1　訳　文

17

幸いあれ。一五五五年、亥年、下半月一〇日、水曜日。Ekathotharot Isuan Boromanat Boromabophit 王は……

19

ひとつ、功臣に対し、Chaophraya Chakri の管轄下の諸国へ赴き、代官(Phu Rang)として、あるいは国主(Chao Muang)として、統治を行うべしとの勅命下りたるときは、すなわち、Muang Phitsanulok, Muang Sawankhalok, Muang Sukhothai, Muang Kamphaeng Phet, Muang Phichai, Muang Nakhon Sawan, Muang

テ キ ス ト B①

พระธรรมนูน Phrathammanuun / Law on Official Seals (Second part) /

17

ศุภมัศดุ ๑๕๕๕ ศกกุญ นักสัตว อาสุช มาศกาล ปักษทัศมีดิตถีพุทธวาร พระบาทสมเดจเอกาทธรฐ อิศวรบรมนาถบรมบพิตรพระพุทธิเจ้าอยู่หัว

19

อนึ่งถ้ามีพระราชโองการให้ข้าราชการผู้มีความชอบไป รั้ง / ครอง } เมืองณหัววเมืองทั้งปวงบันดาขึ้นแก่เจ้าพญาจักรี คือเมืองพิศณุโลก② เมืองสวรรคโลก③ เมืองศุกโขไท④ เมืองกำแพงเพชู⑤ เมืองพิไช⑥ เมืองนครสวรรค เมืองพิจิตร เมืองมโนรม เมืองไชนาฏ⑦ เมืองอุไทธานี เมืองอินทบุรี เมืองพรหมบุรี เมืองสิงคบุรี เมืองสรรคบุรี เมืองลพบุรี เมืองสรบุรี เมืองวิเศศไชยชาญ กรุงเก่า เมืองนครนายก เมืองประจิม⑧

---

① *KTSD*, vol. 1, pp. 172-177.

② *Ratburi*, vol. 1, p. 55: พิศณุโลกย์ *Bradley*, vol. 1, p. 48: พิศณุโลกย

③ *Ratburi*, *loc. cit.*: สวรรคโลกย์ *Bradley' loc. cit.*: สวรรคโลกย

④ *Ratburi*, *loc. cit.* & *Bradley*, *loc. cit.*: ศุกโขไทย

⑤ *Ratburi*, *loc. cit.* & *Bradley*, *loc. cit.*: กำแพงเพ็ชร

⑥ *Ratburi*, *loc. cit.* & *Bradley*, *loc. cit.*: พิไชย

⑦ *Ratburi*, *loc. cit.* & *Bradley*, *loc. cit.*: ไชยนาท

⑧ *Ratburi*, *loc. cit.* & *Bradley*, *loc. cit.*: ประจิณ

เมืองฉเชิงเทรา เมืองสุพันทบุรี⑨ เมืองนครไชศรี เมืองราชบุรี เมืองการบุรี⑩ เมืองเพชูบูรร⑪ เมืองท่าโรง เมืองบัวชุม เมืองไชบาดาน⑫ เมืองกำพราน เมืองนคร-ราชศรีมา⑬ ก็ได้ใช้ตราพระราชสีห แลใช้ไปให้หัวว

. . .

20

อนึ่ง ถ้ามีพระราชโองการให้ข้าราชการผู้มีความชอบไป รั้ง / ครอง } เมืองณะหัววเมืองบันดาขึ้นแก่กรมพระกระลาโหม คือเมืองนครศรีธำมราช⑭ เมืองพัทลุง เมืองสงขลา เมืองไชยา เมืองชุมพอน⑮ เมืองเพชูบุรีย⑯ เมืองกุย เมืองปราน เมืองคลองวาน เมืองบางตพาน เมืองถลาง เมืองตกั่วทุ่ง เมืองตกั่วป่า เมืองตนาวศรี เมืองมฤต เมืองทวาย แลเมืองสามโคก

. . .

---

⑨ *Ratburi, loc. cit.* & *Bradley, loc. cit.*: สุพรรณบุรี

⑩ *Ratburi, loc. cit.* p. 56 & *Bradley, loc. cit.*: กาญจนบุรี

⑪ *Ratburi, loc. cit.*: เพ็ชร์บูรณ *Bradley, loc. cit.*: เพ็ชรบุรี (sic)

⑫ *Ratburi, loc. cit.* & *Bradley, loc. cit.*: ไชยบาดาน

⑬ *Ratburi, loc. cit.*: นครราชสีห์มา. *Bradley, loc. cit.*: นครราชสีมา

⑭ *Ratburi, loc. cit.* & *Bradley, loc. cit.*: นครศรีธรรมราช

⑮ *Ratburi, loc. cit.* & *Bradley, loc. cit.*: ชุมพร

⑯ *Ratburi*, vol. 1, p. 57 & *Bradley, loc. cit.*: เพ็ชรบุรี

21

ถ้า
มิ พระ ราช โองการ ให้ ข้า ราช การ ผู้ มี ความ ชอบ ไป
รั้ง
ครอง } เมืองณะหัววเมืองขึ้นแก่โกษาธิบดีคือเมือง
จันทบูรรณ เมืองตราด เมืองระยอง เมืองบางลมุง
เมืองนนทบุรี เมืองสมุทประการ เมืองสมุทสงคราม
เมืองสาครบุรี มีตราไปตั้งเจ้าเมืองปะหลัดรองปะหลัด

Phichit, Muang Manorom, Muang Chainat, Muang Uthaithani, Muang Inthaburi, Muang Phromburi, Muang Singburi, Muang Sankhaburi, Muang Lopburi, Muang Saraburi, Muang Wisetchai-chan, Krung Kao, Muang Nakhon Nayok, Muang Prachin, Muang Chachoengsao, Muang Suphanburi, Muang Nakhon Chaisi, Muang Ratburi, Muang Kanburi, Muang Phetchabun, Muang Tha Rong, Muang Bua Chum, Muang Chai Badan, Muagn Kam Phran, Muang Nakhon Ratchasima の諸国。（後略）

20

ひとつ、功臣に対して、Krom Phra Kralahom 所轄の諸国へ赴き、代官(Phu Rang)として、あるいは国主(Chao Muang)として、統治を行うべしとの勅命下りたるときは、すなわちMuang Nakhon Si Thammarat, Muang Phatthalung, Muang Songkhla, Muang Chaiya, Muang Chumphon, Muang Phetchaburi, Muang Kui, Muang Pran, Muang Khlong Wan, Muang Bang Taphan, Muang Thalang, Muang Takuathung, Muang Takuapa, Muang Tanawasi, Muang Marit, Muang Thawai, Muang Samkhok の諸国。（後略）

21

もし、功臣に対し、Khosabodi 所轄の諸国へ赴き、Phu Rang として、あるいは Chao Muang として、統治を行うべしとの勅命下りたるときは、すなわち、Muang Chanthabun, Muang Trat, Muang Rayong, Muang Banglamung, Muang Nonthaburi, Muang Samutprakan, Muang Samut Songkhram, Muang Sakhonburi の諸国。（後略）

2　テキスト成立の時期

前文（第17節）から本テキストの年次に関する記載を拾うと、次の四項目となる。

1　一五五五年（依拠した暦不詳）
2　亥年
3　下半月、一〇日、水曜日
4　国王の名：Phrabat Somdet Ekathotharot Isuan Boromanat Boromabophit Phraphutthichaoyuhua

テキストAの場合にならって、まず国王の名を吟味する。この名から直ちに思い浮かぶのは、エカトッサロット王（一六〇五—一〇）である。アユタヤ年代記は、この王の名を Prabat Somdet Ekathot-sarot Boromanat Boromabophit Phraphutthichaoyuhua と記している。テキストBと比較するならば、ただ一ヵ所の違いが見出される。すなわち年代記に Ekathosarot とあるのに対して、テキストでは Ekathotharot となっている点である。thosa の音節末の s は、二重読みして thot-sa とするのが一般的である。テキストの綴字にしたがえば thot あるいは

thottha(?)としか読めず、したがって、この綴字からはこの王の慣用的な読み方であるEkathot-sarotという発音を得ることはできない。しかしこの点にかんしては、まったく逆の推論も成り立つ。すなわち、この王の呼び名はもとsを二重読みしないEkathot-rotであったものが(13)、後世の筆写者が正しい綴字を忘れ、当時の発音にしたがってthotと書いたのである。こう考えるならば、この一字の相違をもって、テキストと年代記の王を別人とすることは説得力に乏しく、むしろ同一であるとするほうが自然である。

そこでこの王をエカトッサロット王に比定するならば、テキストBの成立の時期は、同王の治世期間である一六〇五―一〇年の間ということになる。しかしこれは次の二つの事実と矛盾する。第一に、一六〇五年から一〇年の間に亥年はない。第二には、同じ*Prathammanun*の第一部の前文に、同一名が、一五四四年子年の記載とともに現われている点である。一五四四年、一五五五年という二つの年代が、何の暦法によるものかの吟味はさておき、両者が同一の暦法によるとの前提に立てば、この王の治世期間は、少なくとも一一年なければならない。しかしエカトッサロット王は五年しか在位しなかったことが知られている。したがってエカトッサロット王の在位期間にとらわれず、別の角度からテキストの成立時期を検討する必要が生ずる。

テキストAで用いた方法にならって、亥年と末尾の数五が正確であると仮定し、「亥年・第五年」の組合せをアユタヤ時代(一三五〇―一七六七)のすべてにわたって抽出して見ると、一三八三、一四四三、一五〇三、一五六三、一六二三、一六八三、一七四三の七回となる。ところで、テキスト21節の引用部分の直後に、次の一節が見えている。

イギリス人、オランダ人、中国人、安南人、日本人、マレー人など、コーサーボディ(港務省Kromatha長官)の管轄下にある諸外人云々この記事は、イギリス人、オランダ人が、すでにシャムと交易を行い、アユタヤに在留する者がいた当時の状態を反映するものであろう。そこで今もしこの部分が、後世の付加であるという可能性を無視するとすれば、上記の七つの年代の内、一六二三、一六八三、一七四三の三つの可能性が残る。小暦(=西暦二一九三年)、仏暦(=一〇二一年)の可能性は容易に排除できるので、次に大暦の可能性を試みてみると、西暦一六三三年となり、上記のいずれとも合致しない。そこでチュラーマニー暦として換算すると一七四三年となり、三番目の可能性と合致する。以上の結果に基づき、国王名の比定の問題は残るが、さしあたり一七四三年(チュラーマニー暦　一五五五年亥年)をもって本テキストの成立時期と考えておくことにする。

3　テキストに現われた地名

テキストに現われた地名を、所管別に整理してみると表2のようになる。(カッコ内のローマ数字は、テキストAの級別を示す)

以上の国名の中で、Krung Kao は、後世の付加であることが一見して明瞭である。この語は「旧都」を意味する普通名詞で、トンブリ朝以後、旧都アユタヤの呼称として用いられるようになった語だからである。

このテキストに現われた地名を、テキストAと比較して見ると、その大部分が一致するが、若干の異同があるので、まず異なる部分のみを次に抽出してみよう(表3)。

Wisetchaichan は、Ang Thong の西方にあり、ノーイ河に臨む古邑である。

Khlong Wan は、Tenasserim(=Tanao or Tanawasi) および、Mergui(=Marit) へ向かう　陸路の起点として栄えた古邑である。(14)

表2

所　　管	国　　名
Krom Mahatthai	M. Phitsanulok (I) M. Sawankhalok (II)　M. Sukhothai (II) M. Kamphaeng Phet (II)　M. Nakhon Ratchasima (II) M. Phichai (III)　M. Nakhon Sawan (III) M. Phichit (III)　M. Phetchabun (II) M. Manorom (IV)　M. Chainat (IV)　M. Uthaithani (IV) M. Inthaburi (IV)　M. Phromburi (IV)　M. Singburi (IV) M. Sankhaburi (IV)　M. Lopburi (IV) M. Saraburi (IV)　M. Wisetchaichan Krung Kao　M. Nakhon Nayok (IV) M. Prachim (=Prachinburi) (IV)　M. Chachoengsao (IV) M. Nakhon Chaisi (IV)　M. Ratburi (IV) M. Kanburi (IV)　M. Tha Rong (IV) M. Bua Chum (IV)　M. Chaibadan (IV) M. Kampran (IV)　M. Suphanburi (IV)
Krom Kralahom	M. Nakhon Si Thammarat (I) M. Tanawasi (=Thanao) (II) M. Phatthalung (=Phattalung ?) (III) M. Chaiya (III)　M. Chumphon (III) M. Songkhla　M. Phetchaburi (IV) M. Kui (IV)　M. Pran (=Pranburi) (IV) M. Khlong Wan　M. Bang Taphan M. Thalang　M. Takuathung M. Takuapa　M. Marit M. Samkhok　M. Thawai
Krom Tha	M. Chanthabun (III)　M. Rayong (IV) M. Trat　M. Banglamung (IV) M. Nonthaburi (IV)　M. Samutprakan (=Pak Nam) (IV) M. Sakhonburi (=Mae Klong) (IV) M. Samut Songkhram (=Tha Chin) (IV)

(M.=Muang)

表3

Aのみに現われる地名	Bのみに現われる地名	
M. Ang Thong	M. Wisetchaichan	Krung Kao
M. Saiyok	M. Songkhla	M. Khlong Wan
M. Sisawat	M. Bang Taphan	M. Thalang
M. Chon	M. Takuathung	M. Takuapa
	M. Marit	M. Samkhok
	M. Thawai	M. Trat

(M.＝Muang)

Songkhla は、次のテキストCでは、まだ朝貢国の中に数えられている。

Bang Taphan は、Bang Saphan とも綴る。Kui の南、タイ湾の沿岸に位置している。

Thalang は、インド洋沿岸の島、プーケット島の中部にある。

Takuathung と Takuapa は、いずれもマライ半島北部、インド洋沿岸の古邑。

Marit は Mergui のタイ語名。

Samkhok は、チャオプラヤー下流、Pathumthani のやや北に位置する。

Thawai は、現ビルマ領の Tavoy。

Trat は、東南部タイの東端、カンボジアに接する辺境の町である。

三　テキストC――「王室典範 Kot Monthianbaan」

1　訳文

幸いあれ。七二〇年、子年、五月、上半月、五日、土曜日。Ramathibodi Boroma Trailokanat Mahamongkut……王は……

2

国王に、金銀樹の献送を行うべき国、あわせて二〇ヵ国、すなわち、Muang Nakhon Luang, Muang

テキスト C ①

กฎมณเฑียรบาล Kot Monthianbaan / Palatine Law /

1

ศุภมัศดุศักราช ๗๒๐ วันเสาเดือนห้าขึ้นหกค่ำ ชวดนักสัตวศก สมเดจพระเจ้ารามาธิบดีบรมไตรโลกนารถมหามงกุฎเทพมนุษวิสุทธิสุริยวงษองคพุทธางกูรบรมบพิตรพระพุทธเจ้าอยู่หัว

. . .

2

ฝ่ายกระษัตรแต่ได้ถวายดอกไม้ทองเงินทังนั้น๒๐ เมือง คือเมืองนครหลวง เมืองศรีสัตนาคณหุต เมืองเชียงใหม่ เมืองตองอู เมืองเชียงไกร ② เมืองเชียง-กราน ③ เมืองเชียงแสน เมืองเชียงรุ้ง เมืองเชียงราย เมืองแสนหวี เมืองเขมราช เมืองแพร่ เมืองน่าน เมืองไต้ทอง เมืองโคตรบอง เมืองเรวแกว ④ ๑๖ เมืองนี้ ฝ่ายเหนือ เมืองฝ่ายใต้ เมืองอุยองตะหนะ เมืองมลากา ⑤ เมืองมลายู เมืองวรวารี ๔ เมืองเข้ากัน ๒๐ เมือง ถวายดอกไม้ทองเงิน

---

① *KTSD*, vol. 1, pp. 69-70.

② *Ratburi*, vol. 2, p. 54 & *Bradley*, vol. 2, p. 91: *เชียงไตรย*

③ *Ratburi*, *loc. cit.* & *Bradley*, *loc. cit.*: *เชียงตราน*

④ *Ratburi*, vol. 2, p. 54: *เรวแดว* *Bradley*, vol. 2, p. 91: *เรอแดว*

⑤ *Bradley*, vol. 2, p. 92: *มลกา*

พญามหานคร แต่ได้ถือน้ำพระพัท ๘ เมือง คือ เมืองพิศณุโลก[6] เมืองสัชนาไล[7] เมืองศุโขไท[8] เมืองกำแพงเพช[9] เมืองนครศรีธรรมราช เมืองนครราชสิมา[10] เมืองตนาวศรี เมืองทวาย

. . .

8

เมืองลูกหลวง คือเมืองพิศณุโลก[11] เมืองสวรรคโลก[12] เมืองกำแพงเพช[13] เมืองลพบุรี เมืองสังคบุรี

เมืองหลานหลวง คือเมืองอินทบุรี เมืองพรหมบุรี

---

[6] *Ratburi, loc. cit.* & *Bradley, loc. cit.*: พิศณุโลกย์

[7] *Ratburi, loc. cit.* & *Bradley, loc. cit.*: สัชนาไลย

[8] *Ratburi, loc. cit.* & *Bradley, loc. cit.*: ศุกโขไทย

[9] *Ratburi, loc. cit.* & *Bradley, loc. cit.*: กำแพงเพ็ชร

[10] *Ratburi, loc. cit.*: นครราชสีห์มา *Bradley, loc. cit.*: นครราชศรีมา

[11] *Ratburi*, vol. 2, p. 55 & *Bradley*, vol. 2, p. 93: พิศณุโลกย์

[12] *Ratburi, loc. cit.* & *Bradley, loc. cit.*: สวรรคโลกย

[13] *Ratburi, loc. cit.* & *Bradley, loc. cit.*: กำแพงเพ็ชร

Sisattanakhanahut, Muang Chiang Mai, Muang Tong U, Muang Chiang Krai, Muang Chiang Kran, Muang Chiang Saen, Muang Chiang Rung, Muang Chiang Rai, Muang Saenwi, Muang Kemarat, Muang Phrae, Muang Nan, Muang Tai Thong, Muang Khotrabong, Muang Rewkaew, 以上一六ヵ国は、北方諸国。南方の諸国は Muang Uyongtana, Muang Malaka, Muang Malayu, Muang Worawari。以上四国、あわせて二〇の諸国は、金銀樹の献送を行う。

大国(Phaya Maha Nakhon)にして、国王が「忠誠の誓の飲水」(の儀式)を守る八ヵ国は次のごとし、すなわち、Muang Phitsanulok, Muang Satchanalai, Muang Sukhothai, Muang Kamphaeng Phet, Muang Nakhon Si Thamarat, Muang Nakhon Ratchasima, Muang Tanawasi, Muang Thawai の諸国。

8

Muang Luk Luang は下記の諸国、すなわち Muang Phitsanulok, Muang Sawankhalok, Muang Kamphaeng-phet, Muang Lopburi, Muang Singburi。

Muang Lan Luang は下記の諸国、すなわち Muang Inburi, Muang Phromburi。

2　テキスト成立の時期

このテキストの前半の部分については、ワイアット David K. Wyatt による研究が公にされている。[(15)] ワイアットは、テキストに見える王を、トライローカナート王に比定し、そこからテキストの成立を一四四八―八八年の間とする。ついで十二支と、小暦の末尾の数を正しいと仮定し、「子年・第一〇年」の組合せの中から、上記の期間に入る小暦八三〇年(一四六八年)を見出し、この年をもってテキストの成立の年と考え、テキストに見える年次七二〇年を八三〇年の誤写として退けた。

3　テキストに現われた地名

本テキスト第二節に現われた地名は、

a　「金銀樹」の献送を義務づけられた朝貢国

b　「忠誠の誓の飲水」を義務づけられた大国

の二つのカテゴリーに分類される。前者は、北方一六ヵ国、南方四ヵ国、計二〇ヵ国。後者の八ヵ国は、Phetchabun と Thawai の違いを除けば、テキストAの第一級国、第二級国とまったく一致する。

南北二〇ヵ国の朝貢国のうち、北方の一六ヵ国は、ボロマラーチャー一世(一三七〇—八八)の治世に始まり、一五世紀の末まで続けられたアユタヤ軍の遠征の結果、朝貢関係に入った国々である。(16)

このうち Chiang Mai, Chiang Saen, Chiang Rai, Phrae および Nan の五ヵ国は現在の地名と同一であり、容易に比定されよう。Saenwi は現ビルマ領、シャン州の Hsenwi であろう。

Chiang Rung は、雲南省西双版那の瀾滄江右岸の古邑、チェンフン(=景洪)と考えられる。

Nakhon Luang は Angkor Thom のタイ語訳である。(17)

Sisattanakhanahut は、一五六〇年まで Lan Chang 王国の首府であった Luang Prabang の異称。(18)

Tong U は、ビルマの Toungoo か、あるいは Chiang Saen の上流約二五マイルにあった古邑 Tang Au のいずれかであろう。(19)

Chiang Krai-Chiang Kran はルアン・プラスート Luang Prasoet 本アユタヤ年代記略本、小暦九〇〇年の条に現われる一対の国名。これを一国を指すと考えたウッド W. A. R. Wood は、ビルマ領 Moulmein 地方の Gyaing に比定している。[20]

Khemarat は、ビルマ領 Keng Tung のパーリ語名。

Tai Thong の位置は不詳。

Khotrabong は、東北タイ、メコン河右岸の Nakhonphanom か？[21]

Kew Kaew については、ワイアットが、東北タイの Ubon 地方ではなかろうか、という仮説を提出しているが、その根拠は示していない。

南方の朝貢国 Ujong Tanah(Uyontana), Malaka, Malayu, Worawari の四ヵ国については、ジェリーニ G. E. Gerini がかつて次のような比定を行っている。[22]

1　Ujong Tanah : Johor

2　Malaka : Malacca

3　Malayu : Malayu 川沿岸地方、西方 Johor に接する地域。

4　Worawari : 比定困難。おそらくは Malacca 南方の Mora-muar すなわち Muar ではあるまいか。

以上のうち、Malacca については、ルアン・プラスート本、小暦八一七年(一四五五/五六年)の条に、「軍勢を率いて、マラーカーを攻略す」とあるところから、本テキストの成立を一四六八年とすれば、ジェリーニの比定は説得的となる。しかし、残りの三ヵ国については、今日なお確実な比定がなされるに至っていない。

以上に述べた朝貢国二〇ヵ国について、テキストは、国王がアユタヤ王朝に対し忠誠の誓いの飲水を行うこと

表4　「聖水飲取」を義務づけられた Phraya Maha Nakhon
（かっこ内はテキストAによる級別）

Phitsanulok (I)	Satchanalai (II)
Sukhothai (II)	Kamphaeng Phet (II)
Nakhon Si Thammarat (I)	Nakhon Ratchasima (II)
Tanawasi (II)	Thawai (—)

表5　テキスト第8節に現われた地名

Muang Luk Luang		Muang Lan Luang
Phitsanulok (I)	Sawankhalok (II)	Inthaburi (IV)
Kampheng Phet (II)	Lopburi (IV)	Phromburi (IV)
Singburi (IV)		

を義務づけた八つの国名と、王子国(Muang Luk Luang)、王孫国(Muang Lan Luang)を掲げている(表4・表5)。

われわれは、『三印法典』所収の三種のタイ語テキストから、かつてアユタヤ王国の勢力範囲に含まれたとされる諸国の地名を抽出し、その比定を試みた。ここから、

(1) アユタヤという王国の核心域が、中部タイのチャオプラヤー河、メークロン河、パンパコン河のそれぞれの河岸諸国、ならびにBight of Bangkokと呼ばれるタイ湾北岸の凸入部沿岸に点在する諸港市にあること、そしてこれらの諸国はアユタヤから派遣された代官によって直接に統治されていたこと、

(2) 畿内の周囲は地方国が取り巻き、それぞれの地方国に対する一種の鎮守府として、ピサヌローク(対北方諸国)、ナコンシータマラート(対南方諸国)、ナコンラーチャシーマー(対東北タイ)が置かれていた、

という図式が浮かびあがる。

(3) 地方諸国のさらに向こうには、三年に一度の金銀樹の献送という象徴的行為によって宗主権の確認が行われていたprathetsaratと呼ばれる朝貢国が存在していた。

すでに指摘したように、ここに利用したテキストは、その成立年代がそれぞれ一四六六年(テキストA)、一七四三年(テキストB)、一四六八年(テキストC)と異なっており、しかも一八〇五年には、すべてについて、テキスト

に改変が加えられた可能性があることは、その利用にあたって十分留意しておく必要があることを重ねて付言しておきたい。

（1）『三印法典』については、本書第III部第四・五章参照。
（2）H. G. Quaritch Wales, *Ancient Siamese Goverment and Administration*, New York, 1965, p. 105 ff. この定説についての Nidhi の批判については、第II部第一章など参照。
（3）飲水の儀式については、森幹男「タイ国社会における国王概念の変遷――特にトゥー・ナム忠誠式を中心として」『民族学研究』第三一巻第四号、一九六七年、二六二―二七六頁参照。
（4）Wales(1965)p. 108 ff.
（5）Wales(1965)p. 109. 後述するように、このテキストの成立時期の一四六六年が正しいとすれば、問題となろう。
（6）krung による hua muang の直接統治が可能となったのは、一八九二年、ダムロン親王が初代内務大臣に就任して、州(Monthon Thesaphiban)の編成が行われるようになってからのことである。それ以前の hua muang と krung の関係を示すものとして、ダムロン親王自身のつぎの述懐は興味深い。
「私が北部地方を視察したとき出会ったそれぞれの国の chao muang(国主＝地方長官)は、いずれ劣らぬ家柄の正しい者ばかりであったが、大半がその国の出身者に限られている。(中略)バンコクに住む役人には、地方勤務を望む者がなかった。それと言うのも前述したような〔中央政府が地方の行政費を一切負担しない〕「食邑(kin muang)」制度の下にあっては、(赴任者は)なによりもまず自分の生活の確立に心労しなければならなかったからである。他所から赴任した役人は、自ら必要な資金を調達して持参するか、あるいは赴任先の有力者の婿にでもならぬ限り生きて行くことさえおぼつかなかった。まして chao muang を補佐する kromakan 以下の属吏に至ってはなおさらのことであって、先々の khahabodi(名望家)の中から選任する以外に手はなかったのである。」(Prince Damrong, *Theesaaphibaan*, Bangkok, 1966, p. 20.)
（7）外国の史料としては、たとえば de la Loubère の *Du Royaume de Siam*, Paris, 1691 や、ビルマに連行されたタイ

人捕虜の聞き書きである *Khamhaikan Chaw Krung Kaw*……, Bangkok, 1964 などがある。

(8) 『三印法典』の「三印」がこれら三人の高官が国王から賜わった官印に外ならぬことを思えば，いかに重要な地位であったかが知られよう。

(9) Wales(1965), p. 109.

(10) 個々の国についての吟味と同時に，Kromatha が第四級国の統治に関与するようになった時期——おそらくは対中国朝貢貿易の発展と無関係ではなかろう——の確定も未解決の問題である(Wales, 1965, pp. 90-91)。

(11) James McCarthy, *Surveying and Exploring in Siam*, London, 1900, p. 118.

(12) J. Anderson, *English intercourse with Siam in the Seventeenth Century*, London, 1890, p. 5.

(13) タイ語では s が音節末に立つときは t と発音する。

(14) *Akkharanukrom Phumisat Thai chabap ratchabanditsathan* vol. 2., Bangkok, 1964, p. 172.

(15) David K. Wyatt, "The Thai 'Kaṭa Maṇḍirapāla' and Malacca" in *Journal of Siam Society*, Vol. LV, pt. 2(July, 1967). 以下の地名の比定は同論文による。

(16) *Ibid*., p. 284

(17) Krom Phraya Naritranuwatiwong, Banthuk ruang khwamru tang tang. vol. 3. Bangkok, 1963, p. 57. ルアン・プラスート本アユタヤ年代記略本にこの語が見える。(Bangkok, 1967, p. 94 r.)

(18) Phraya Pramuwanwichaphon, *Phongsawadan Lanchang*, Bangkok, 1939, p. 53.

(19) ワイアット論文に引用された Sternstein, L. "An 'Historical Atlas of Thailand,'" *Journal of the Siam Society*, LII, pt. 1, 1964, map 3(map 2 は誤植)には Tang Au がかっこの中に示されている。ただしこの地名は，Sternstein の拠ったタイ語原本 Krom Phaenthi, *Phaenthi Prasawisat Sayam*, に収録されている「Naresuen 王期アユタヤ王国の版図」には記載がない。

(20) W. A. R. Wood, *A history of Siam*, Bangkok, 1933, p. 102.

(21) Krom Phraya Naritranuwatiwong, *op. cit*., p. 11. タイ人の学者でこの説をとるものは多い。

(22)　G. E. Gerini, "Historical Retrospect of Junkceylon Island, Part I," *Selected Articles from Journal of the Siam Society*, Vol. IV, Lopburi, Bangkok, Bhuket, p. 13.

第七章　ポンサーワダーン(王朝年代記)についての一考察

はじめに

タイ人歴史家チャーンウィットCharnvit Kasetsiriは、タイの伝統的史書に、「タムナーンtamnan」と「ポンサーワダーンphongsawadan」というふたつの異なった伝統があることを指摘した。(1)前者は「仏教史the history of Buddhism」であり、後者は「王朝史dynastic history」である。「タムナーン」系列に属する歴史書(tamnan history)は、たとえば一六世紀に書かれたパーリ語の史書『ジナカーラマーリー *Jinakāmālī*』にその例が見られるように、ブッダによって創始された仏教が、『大史 *Mahāvaṃsa*』や『島史 *Dīpavaṃsa*』など、スリランカの史書に記された経緯を経てビルマに渡り、さらにタイに伝えられ、そこにおいてブッダの教えた、歴代国王の保護のもとに繁栄する歴史が語られる。「タムナーン」の主たるモチーフは仏教であり、たとえ国王の治績や戦争が語られるとしても、それは仏教史の背景として言及されるにすぎない。

これに対し「ポンサーワダーン」系列の歴史書(phongsawadan history)は、王朝(ratchawong = dynasty)の歴史であって、一般に、王都の建設に始まり、これに続いて歴代の王の治績が編年体で語られる形式をとる。(2)もちろん「ポンサーワダーン」においても、寺院の建立、修復、カチナの寄進等々、仏教関係の記事に多くの紙幅が割かれるのも事実ではあるが、執筆の目的は、仏教自体の讃仰を目指すのではなく、たとえば国王の崇拝行為の記述を通して、王権の正統性を主張するなど、力点はあくまでも王権の側におかれている。なお上述した伝統的歴史記述のふたつの在り方に対し、近代歴史学の方法に基づいて記述される歴史は、「プラワティサート prawatisat」と呼ばれている。

本章は、タイの伝統的史書の一類型をなす「ポンサーワダーン」の基本的性格を解明し、これを歴史記述のための史料として利用するにあたって留意すべき若干の問題点を指摘することを目的とする。

一　『アユタヤ王朝年代記』

パルゴア Mgr. Jean-Baptiste Pallegoix（一八〇五—六二）が一八五〇年にバンコクで出版した *Grammatica Linguae Thai*（タイ語文法）によると、当時、バンコクで流布していたタイ語年代記は『ポンサーワダーン Phongsawadan』と呼ばれ、二部よりなっていた。前者は *Phongsawadan Muang Nua*（「北方諸国年代記 Annales regnorum aquilonis」）と題されるもので、ゴータマ・ブッダの時代に始まり、アユタヤの建国に及ぶ「きわめて神話的な物語(historia satis fabulosa)」である。これに対し後者は、アユタヤ建設から現在（一八三四年）までの歴史を、忠実に叙述(satis fidelis narratio)している。パルゴアはここで『ポンサーワダーン』第二部の表題を示していないが、同書第二八章に収録された「タイ語典籍目録 Catalogus Praecipuorum Librorum Linguae Thai」の中に、『北方諸国年代記』(3) とならんで *Sayāmrātcha-phongsāwadān* という表題の Annales Regni Siam（シャム王国王朝年代記）を掲げているので、おそらくはこれが同書の表題であったと思われる（以下これを「パルゴア本」と呼ぶ）。表題を直訳すれば、「シャム sayam[a]王朝年代記 rātchaphongsāwadān」となろう。

さて、この「パルゴア本」は、小暦七一二年に、ウートン侯が即位し、プラ・ラーマーティボディを号したという記述をもって叙述を始める。ここに示された年次を、パルゴアは、「宗教暦 aera religiosa」に対して「行政暦 aera politica」によるものとする、これはいわゆる「小暦 chunlasakarat」で、かれはこの七一二年を西暦一三五〇年に比定する。(4)

パルゴアの『タイ語文法』が出版される一四年前、ひとつのタイ語王朝年代記の英訳が試みられている。この英訳タイ語年代記は、一八三六年から一八三八年にかけ、広東で発行されていた『チャイニーズ・レポジトリー *Chinese Repository*』誌上に連載されたものである。訳者は匿名で a correspondent とのみあり、断定はできないが、同誌の常連寄稿者から推定すると、当時、バンコクで伝道を続けていたアメリカ人宣教師、テイラー・ジョーンズ Rev. John Taylor Jones ではないかと推定される。この英訳年代記を、以下「チャイニーズ・レポジトリー本」(「CR本」と略す)と呼ぶ。「CR本」の記述は「パルゴア本」とくらべはるかに詳細にわたる。しかし、七一二年のアユタヤ建設に起筆している点は後者と同様である。(5)「CR本」の訳者は、その序文の中で、外国人に対し強い猜疑心を抱くタイ人は、自国の歴史を隠そうとするので、年代記写本の入手はきわめて困難であった、と述懐している。訳者の解説によると、依拠したテキストは黒色の横折本で約二五冊で、翻訳に利用できたのは、そのうち最初の一〇冊であったという。近代的印刷術がタイに紹介されたのは一八三五年のことであり、それ以前の書物はすべて手写によっていたため、年代記の普及範囲は支配階級のごく一部に限られていた。当時のタイ人は、そうした限定された読者層を対象とする著作物が、性格もその意図も明らかでない外国人の手に渡ることによって、無用の誤解をまねくことをおそれたのであろう。

「CR本」の翻訳後約三〇年を経た一八六四年、アメリカ人宣教師ブラドレー Rev. Dan Beach Bradley M.D. はタイ語年代記の入手に成功した。かれはこの年代記を、トンブリーにあったかれの印刷所で印刷した。これはタイにおけるタイ語本年代記出版の最初である。一八六四年という年は、開明的な四世王モンクットによって、タイが欧米諸国と通商条約を締結し、その結果、外国人の活動制限が大幅に緩和されてすでに九年を経過しており、宣教師を悩ました「外国人に対する強い猜疑心」も弱まっていたのであろう。事実、ブラドレーによる「年代記」の刊行は、四世王の要請によるとさえいわれている。このとき出版された年代記のタイ語テキストは、「二冊本」(Chabap Phim Song Lem)、ないし「モー・ブラドレー本」(Chabap Mo Bratle)と呼ばれている。

「二冊本」の主部は、記事の詳細ないわゆる「詳述本」(chabap khwam phitsadan)であるが、冒頭に、要点を摘記した「略述本」(chabap khwam sankhep)がおさめられているのが特徴的である。序文によると、この年代記は、一八五〇年、プラ・チェートポン寺院の住職クロマムン・ヌチットチノーロット Kromamun Nuchitchinorot が、三世王の命を受けて著述した作品であるという。この序文はもと「略述本」のみの序文であったが、後に誤まって「二冊本」全体の著者がヌチットチノーロット親王と考えられるようになった。「詳述本」の著者は、同親王の師であるソムデット・プラパンナラットであるとするトリー・アマータヤクーン Tri Amatayakul の仮説があるが、いまだ定説となるにいたっていない(6)。

「二冊本」におさめられたこの「詳述本」もまた、「パルゴア本」や「CR本」と同様に、小暦七一二年のプラ・ラーマーティボディの登位、アユタヤの奠都から筆を起こしている。「二冊本」の底本とされたテキストは、ラーマ一世王の命により一七九五年に撰述された「小暦一一五七年本」と呼ばれる年代記の系統に属している。この系統のタイ語年代記には「二冊本」のほか、「パンチャンタヌマート本」、「大英博物館本」、「パラマヌチット本」、「プラ・ポンナラット本」、「御親筆本」など諸本があるが(7)、いずれも叙述が小暦七一二年のアユタヤ建設に始まるという点で一致する。

「小暦一一五七年本」と系統を異にする「タイ語年代記」のひとつに、一六八〇年に制作された「ルアン・プラスート本」(以下「LP本」とよぶ)がある。「LP本」は「略述本」であるが、七一二年のアユタヤの条の前に、六八六年の条を立て、大仏建立に触れている点が「一一五七年本」系統の諸本と異なる。しかしそれ以外の基本的な枠組みにかわりはない。以上の考察から明らかなように、現存するタイ語年代記は、いずれもウートン侯が都をアユタヤに開き、即位してラーマーティボディと号した小暦七一二年をもって、確実なタイ史の開始される時期としている。なお、小暦七一二年という年次は、パルゴア以来長らく一三五〇年とされていたが、年代記に見えるアユタヤ奠都の日付である「寅年第五月白分六日金曜日」は、その後の厳密な計算によって西暦一三五一年三月四日であることが判明している。(8)

二 「ポンサーワダーン」とは何か

「ポンサーワダーン」の編者は、なぜアユタヤ建都以前の歴史に興味を示さなかったのか。その理由については、歴史家・革命家チット・プーミサックの遺著に示された見解が示唆に富む。チットは次のように述べる。

「王朝年代記」が「アユタヤ」以前の歴史に言及しない理由は、そもそも「王朝年代記」なるものが「アユタヤを統治した王統(ratchawong < rāja + vaṃsa)の歴史の記録」にほかならないからである。執筆の目的は、ひとつの独立国家内部におけるタイ社会の発展を歴史的にあとづけることではなかった。これは当の"phongsawadan"という語自体の中に示されている。"phongsawadan"とは、"vaṃsa"(phongsa)+"avatāra"とい

う、ふたつのサンスクリット語の合成語である。"avatāra"とは人間界の災苦を救うため地上に降臨した、ヴィシュヌ神を意味する。それがアヨーダヤの王ラーマの姿をとって人間界に現われれば、「ラーマーヴァターラ」(Rāmāvatāra)と呼ばれる。［タイの］アユタヤにおいてもまた、この世の災苦を除くため降臨したヴィシュヌ神の権化の血脈をひく王が、王都(ratchathani = rājadhāni)に君臨する、と考えられた……それゆえアユタヤ王は、すべて「ラーマーティボディ」(Ramathibodi＜rāma＋adhipati)すなわち「王なるラーマ」という称号が含まれているのである……つまり「王朝年代記」とは「アユタヤに降臨した神の化身の王統の歴史」にほかならないのである。(9)

チットの見解に従えば、「ポンサーワダーン」すなわち「王朝年代記」とは、ひとつの王都 ratchathani を支配の座として持つ王統 ratchawong の歴史である。もしそうであるならば、自己の王統の支配と無関係な時代ないし領域について「王朝年代記」が沈黙するのは、むしろ当然のことといわなければなるまい。この点に関し、「アユタヤ年代記」が、[Phraratcha]phongsawadan Krung Si Ayuthaya と、王都(Krung…)の名称とともに呼ばれている事実は、はなはだ示唆的である。なぜなら、そこにこそ「年代記」の関心の所在が、明らかに示されているからである。

三　『ラタナコーシン王朝年代記』

アユタヤは、一七六七年ビルマ遠征軍の攻撃を受けて、壊滅的な打撃を蒙り、その結果、一三五一年以来四一六年続いた王国は滅亡した。その後、タークシン王の支配した一五年間の「トンブリ王朝」を経て、一七八二年、現ラタナコーシン王朝が、バンコクを王都として創建された。

「ラタナコーシン王朝」の年代記としては、まず「小暦一一五七年本」系の「御親筆本」の末尾に、小暦一一五二年(一七九〇年)までの記述があることを指摘しておかなければならない。「御親筆本」は、一八五五年に、四世王の王弟ウォンサーティラートサニット親王が、「小暦一一五七年本」など、既存の年代記諸本をもとに作成した校訂本に、王自らが朱を加えて作ったといわれる年代記で、「王朝年代記」の校訂本としては最新層に属する。四世王の治世までについてみると、「御親筆本」以後の時代に言及した「王朝年代記」が書かれた兆候はみあたらない。ちなみに、前述した「パルゴア本」には、一八三四年までの記事が含まれている。年代記にない、小暦一一五二年以降の記事を書くについて、パルゴアが何を底本としたかは不明である。今後の研究課題としておきたい。

さて、チュラロンコンが、五世王として即位した翌年に当たる一八六九年、新王は、時の外国総監ティパコーラウォン Chaophraya Thiphakorawong Mahakosathibodi に対し、「国家の栄誉、臣民の財宝たらしめるため、一世王より四世王までの年代記を順次編纂」せよとの勅命を下した。ティパコーラウォンはこの勅命にしたがい、バムラープ親王の協力を得て、占星師の暦日記 pum、各役所の記録などの資料に基づき、王朝創設より四世王の治世にいたる『ラタナコーシン王朝年代記』を完成させた。ティパコーラウォンは、その翌年の一八七〇年に死去している。完成された「ラタナコーシン王朝年代記」は、タイ式横折本全一〇〇巻に及ぶ大冊であった。しかし、現王朝の先王たちの治世の記録を、印刷出版して、不特定多数の読者に提供することに不安を感じたためか、「ティパコーラウォン年代記」は、ながらく王宮内の「御文庫」に収蔵されたまま、一般の目に触れることはなかった。のちに、五世王がその出版を思い立ったのは、『ラタナコーシン王朝年代記』が完成して三〇余年を経たのちのことである。

ティパコーラウォンの遺著は、五世王のもっとも信頼する部下であり、同時に自身も歴史学者であった、異母弟ダムロン親王の校閲を経たうえで、一九〇一年、ティパコーラウォン著『ラタナコーシン王朝一世王年代記 *Phraratchaphongsawadan Krung Ratanakosin Ratchakan Thi Nung khong Chaophraya Thiphakorawong*』として上梓された。

五世王は『一世王年代記』に続き、『四世王年代記』までの『ラタナコーシン王朝年代記』が順次印刷刊行されることを期待していたようである。しかし『二世王年代記』は、五世王の生存中にはついに刊行されなかった。その間の事情についてダムロン親王はつぎの様に述べている。

ひき続き『二世王年代記』の改訂にとりかかってみると、よるべきただひとつの底本である「ティパコーラウォン本」がはなはだ杜撰であることに気がついた。ひとつには、二世王時代関係史料が足りなかったという事情のほかに、そもそもこの著述が、短時日の間に行われたという事情が災いしたのである。そこで、わたしは、「ティパコーラウォン本」を改訂上梓するだけでは、世を益することすくないばかりか、陛下の御遺志にもそぐわないと考え……その後、もっぱら関係史料の渉猟に時を費やした。そのため、年代記改訂の作業は、一時中断の止むなきに至ったのである。

五世王崩御四年を経た一九一四年、異母弟ワチラヤーン親王の慫慂を受けたダムロンは、ようやく改訂作業の再開を決意し、二年後にこれを完成出版した。戦後一九六一年になってようやく出版された、ティパコーラウォン原著の『二世王年代記』と比較すると、ダムロンの『二世王年代記』は前者の改訂ではなく、まったくの新著であることがわかる。ダムロンによる「ティパコーラウォン本」の改訂作業は、結局のところ、『一世王年代記』にとどまった。『三世王年代記』、『四世王年代記』は、立憲革命後の一九三四年、ほぼ原文のまま相次いで上梓されている。

なお、ティパコーラウォンが執筆できなかった『五世王年代記』については、ダムロン親王が、一九三二年に起きた立憲革命後ペナンに亡命中に、五世王時代のごく初期の治績につき一二章にまとめたものが、一九五〇年に『五世王年代記 *Phraratchaphongsawadan Krung Ratanakosin Ratchakan Thi Ha*』と題して出版されている。(10)

四 「スコータイ王朝」の「発見」

ティパコーラウォンの『ラタナコーシン王朝年代記』の完成によって、タイは、一三五一年のアユタヤ建設から一八六八年のラーマ四世王崩御に至る、官撰年代記を持つことになった。しかしながら、アユタヤ以前の歴史については、その後もなお神話物語である『北方諸国年代記』の段階を低迷していた。タイ歴史学が次の段階へと発展するのは、今世紀に入っての刻文研究の画期的発展をまたなければならない。

タイにおける石刻文の史料的価値に注目して、その解読を試みた最初のタイ人は、四世王モンクットである。現存するタイ語碑文の中で最古の年次をもつ、いわゆる「ラームカムヘン王碑文」(第一碑文)は、一八三三年、当時まだ僧籍にあったモンクットが、リタイ王のクメール語碑文とともにスコータイで発見し、これをバンコクに将来したものである。モンクットは、自ら解読したこの碑文の内容を、一八五五年、通商条約締結のためバンコクを訪れた英国使節バウリング卿に説明したことが、バウリングの著書 *The Kingdom and People of Siam* (London, 1857)の中にみえている。同碑文の全訳は、一八六三年、バンコクを訪れたドイツ人旅行家、A・バスチアンによって初めて試みられ、一八六五年、*Journal of the Royal Asiatic Society of Bengal* 誌34巻1号に発表された。その後一八八四年と八五年の二度にわたり、フランス人シュミット神父が、この改訳を発表した(11)。一九一四年、『御親筆本王朝年代記 Phraratchaphongsawadan Chabap Phraratchahatthalekha』を校訂出版したダムロン親王は、アユタヤ建設以前のタイ史にも、また強い関心を抱いていた。親王は、同『年代記』の冒頭に付した長文の解説の中で、王都 ratchathani の位置の変遷を指標として、「スコータイを王都とする時代」、「アユタヤを王都とする時代」、「ラタナコーシン［＝バンコク］を王都とする時代」という、タイ史の三時代区分を提唱するとともに、「スコータイを王都とする時代」に関する史料として、二点の碑文を含む一一点の史料について詳細な解題を行っている。これは「前アユタヤ史」研究への展望を開いた業績といえよう(12)。

こうしたタイ国内における研究の動向に呼応して、海外においてもまた、タイの碑文に注目する学者が現われた。一九〇四年以来カンボジア碑文の研究に目覚ましい業績をあげつつあった、フランス極東学院インドシナ文献学教授セデス George Coedès がその人である。タイ史に関してもなみなみならぬ関心を寄せていたセデスは、クメール語およびインド古典語の知識を駆使して、かの「ラームカムヘン王碑文」とともに、モンクットによってスコータイから将来された、リタイ王のクメール語碑文に精密な検討を加えた。一九一七年、セデスは、"Documents sur la dynastie de Sukhodaya"(「スコータイ王朝に関する史料」)と題する論文を、*BEFEO* 誌上に発表した。その翌年、ダムロン親王の招きに応じてタイに赴いたセデスは、一九一八年から一九二九年までの一二年にわたるタイ国滞在中、バンコクの国立ワチラヤーン図書館 The Vajirañaṇa National Libraray の主席司書として、同図書館の近代化に尽力した。さらに一九二七年から二九年までの三年間は、シャム王立翰林院事務局長(Secretary General)としてタイ研究の発展に尽くした。

セデスは、在タイ中、ラームカムヘン王碑文、ナコーン・シーチュム碑文［＝リタイ王碑文］など、スコータイ碑文に関する研究をつぎつぎに発表するとともに、一九二〇年には、Royal Asiatic Society of Great Britain and Ireland, Société Asiatique, および American Oriental Society の合同学会の席上、「スコータイ王朝の起源 Les origines de la dynastie de Sukhodaya」と題する報告を行った。この報告は、翌一九二一年には英訳されて、『シャム協会記要 *Journal of the Siam Society*』に転載されている。この論文は、スコータイ王朝 the Sukhodaya dynasty が、「歴史的に確認できるシャム最初の王朝 the first historical Siamese dynasty」であることを、欧文をもって紹介した最初の論文として、世界の学界の注目をひいた。「スコータイ王朝」とは、ダムロン親王の時代区分のうち、「スコータイを王都とする時代 mua Krung Sukhothai pen ratchathani」に対応する概念である。セデスはその後もスコータイ碑文の研究を進め、一九二四年、一五点のスコータイ碑文の厳密に校訂されたテキストを、タイ語およびフランス語による全訳とともに収録した『スコータイ碑文集成 *Recueil des inscriptions du Siam, première partie : Inscriptions de Sukhodaya*』を出版して、その後のスコータイ研究の確実な基礎を築いた。

五　ダムロンによる「シャム＝タイ国史」構成の試み

ダムロン親王は、一九二四年六月二八日から五回にわたり、チュラロンコン大学において「タイ国史」の特別講義を行っている。この時の講義内容は、翌一九二五年一月、『シャム史講義 *Sadaeng Ban'yai Phongsawadan Sayam*』の標題で出版された。(13) ダムロンの『シャム史講義』は、碑文研究を中心とする当時の第一級の研究成果の上に、新たな「タイ国史」の枠組みを構築しようとした最初の試みであった。その序文のなかでダムロンは、講義の目的が「『年代記』の内容を祖述する」ことではなく、「[歴史の]真実はなにかについて、研究の成果に基づき、シャムの歴史(Phongsawadan Sayam)を記述する」ことであると述べ、それゆえ解釈の誤りもありうると、あらかじめ自らの立場の新しさを強調している。同書の「目次」によると、講義の構成は次の通りであった。

第一講
(1) タイ族支配以前のシャム国(Prathet Sayam)
(2) タイ族によるシャム国支配
(3) 興隆期のスコータイ(Krung Sukhothai)
(4) 衰亡期のスコータイ

第二講
(2) アユタヤ(Krung Si Ayutthaya)建設
(2) アユタヤの版図拡大
(3) アユタヤの統合

第三講
(1) 大戦争時代のアユタヤ(前)

第四講
(1) 大戦争時代のアユタヤ(中)

第五講
(1) 大戦争時代のアユタヤ(中)
(2) 大戦争時代のアユタヤ(後)

ここで、「大戦争 Mahayutthasongkhram」とは、一六世紀以来繰り返し戦われたビルマとの戦争を指すが、『講義』は、これらの戦争の結果、一五六九年に発生したアユタヤ第一次陥落という事態と、ナレースエン大王の活躍によるビルマ軍撃退、およびシャム国の独立回復の達成をもって巻をとじている。

この講義が行われた当時、今日のタイはシャム国(Sayam Prathet, Prathet Sayam)と呼ばれていたが、ダムロンはそのシャム国の歴史を、

(1) シャム国という政治地理的空間に展開した歴史をになった民族

(2) そこに成立した国家の「王都 ratchathani」の位置

という二つの視点を中心に、再構成しようとした。そして、現在のタイの中心的民族であるシャム族が、モンゴル族に圧迫され、故地である中国南部から南下し、当時クメール族の支配下にあったスコータイをクメール族の手から奪いとり、これを首都とするタイ族の国家を建設した時点をもって、「シャム史」の始まりとしたのである。ダムロンは、仏暦一八〇〇年(西暦一二五七年)ごろスコータイで即位したシー・インタラーティットを、「シャムを支配した最初のタイ人の王 pathomkasat thai sung dai pokkhrong Sayam Prathet」とする。

ダムロンがこのような説をたてた背景には、ラームカムヘン王碑文、ナコーンチュム碑文など重要なスコータイ碑文の正確な内容が、セデスの努力によってほぼ完全に確定されたという、根本史料研究の飛躍的発展という事情が存在する。セデスは、後に「第二碑文」と呼ばれるようになるこのクメール語碑文の解説から、ムアン・バーンヤーン、ムアン・ラートというふたつのタイ族の土侯国連合軍が、クメール人太守をスコータイから駆逐した後、ムアン・バーンヤーンの土侯がスコータイ王として即位し、シー・インタラーティットを号したという歴史的事実を提示することによって、かれのいうところのシャム最初の王朝スコータイ王朝創設の背景を明らかにした。

前述の通り、ダムロンは、すでに一九一四年の段階において、「シャム史」の展開を、スコータイからアユタヤへの首都の移動を軸にとらえようとしていた。ダムロンのこうした見解を補強するうえに、大きく貢献したと思われるのは、国立ワチラヤーン図書館の中国語専門家ルアン・チェーンチーンアクソーン Luang Chenchin'akson（のち Phra に昇進）による、暹羅関係漢籍史料の翻訳紹介である。かれは、すでに一九〇九年に、『皇朝文献通考』、『欽定続通志』、『明史』、『欽定続通典』、『広東通志』という五種の中国史料から暹羅関係の記事を抜粋し、これをタイ語に翻訳して五世王に献上した。これはのちに「タイ史料集成 Prachum Phongsawadan」に収録されることになり、一九一七年、その第五集として出版された。今日の水準でみれば、文献の選択と、翻訳の内容に多くの問題があるとはいえ、この訳業は「暹」（＝スコータイ）が「羅［斛］」（＝ロッブリ、すなわちのちのアユタヤ）を合わせて「暹羅」が成立したとする『明史・暹羅伝』の見解を、はじめてタイ語で紹介することによって、「スコータイからアユタヤへ」というシャム史の見方を、タイ人史家の間に定着させることに貢献したと考えられる。われわれはここで構成されたシャム史の枠組みの延長線上に、「スコータイ時代」、「アユタヤ時代」、「トンブリ時代」、「ラタナコーシン時代」という、その後今日まで行われている、シャム史時代区分の原型を見ることができる。

右にみたように、ダムロンは彼の講義を「ポンサーワダーン」と呼んだ。しかし、それが「タムナーン」とともに伝統的なタイの史書の類型をなす「ポンサーワダーン」を意味していないことは、かれ自身の言葉からも明らかである。ダムロンは、タイにおける近代歴史学の父と呼ばれる。しかし、そのダムロンにもまた、近代的な歴史記述としての「プラワティサート」を知らなかった時代があった。以下に引用するダムロンの書簡の一節は、この間の事情を示している。この書簡は、ペナン亡命中、異母弟であり学問の友でもあった、ナリット親王 Prince Naris との間に交した、往復書簡集『サーン・ソムデット *San Somdet*』に収録されているもので、一九三四年一

二月二日の日付をもつ。(14)

「わが国で「ポンサーワダーン」と呼ばれている書物は、『アユタヤ王朝年代記』であれ、ティパコーラウォンの『ラタナコーシン王朝年代記』であれ、「記録」(chotmaihet)、つまり英語でいうところの"chronicle"で、重視されるのは日付であります。そこでは、なにが、いつ起こったかが、日付の順に記述されるのです。こうした歴史記述方法は「プラワティサート」、すなわちhistoryの理論には合致しません。歴史理論もまた時間を重視するのは当然ではありますが、時間的前後関係を論ずるにあたって、次の三点を考察するところがちがいます。第一に、その事件はどのようにして発生したのか？　第二に、その事件はなぜ発生したのか？　そして第三に、それはいかなる結果をもたらしたか？　「プラワティサート」はこれらの点に検討を加えることを原則とします。なぜなら「プラワティサート」(history)とは「例証の学」(science of example)だからなのです。わたしが『ラタナコーシン王朝一世王年代記』を編纂したとき、私はまだこの歴史理論に触れていなかったので昔流にしたがいましたが、後に『二世王年代記』を編纂したときは、すでに歴史理論を学んでいましたので、叙述方法をあらため、今説明した方法で歴史を叙述したところ、たいへん好評を得ることができました。」

ダムロンは『一世王年代記』が刊行された一九〇一年から、『二世王年代記』を書いた一九一六年までの間に、おそらくは英語を通じて、新しい歴史記述方法を学んだものと考えられる。歴史的事件を単に羅列する伝統的な「ポンサーワダーン」を批判し、歴史的事象の背後にある因果関係の解明を志向したダムロンの歴史記述の態度は、確かに近代的意味における歴史、すなわち「プラワティサート」に限りなく接近しているということができる。ダムロンは、たしかにタイにおける歴史学の父と呼ばれるのにふさわしい学者であった。しかし、そのダムロンの歴史学も、近代歴史学の重要な一分野である「史料批判」については、必ずしも厳密ではなかった。たしかにダムロンは、当時スコータイ時代の作と信じられていた『ノッパマート伝 *Nangsu Nang Nopphamat*』の後世の竄入個所を指摘して、その史料価値に疑義を提起するなど、史料批判についても一応の理解を示しはしてはいるが、次節にとりあげるニティの所説にみられるような、厳密な史料批判の段階にまでは到達していない。さらにまた、ダムロンがスコータイからアユタヤへという歴史発展の図式を提示したことが、結果的には、一三五一年以前のアユタヤ史の自由な研究をながく阻害する結果をもたらしたという点は確認しておかなければならない。

おわりに――「ポンサーワダーン」はいかに読むべきか

タイ語に「チャムラ chamra」という動詞がある。*Photchananukrom Chabop Ratchabandit Sathan Pho. So. 2525*（王立アカデミー版『国語辞典』）によると、この語には⑴「洗って清潔にする」（例：chamra rangkai, 身体を洗う）、⑵「訂正してよい状態にする」（例：chamra phratraipidok,『三蔵経』を校訂する）、⑶「審査して決定する」（例：chamra khwam, 事件を審理する）、⑷「支払う」（例：chamra ni, 負債を清算する）という意味があるという。このうち第二義については、to revise, reviser, bearbeiten などという訳語があてられている。

「『三蔵経』を校訂する」とは、いくつものテキストを比較することによって、もっとも原テキストに近い、最良の『三蔵経』テキストを再構成する作業である。これは、対象とするテキストには、改変、挿入、省略など後人の手が加えられ、もとの姿が歪められている可能性があるという認識のもとに、それを「よい状態」にもどそうとする知的営みである。校訂後のテキストは、校訂前のテキストより「よくなる」と了解されている。

『三蔵経』の校訂の場合には、Urtext の再構であり、かりに Urtext が発見されたとすると、その Urtext と合致する校訂本が、最良の校訂本ということになる。ところで、テキストの校訂は『三蔵経』に限られてはいない。著名な例では、一八〇五年に行われた『三印法典』の「チャムラ」の事例が知られている。このときの状況は『三蔵経』の例とは少しく異なる。一世王が『三印法典』の「チャムラ」を命じたのは、不条理な裁判が行われたことを知った一世王が、裁判官の依拠した法典の内容を検討せしめたところ、王が不条理と感じたとおりの内容が法典に記載されており、かかる法典は、後人の手で歪められたに違いないという判断のもとに、現存する全テキストの「チャムラ」を命じたものである。

この場合テキストの「良否」の判断基準は「正義 yuttiham」におかれていた。『三印法典』の序文には「(王は、法典の)誤った条項を、正義に適うようにあらため給うた」とある。「あらため給うた」と訳したタイ語の原文は"song chamra datplaeng sung bot an wipalat nan"である。下線部分のうち、"datplaeng"は、同じ『国語辞典』によると、「ふさわしい形へとあらためる」という意味の動詞である。ここでふたつの問題が生じる。第一は「正義」の内容である。おそらくこれの解答は「プラタマサート Phrathammasat」がそれであるということになろう[15]が、タイ語「プラタマサート」の抽象的な内容を知る者にとって、この答えでは必ずしも明快な解答を与えられたことにはならない。しかし、仮に百歩譲って「プラタマサート」の示す「正義」の内容が明瞭であったとしても、テキストの内容がその正義に「適う」か「ふさわしい」かの判断を下すのは、あくまでも国王である。「正義」は「チャムラ」する国王の側にある。

われわれはさきにダムロン親王が、『御親筆本王朝年代記』やティパコーラウォンの『ラタナコーシン王朝一世王年代記』を校訂して、これを出版したことに触れた。この場合の「校訂」もまた「チャムラ」である。「王朝年代記」もまた、「チャムラ」の対象となってきた。歴史学者ニティ Nidhi Eoseewong は、上述した「チャムラ」

のもつ、特殊タイ的な意味に着目し、これを手がかりに『アユタヤ王朝年代記』の内的批判を試みた。[16] ニティは、「王朝年代記 phraratchaphongsawadan」を、国王の regalia のひとつと考える。かれは、現在、完本の形で伝承されている『アユタヤ王朝年代記』詳述本が、ことごとくラタナコーシン王朝期に入ってから「チャムラ」されたものであるという事実に注目する。「チャムラ」という行為の性質上、現存の『アユタヤ王朝年代期』詳述本には、「チャムラ」の主体であるラタナコーシン王朝の諸王の価値判断が、これに投影するのは当然であろう。なぜなら、ラタナコーシン王朝の王たちは、アユタヤ王朝の諸王の経験を、自己の基準に照らして評価するはずだからである。このように考えたニティは、『アユタヤ王朝年代期』詳述本完本の諸写本を、アユタヤ時代に製作されたと推定される「年代期」の断簡、およびその他の同時代史料と比較して、ラタナコーシン王朝期に加えられたと推定される改変——誇張、強調、意識的・無意識的省略、挿入、増広——を抽出し、そのなかに、「チャムラ」の主体であるラタナコーシン諸王の意図を見出そうとした。この作業の結果、ニティは、ラタナコーシン王朝一世王の行った『アユタヤ王朝年代記』の「校訂＝チャムラ」が、アユタヤ王朝最後の王家「バーン・プルールアン王家」を貶めることにあったこと、そしてラタナコーシン王朝は、仏教的価値を統治原理の中心にすえ、仏教的理想王であることに支配の正当性原理をもとめた、としたのである。「年代記」製作者の「存在被拘束性」を、史料の内的批判にとり入れたニティの業績は、「ポンサーワダーン」の利用のあり方に大きな示唆を与えている。

以上の考察から、「ポンサーワダーン」の利用にあたっての問題点を整理すれば、つぎの二点に要約できよう。

(1)「ポンサーワダーン」は、ある王都 ratchathani に君臨する王統 ratchawong の年代記である。したがって、王都が移動すれば、「ポンサーワダーン」はあらたに製作される。しかし、ここで「王統」と訳した ratchawong (＝rajavamsa) が、「王家」より広義な概念であるという点である。アユタヤを王都とした「王家」は、「ウートン王家」(一三五一—七〇)→「スパンナプーム王家」(一三七〇—八八)→「ウートン王家」(一三八八—九五)→「スパンナプーム王家」(一三九五—一五六九)→「スコータイ(=タンマラーチャー)王家」(一五六九—一六二九)→「プラーサートーン王家」(一六三〇—八八)→「バーン・プルールアン王家」(一六八八—一七六七)と、数次にわたり交替しているが、『アユタヤ王朝年代記』はこれらすべての王家の歴史を含んでいるからである。ただし、各王家が、独自に『年代記』を製作し、または「チャムラ」した可能性は否定できないであろう。「ポンサーワダーン」の利用にあたっては、この点に留意することが肝要である。

(2)「ポンサーワダーン」は、「王朝年代記」として、国王の勅命によって製作された。そこに収録された記事は、当然のことながら、製作を命じた国王の価値観を反映するであろう。ニティは、この点に注目して、「ポンサーワダーン」をラタナコーシン朝における知識社会学の材料として利用したのである。

(1) Charnvit Kasetsiri, *The Rise of Ayudhya, a History of Siam in the Fourteenth and Fifteenth Centuries,* Kula Lumpur, 1976.
(2) Charnvit, 1976 : 11
(3) ここでは *Annales regnorum septentrionis* という訳語が与えられている。
(4) Jean-Baptiste Pallegoix, *Grammatica linguae Thai,* Bangkok, 1850, p. 160.
(5) *Chinese Repository,* 1836, Canton, p. 56.
(6) Tri Amatayakul, "Phu taeng Nangsu Phraratchaphongsawadan Chabapphim 2 lem, *Silpakon* 6 (1), 1962, pp. 25-34.
(7)『アユタヤ王朝年代記』の諸本については、第III部第二章参照。ほかに、Busakorn Lailert, "Phraratchaphongsawadan Krung Si Ayutthaya," *Silpakon* 12(2), 1968, pp. 89-93 などがある。なお Charnvit, 1976 もあわせて参照のこ

と。

（8） J. C. Eade, *The Thai historical record, a computer analysis,* Tokyo, 1996, p. 166.

（9） Chit Phumisak, *Sangkhom Thai lum maenam chaophraya kon samai si ayutthaya,* Bangkok, 1983, pp. 71-74.

（10）「ラタナコーシン王朝年代記」の諸本については，石井米雄「タイ語文献について(3)――Phraratcha Phongsawadan Krung Ratanakosin」『東南アジア研究』二-二，一九六四年，六七―八〇頁参照。

（11） M. Schmitt, *Deux anciennes inscriptions siamoises transcrites et traduites par M. Schmitt,* Saigon, 1885 ; "Transcriptions et traduction par M. Schmitt des inscriptions en pali, khmer et thai recueilles au Siamn et au Laos par August Pavie, *Mission Pavie, Études 2,* Paris, 1898, pp. 167-492.

（12） Damrong Rajanubhap, "Tamnan nangsu phraratchaphongsawadan," *Phraratchaphongsawadan chabap phraratchahatthalekha,* vol. 1, Bangkok, 1914.

（13） Damrong Rajanubhap, *Sadaeng Ban'yai phongsawadan sayam,* Bangkok, 1924.

（14） *San Somdet,* Bangkok, 1962, pp. 296, 288.

（15）「プラタマサート」と「正義」の概念については第II部第八章参照。

（16） Nidhi Eoseewong, *Pravatisat Ratanakosin nai Phraratchaphongsawadan Ayutthaya,* Bangkok, 1980.

第八章　タイの伝統法――『三印法典』の性格をめぐって

セデスG. Coedèsによって、東南アジアの「インド化hindouisation」概念が提唱されて以来、タイ文化におけるインド文化の受容の問題がしばしば論じられる。本章においては、タイにおいて発生した「ダルマ」の概念の変容について考察し、タイにおいては、国王が「永遠の法の地上的解釈者」から、「立法者」へと変容したという事実を、『三印法典』の内容に即して考察する。

一　「インド化」と「シンハラ化」

タイの伝統法が、インド法の影響をうけて成立したという事実を、テキストに即して実証を試みた最初の学者は、政尾藤吉である。前世紀末、シャムの近代刑法典草案起草のため、法律顧問としてシャムに赴いた政尾は、一九〇五年、バンコクの「シャム協会The Siam Society」で講演を行い、今日、『三印法典』として伝承されているタイの伝統法典の内容を、つぎの五項目について『マヌ法典』と比較した。政尾は、まず『三印法典』の冒頭におかれた「プラタマサートPhra Thammasat」の原文を、『マヌ法典』と照合し、「訴訟の原因となる一八の項目」が『マヌ法典』(VIII, 415)と「プラタマサート」のいずれにも見出される事実を指摘する。ついで「奴隷法Laksana That」をとりあげ、同法に挙げられた奴隷の七種類と、『マヌ法典』(VIII, 415)のそれとの同一性を確認した。さらに「証言法 Laksana Phayan」に見える証人の非適格要件が、大筋において『マヌ法典』(VIII, 64-48)の記載に対応している事実を見出し、また「債務法 Laksana Kuni」のふたつの規定、すなわち、(1)利子は元金の額を超えてはならない、(2)偽って己の債務を否認するものには、債務額の二倍の罰金が課せられる、という規定が、それぞれ『マヌ法典』(VIII, 151, 153 および 59)に存在している事実をつきとめた。政尾はこれらの対応に基づいて、タイの伝統法が、ヒンドゥー法系(Hindu Law System)に属することが証明されたとした[1]。

タイの伝統法がインド法と密接な関係にあることは、たとえば「プラタマサート」という名称自身がこれを示している。Phra Thammasat のタイ文字をサンスクリットに転写すれば *vraḥ dharmaśāstra となるが、これは「ダルマシャーストラ」そのものに外ならない。しかし、いまかりにタイの伝統法とインド古代法との間に、関係が存在するとしても、政尾の挙げた五つの事例だけでは、両者の間の関係の証明としては十分でない。政尾自身も認めているように、両者の間には、一致点とともに、不一致点も存在するからである。たとえば「プラタマサート」と『マヌ法典』の双方に見出されるという「訴訟を提起せしめる一八項目」についてみても、「プラタマサート」には、この他に『マヌ法典』にはない一一項目が挙げられており、合計で二九項目とされている[2]。また『三印法典』所収の「奴隷法」には、『マヌ法典』には見られない「使うべからざる六種の奴隷」が列挙されている。証人非適格者の要件についても、「証言法」には、『マヌ法典』に見える「ヴェーダの学習者」を欠き、後者にはない「五戒・八戒を守らぬ者」を挙げている。とくにこの最後の事例は、ダルマシャーストラを生んだバラモン教的枠組からの逸脱を示す徴表として注目される。

セデスは、後二世紀ごろから、東南アジアの各地に、インド系の名を持つ王が支配し、インドの慣習、宗教を採用した王国が成立した事実に着目し、この事実を「インド化 hindouisation」という概念を持って統一的に説明しようとした。セデスによれば「インド化」とは、「インド的王権思想に基づき、ヒンドゥー教ないし仏教儀礼、プラーナ神話、ダルマシャーストラの遵奉を特徴とし、サンスクリット語を表現手段としてもつ、組織的文化の外延の拡大」であり、「サンスクリット化 Sanskritisation」とも呼ばれるという。(3) 周知のように「インド化された諸国」には、数多くのサンスクリット刻文が残されている。たとえばチャンパー、カンボジアに由来するサンスクリット刻文の数は、登録されたものだけでも、五〇〇余点に上る。しかし、インド化を特徴づけるサンスクリット刻文製作の伝統は、一四世紀をもって終了する。チャンパーで発見された最も新しいサンスクリット刻文は、一二五三年のものであり、カンボジアのそれも一三三〇年を下ることがない。すでに一三〇八年に、カンボジアでは、スリランカ系上座仏教の弘通を示すパーリ語の刻文がつくられている。かつてアンコールやチャンパーに、巨大石造建築群を生み出したヒンドゥー教・大乗仏教は、一三世紀を境として衰退期に入り、代って、パーリ語を宗教用語とする上座仏教文化が、かつてのサンスクリット文化の地位にとって代るのである。

上座仏教もまた、インド文化の所産のひとつではある。しかし、もしセデスに従い、「インド化」＝「サンスクリット化」とするならば、その中核となる宗教を異にし、言語を異にする東南アジアの上座仏教化を、「インド化」と一括するのは適当でない。われわれは、上座仏教がスリランカで発展し、シンハラ人によって、パーリ語を媒介として各地に伝えられたという歴史事実に着目し、一三世紀以降の東南アジアを支配したインド文化の新しい様相を「シンハラ化 Sinhalization」あるいは「パーリ化 Pali-ization」と呼び、「サンスクリット化」としての「インド化」と、それが終了して以後に発生した、文化変容とを、明確に区別することを提唱したい。このように考えると、一三世紀に至ってようやく国家形成の段階に到達したタイは、「インド化した国」ではなく、「シンハラ化」ないしは「パーリ化」したた国のひとつと言わなければならない。政尾論文の問題点は、「インド化」と「シンハラ化」を区別せず、「プラタマサート」を無媒介的に『マヌ法典』と結びつけようとした点にある。「プラタマサート」は「インド化」の所産ではなく、あくまでも「シンハラ化」の所産として理解されるべきである。

二　モン・ダンマサッタンの影響

「プラタマサート」と『マヌ法典』との中間に、第三の法の介在を想定した最初の学者は、ウッドW. A. R. Woodである。一九三三年、ウッドは、かれの『タイ国史A history of Siam』のなかで、一六世紀の中葉、ビルマのタウングー王朝の遠征軍がアユタヤを攻略し、一五年にわたり、アユタヤがビルマ人の支配下におかれたとき、「ダンマタッすなわちマヌ法典」(the Dhammathat, Code of Manu)が、ビルマ人を通じてタイに導入されたとする。(4)もしこの説を採用するとすれば、アユタヤにもたらされた「ダンマタッ」とは、『マヌ法典』そのものではなく、ビルマ人が、「ダルマシャーストラ」をモデルとし、パーリ語ないしビルマ語で作成した、いずれかのdhammasattham であったはずである。

ウッド説に対し、フランスの法制史家ランガRobert Lingatは、ビルマ人占領者によって強制された法を、タイ人が独立回復後も用い続けたと考えるのは不自然であるとし、代わりに、アユタヤ法のモン起源説を立てた。「プラタマサート」パーリ語の序には、「ダンマサッタンDhammasattham」は、もとマヌーサーラ仙により、「根本語」(パーリ語の意)で説示され、師資相承してラーマンニャ地方に至り確立したが、この国すなわちシャムの人びとにとっては理解できなかったので、これをいまシャムの言葉に移すものである、とある。ランガは、この記述に基づいて、タイ語「プラタマサート」の直接の起源を、モン語の「ダンマサッタン」であるとした。

モン人は、モン語あるいはパーリ語で、独自に数多くの法典を作成した。その過程においてモン人は、宗教的色彩の濃厚な「ダルマシャーストラ」から、そのバラモン的色彩を除去し、これを世俗法化する一方、モン人の信奉する仏教的潤色を施した。(5) モン人の地ラーマンニャデーサは、ペグー、マルタバンなどのある下ビルマに比定されているが、ナコンパトム、ロッブリを中心とするチャオプラヤー河下流域にも、七世紀に、モン人の国家が存在していたことが知られている。タイ人の国家アユタヤは、モンの文化的基層の上に建設された。ランガは、アユタヤ成立以前、長期間にわたり存在した文化接触によって、タイ人はモン人からモン語「ダンマサッタン」を受容したと考える。(6)

三　タンマ thamma の意味変化

ここで少し本論をはなれ、タイの伝統法が、どの程度仏教化されているかを理解するため、サンスクリット語 dharma に由来するタイ語 thamma の多義性を、歴史的文献のなかで具体的に検討し、これを『三印法典』における thamma の用例と比較してみたい。比較のための史料としては、スコータイ刻文とスコータイ王の作と伝えられる『三界経 Trai Phum Phra Ruang』を用いる。(7)

(1)　スコータイ刻文の thamma

タイ語 thamma は、スコータイ刻文では dharmma あるいは dharrma と綴られる。語形的にはパーリ語 dhamma ではなく、サンスクリット語 dharma に近い。タイ語の最古層を示す、第一碑文が製作されたとされる一二九二年から、第一四碑文の一五三六年に至る約二五〇年間に作られた、一〇点のタイ語刻文には、thamma が二四例見出される。(8) 語義の変化に注意しつつそれぞれの用例を見て行こう。

(i) 狭義の「仏法」の意

"sadap *thamma*"[5-3-13；14-1-35：49-0-23]「仏法を聴く」

"sūt *thamma*"[1-3-15；1-3-16]「説法を行う」

さまざまな仏教儀礼に際し、説法者の言葉として具体的に説示されるブッダの教説という意味である。

(ii) 広義の「仏法」の意

chuai *yō* thamma nai langkadi[pa][2-2-81]「ランカー島の仏教の興隆に寄与する」

chit chamnong *chong thamma*[15-2-12]「その心は仏法に帰依している」

loek *sāsanathamma* nai phramahānakhōn singhala[11-2-1]「シンハラの都の聖教を賞揚する」

(i)の事例より意味が広がり「仏法」一般を意味する。

(iii) 仏教的行為の規範の意

chōp duai *thamma*[1-4-28]「タンマに適って」

kratham *bo* chōp *thamma*[9-3-30]「タンマに適わない行為をする」

kratham chōp *thamma* dang an[3-2-45, 46]「これらの(仏教的行為の規範に照らして正しい)原理に適った行為をする」

(iv) 意味が弱まり、仏教的正しさを意味する形容詞として用いられる場合

rūbun rū *tham*[*ma*][1-4-14；2-1-38；3-1-55；3-2-35]「功徳を知る」

kratham bun kratham *tham*[*ma*][2-1-43]「功徳を積む」

直訳すれば「功徳を知り(行い)仏法を知る(行う)」となるが、対句の第二要素としての thamma に独立の意味を与えるより、むしろ第一要素の bun(puñña)が、仏法の原理に適った正しさを示す修飾語として用いられる。

次の事例では thamma の形容詞化はより明確である。(9)

kratham *buntham*[*ma*][3-1-57 ; 5-2-15 ; 8-4-3]「功徳を積む」

(2) 『三界教』の thamma

現存する『三界経』の写本は、一八世紀末に作成されたものであるが、原本はスコータイ王プラヤー・リタイの筆になるもので、一三四五年ごろ完成とされる。『三界経』の中で使用される thamma の意味は、スコータイ刻文における用例に近い。

(i) 狭義の「仏法」の意

fang *thamma*-thēsana[p. 94]「説法を聴く」

nang yū fang *thamma*[p. 180]「同右」

(ii) 広義の「仏法」の意

nakprāt phū rū *thamma*[p. 94]「仏法を知る賢者」

hai rū *thamma*[p. 111]「仏法を知らしめる」

(iii) 仏教的行為の規範の意

mi chōp *thamma*[p. 111]「タンマに適わず」

mi pen *thamma*[p. 60]「同右」

sangsōn dōi *thamma*[p. 111]「タンマに従って教誡する」

(iv) bun(功徳)の修飾句として

rū chak bun rū chak *tham*[*ma*][p. 36]「功徳を知る」

tham bun lae *tham*[*ma*]lae tham kuson[＝kusala][p. 111]「功徳を積む」

しかし、つぎの用例はスコータイ刻文には見当たらない。

mī sin mī *thamm*[*ma*][p. 81]「戒を保ち仏法を保つ」

sin はパーリ語 sīla のタイ語訛音で、スコータイ刻文では、在家戒を意味する場合[1-2-9, 1-2-12]と、出家戒を意味する場合[2-1-45, 3-1-40]とがある。この用例は前掲の ru chak bun ru chak tham[ma]から類推で、sin の正しさを示す修飾語であると考えられることもないが、一応レイノルズおよびセデスの見解に従い、独立の意味をもつ語としておく[10]。

代表的な歴史文献に現われた thamma の用例は以上のとおりであるが、ここで『三印法典』にもどり、同法典中で thamma がどのように使用されているかを検討して行こう。

(3)　『三印法典』の thamma

『三印法典』には、thamma が一四二例現われる。これらの用例は、上に検討したスコータイ刻文および『三界経』の事例と類似しているが、仏教の文脈をはなれて「公正、正義」を意味する、現代的用法への発展を示唆する用例が見られる。

(i) 狭義の「仏法」の意

phū samdaeng lae phū fang *thamma*[Kot Phrasong 1]「説法と法を聴く者」

sadap fang phra *thamma* thēsanā[Phraratchakmnot Mai 33]「仏法を聴く」

これらの用例と似ているが、僧職者の資格としての仏教教理という、特殊な意味をもつものとして次の用例がある。

sāmanēra rū *thamma*[Na Thahan Hua Muang 27]「教法の知識のある沙弥」

phiksu rū *thamma*[ibid.]「教法の知識ある比丘」

phrakhru rū *thamma*[ibid.]「教法の知識あるプラクルー[11]」

tapa khāo rū thamma[ibid.]「教法の知識のある白衣の行者」

(ii) 広義の「仏法」の意

tang chai ao *thamma wāchā* chong thiang thae[Tralākān 36]「決意して仏法の教えに正しくしたがう」

sawaeng hā sŭng *khlōng thamma*[Inthaphāt 3]「「仏法」の道を尋ね求める」

phū *song thamma* an prasoet[Rap Fōng 32]「勝れた仏法の護持者(である国王)」

(iii) 仏教的行為の規範の意

liang chīwit phit *thamma*[Kot Phrsong 6]「仏道にもとる生活を送る」

nakprāt rātchabandit an yū kae *thamma*[Phayan 1]「勝れた仏法の護持者である国王」

基本的には仏教に基づく行為規範を意味するが、意味内容がより広くなり、次第に世俗的意味を増している。『三印法典』の用例全体では、このカテゴリーに属するものが圧倒的に多い。

phichāranā mai pen sat mai pen *tham*[*ma*][Prakat Phraratchaprarop]「真実にもとりタンマにもとる審理を行う」

bangkhap khadī mi pen *thamma*[Phra Thammasat 4]「タンマにもとった仕方で訴えを裁く」

mi dai liang ying dōi *thamma*[Phua Mia 55]「タンマに従って養わない」

hai liang dū lūk mia...... chong chōp dōi *thamma*[Phua Mia 74]「妻子をタンマに随って養うべし」

pramūn phrarātchasap khun phrakhlang duai chōp *thamma*[Phraratchakamnot Kau 42]「[徴税請負人が]タンマに従って請負った(額を)税を王庫へもたらす」

(iv) yut とともに語句を作る場合

yut は、パーリ語 yutti(相応、正当)のタイ語形で、「正しさ、ふさわしさ」を意味する thamma が、yut とともに対句を作る。この語のもつ仏教的性格はさらに弱まる。

hai phichāranā tae dōi sat dōi ching hai pen yut pen *tham*[*ma*][Phrarachakamnot Kau 27]「真実に審理し、公正ならしめる」

phichāranā mi pen yut pen *tham*[*ma*][Phraratchakamnot Kau 19]「公平を欠く審理を行う」

(v) yuttitham(公平、公正、正義)という複合語をつくる場合

上述した(iv)の形は、さらに進んで yuttitham と言う複合語をつくる。この複合語は、スコータイ刻文には現われない。またサンスクリット語、パーリ語にも yuktidharma ないし yutti-dhamma という結合はないようである。一八五四年発行のパルゴアの辞書[12]は yuttitham を収録し、これに scientia vera/science vraie, parfaite/true, perfect science という訳語を与えているが、文脈が与えられていないため、意味は明確さを欠く。この語は、現代語

の文脈では、まったく宗教的ニュアンスのないjusticeにあたる語として用いられる。ただ、一八六五年発行の語彙集[13]には、justiceの訳語として、この語が挙げられていないところから想像すると、yuttithamが完全に宗教性を失うのは、かなり後世のことと考えられる。

sung sawoei rātchasombat tang yū nai *yuttitham*[Phrarātchakamnot Mai 9]「即位してyuttithamの中におわす(国王)」

Phrarātchakrusadikā an than klāu wai dōi *yuttitham*[Tralakan 前文]「公正にお定めになった勅命」

yang hā pen *yuttitham* mai[Uthon 22]「公正でない」

bōk hai chot chamloei rū hen phit lae chōp dōi *yuttitham*[Atchaya Luang 144]「原告と被告に対し、公正に申し渡して正邪の別を知らしめる」

以上『三印法典』に現れたthammaの用例を検討してきたが、これを要約すれば次のようになろう。すなわちthammaは『三印法典』においては、

(1) 狭義の仏法
(2) 広義の仏法
(3) 仏教的行為の規範
(4) 仏教的行為の規範に照らした正しさ
(5) 公正、公平、正義

を意味する語として用いられている。ここで問題となるのは(5)の「公正、公平、正義」の基準であるが、その回答の手がかりは次の用例の中に求められよう。

dōi khlong *yuttitham* tam Phra Thammasat[Inthaphat 1]「プラタマサートに従がって公正に」

mi dai winitchai khō khadī dōi *yuttitham* praphē nī tām khamphi Phra Thammasat[Phra Thammasat 11]

「プラタマサートに従がった公正な裁判を行わない」

二番目の例文に見える khamphi は「聖典」を意味するので、いずれも「プラタマサートに従って」となるので、『三印法典』における「公正」、「公平」、「正義」の基準は、「プラタマサート」におかれていることが諒解される。それゆえわれわれはつぎにタイの伝統法において、「プラタマサート」がどのような性格を持ち、どのような位置を占めているかを検討しなければならない。

四　「紛争の調停者」となった国王

『三印法典』巻頭の書「プラタマサート」(14)には、「プラタマサート」の由来を記した次の説話が収められている。

大仙 Phromthewarusi は、Nang Kinnari を妻として Phattharakuman, Manosan という二児をもうけた。長じるにおよびこの二人は Mahasommutirat 王に仕え、裁判を司る高官となった。あるとき、うりの蔓が延びて畑の境界を超え、隣人の畑の中に実を結ぶと、畑の持主の間に紛争が発生し、Manosan がその裁定に当たることになった。Manosan は、うりの所有権は、実際に実のなった畑の持主に帰すると裁定したが、当事者の一人はこれを不服とし、Mahasommutirat 王に上訴した。王は廷臣に命じ、蔓をたぐってその根元を調べさせその位置が、うりの実を結んだ畑の境界を超えていることを確認すると、実の所有権は、うりの根が存在する畑の所有者に帰属すべしという裁定を下して双方を満足させ、紛争を解決した。自らの判決を覆えされたManosanは、己の不徳を恥じ、隠者となって修行に専念した。やがて五通・八禅定の秘法を達成したManosanは、神通力によって空中を飛翔し、宇宙の果てに至ると、眼前にそそり立つ鉄囲山の山壁に、「プラタマサート」の文言が、象のような巨大な文字をもって、パーリ語で刻まれているのを見た。Manosanはその文言をしっかりと心に刻みつけると、再び空中を飛翔して国に帰り、記憶した文言をもとに「プラタマサート聖典」を著わした(Phra Thammasat 4)。

この説話の重要性は、法の文言が、宇宙の辺際に立つ、鉄囲山の山壁に記されていたという神話に仮託して、「プラタマサート」の永遠性を強調し、その地上性を否定しようとしている点にある。「プラタマサート」は、地上を支配する人間の王によって制定された法ではない。それは時間・空間を超越する存在であり、普遍妥当性をもつ規範である。王は立法者ではない。王とは、「プラタマサート」を解釈し、その原則を現実の訴訟事件に適用して、当否の判定を行い、紛争を解決して、王国の秩序と安寧を維持する役割を担う存在である。インドにその起源をもつこの法観念は、まず「インド化」された東南アジア諸国に受容されたが、その根本思想は「シンハラ化」によっても影響を受けなかった。[15] 王の下すところの判定は、「プラタマサート」のもつ普遍性を欠いている。この点に関し、『三印法典』所収の「三六条律」の序文の内容は示唆的である。そこには、裁判を司る一六人の高官が協議を行った結果、先王の定めた四二条の規則のうち、六条を廃止することとしたので、のこり三六条について王の裁可を仰ぎたい、との文言が見える。王位の継承に際し、法律を再検討する慣行は、タイ語でchamra kotmaiと呼ばれる。chamraとは「洗い浄める」という動詞、kotmaiは「定められた規則」を意味し、現代語では「法律」と同義に用いられている。先王の定めた規則も、王の死後は、後継者の手で「洗い浄め」られ、改廃される。[16] このことは、王の交代に際し、すべての官吏が新王により、あらためて任命され直される慣行とも符合する。[17]

五　「立法者」となった国王

具体的紛争の処理に際し、国王が「プラタマサート」の原則に従って判定を下す技術は、「ラーチャーサート Rachasat」と呼ばれる。[18] この語はまた、「プラタマサートとラーチャーサートにしたがって審理する」[Uthon 9]という「訴訟法」の記述の示すように、国王の下す判定そのものを指すこともある。われわれは、『三印法典』のなかで「プラタマサート」と「ラーチャーサート」の両語が併記される事例にしばしば遭遇する。これは、本来「プラタマサート」の具体的適用の事例(判例)にすぎない「ラーチャーサート」が、タイにおいては「プラタマサート」に比すべき重要性を付与されていることを、示唆するものと考えられるが、それは何を意味するのだろうか。

「プラタマサート」には mūla khadī と sākhāhadī というふたつのカテゴリーが存在する。前者は「根本事項」、後者は「派生事項」と訳すことができる。「根本事項」は、もともと「プラタマサート」中に明示されているカテゴリーで、前述した二九項の訴訟の項目[19]を指す。それに対して「派生事項」は、国王の下した具体的判例を意味する。当然のことながら後者は数も多く、内容も多岐にわたる。

『三印法典』を、その形式に即して分析すると、次頁表のような三部構成をとっていることがわかる。

Aは「プラタマサート」である。[20] 注目したいのは、ビルマの Wagaru Manu Dhammasattham などと比較して、タイの「プラタマサート」がきわめて簡略な点である。その内容は、ほとんど目次といえるほどである。

Bの部分には、原則として Phra Ayakan Laksana… という標題の下にまとめられた諸規定が納められている。各 laksana の冒頭には、これもまた原則としてではあるが、「プラタマサート」に示された「根本事項」がパーリ

『三印法典』の構成

A	B	C
Phra Thammasāt	"Phra Ayakān"	Kot Phrarātchaban'yat Phrarātchakamnot

語で引用されている。(たとえば「奴隷法」では dāsi ca dāsaṃ という言葉が二九項目の mulakhadi(パーリ語 mūlagati)の中から引用されているなど)各 laksana の内部は、それぞれ matra nung(一条)という語に導かれる一般規定から成り立っている。B全体からは、ビルマの Wagaru Manu Dhammasattham に似た印象をうける。ちなみにBは『三印法典』全体の約六〇%を占めている。

Cは判例集で、全体の約三五%に当たる。Kot Phrasong(サンガ令)、Kot 36 Kho(三六条律)と呼ばれるふたつの kot(掟、定め)、一編の Phrarātchaban'yat(勅令)、新旧ふたつの Phrarātchakamnot(勅掟)を含む。Bの各 laksana のような、各々の規定が一々「ひとつ……」(matra nung)という言葉に導かれていないこと、すべての規定が kot hai wai(定め給う)、rapsang hai wai(仰せ出さる)で結ばれ、そのあとに必ず日付が付されている点などに特徴が見られる。

以上を総合すると、A→B→Cの方向に具体性が増大し、逆の方向に向かって抽象性が増大していることがわかる。記述の仕方についてみても、Aではパーリ語が頻出し、タイ語はその翻訳という印象を与えるのに対し、Bは、冒頭の部分にパーリ語の引用をのこす以外、全体としてタイ語による、一般的妥当性をもった規定の集成の形をとっている。Cでは、まず勅令を定めるに至ったそれぞれの経緯が語られ、ついで tae ni sup pai(これより先)という言葉に続いて、勅令の内容が提示され、制定の日付で結ばれるという形式を貫いており、その内容はきわめて具体的である。

こうした『三印法典』の形式面での相違から、ランガは次のように推論する。

(1) タイ国王は、紛争の最高調停者として、「プラタマサート」に基づいて審理し、裁定を下し、その判例を kot, phrātchaban'yat, phrāchakamnot などの形で記録せしめていた。

(2) ある時代に、これらの判例の一部がその特殊性をすて、一般的妥当性をもつ形に書き換えられた。

(3) このように書き換えられた規定は、「プラタマサート」の「根本事項」のいずれかに分類され、それぞれの laksana のなかで matra のひとつとなった。

(4) この手続きによって、国王の下す判決が、「プラタマサート」に合体し、「プラタマサート」の権威のもとに法規範として確立するにいたる。

ランガは、以上の推論から、タイにおいて国王は実質的な立法者に近づいたと結論した(21)。「プラタマサート」を、タイ化した「ダルマシャーストラ」であるという予断をもってそのテキストを前にする者は、その異常ともいえる短さに奇異な感を受ける。「プラタマサート」は「目次」と化してしまったのである。そして『三印法典』の六割を占める“Phra Ayakan”が、インドの「ダルマシャーストラ」における vyavahāra にとって代り、実定法の実質的内容となったのである。タイ国王にとって必要だったのは、「プラタマサート」という名と、その権威のみとなったといえよう。「プラタマサート」における訴訟項目が、「ダルマシャーストラ」の一八から二九へと増やされたことも、こうしたタイ的変容として理解できるかもしれない。前掲の表において、ひとたびC→B→Aの回路が開かれれば、Aにはただ Cに正当性を付与する役割だけが期待されることになり、したがってCの要請によってAの内容が増広されるという、インドではまったく考えられない事態が起っても不思議ではないからである。

残念なことに、現代のわれわれにとって、タイの伝統法について知る手がかりは『三印法典』しか残されていない。[22]ラーマ一世王によるchamra kotmaiは、われわれの手からそれ以前の法制史料を奪ってしまった。『三印法典』のような「法典」が、ラタナコーシン期以前のタイにはたして存在したのかどうかさえ、現在のところ確認する確実な手段はない。しかしながら『三印法典』自体の内的批判はまだほとんど行われていないと言ってよい。たとえば「プラタマサート」に見えるmūlakhadīと各Phra Ayakaとの、テクストに即した厳密な対応の検討作業さえまだ試みられてはいないのが現状である。

こうしたテキストの文献学的研究と平行して、『三印法典』が作成された一八〇五年を中心に、法典編纂に至る過程をめぐる歴史的状況の研究をさらに推進させる必要があろう。同様に「シンハラ化」し、同様にモン人から仏教的に改作された「ダルマシャーストラ」、すなわちdhammasatthamを受容しながら、なにゆえにタイにおいてのみ、「プラタマサート」がその性格が矮小化され、単なる「目次」という、独自な方向へと向かって変化したのかを理解する鍵は、同時に、ラタナコーシン王朝の性格をとく鍵であるように思われるからである。

(1) Masao Tokichi, Researches into indigenous law of Siam as a study of comparative jurisprudence, *Journal of the Siam Society*, 2(1), Bangkok, 1905, pp. 14-18.
(2) 第II部第九章参照。
(3) G. Coedès, Les états hindouisés d'Indochine et d'Indonesie, Paris, 1964, p. 38.
(4) W. A. R. Wood, *A history of Siam*, Bangkok, 1933, p. 127.
(5) ファオルヒハンマーE. Forchhammerは、「ダルマシャーストラ」が、七世紀から九世紀の間に南インドにおいて仏教化され"Buddhist Law of Manu"が成立し、それがのちに下ビルマにもたらされ、モン人によって受容されたという仮説をたてたが、ランガはその可能性を否定し「ダルマシャーストラ」の仏教化はモン人の手によると主張している(Robert Lingat, *L'influence indoue dans l'ancien droit siamois,* Paris, 1937, p. 12)。

(6)　R. Lingat, 1937 : 9-12.

(7)　スコータイ刻文のテキストには G. Coedès, *Recueil des inscriptions du Siam, premère partie : Insciptions de Sukhodaya,* Bangkok, 1924 ; Khanakammakan Kanphicarana lae catphim ekasan thang prawatisat, Samnak Nayokrattamontri, *Prachum Silacaruk Phak 1*[Collected Inscriptions, Part 1], Bangkok, 1978 ; *Prachum Silacaruk Phak 3*[Collected Inscriptions, Part 3], Bangkok, 1978 を用い，Y. Ishii, Nidhi Eoseewong, O. Akagi, Aroonrut Wichienkhiew, N. Endo(eds), *A glossarial index of the Sukhothai inscriptions,* Bangkok, 1989. を利用した。『三界経』のテキストには Ongkankha khong Khurusapha, *Traiphum Phra Ruang khong Phraya Lithai*[Traiphum Phra Ruang of King Phraya Lithai], Bangkok, 1963 を用い，G. Coedès et C. Archaimbault, *Les trois mondes*(*Traibumi Brah R'van*), Paris : E. F. E. O., 1973 および Frank E. Reynolds & Mani B. Reynolds, *Three Worlds accordeing to King Ruang : A Thai Buddhist Cosmology,* Berkeley : Asian Humanities Press, 1982 を参照した。

なお『三印法典』のテキストには Ongkankha Khong Khurusapha の五冊本を用い，用語の検索には Y. Ishii, Mamoru Shibayama, Aroonrut Wichienkhiew(eds.), *The computer concordance to the Law of the Three Seals.,* 5 vols. Bangkok, 1990. を利用した。

(8)　1-3-15, 1-3-16, 1-4-14, 1-4-27 ; 2-1-37, 2-1-38, 2-1-43, 2-2-8, 2-2-81 ; 3-1-55, 3-1-57, 3-2-35, 3-2-45, 3-2-46 ; 5-2-15, 5-3-13 ; 8-4-3 ; 9-3-30 ; 11-2-18 ; 14-1-30, 14-1-35, 14-2-9 ; 15-2-13 ; 49-0-23(数字は刻文番号—碑文面—行を示す。)

(9)　A. B. Griswold らは，3-2-35 に見える "rū bun rū tham[ma]" を "do what is right" と訳し，"Literally 'know merit and know the Dharma' " と注記している(Griswold and Prasert, "The epigraphy of Mahadharmaraja I of Sukhodaya", *Journal of the Siam Society,* 61(1), 1973, p. 109)。

(10)　セデスらの仏訳，レイノルズの英訳は以下のとおり。Coedès & Archanbault : [tous]observent les preceptes, la loi ; Reynolds : [the people]have the moral precepts and the Dhamma.

(11) 比丘の位階。

(12) D. J. B. Pallegoix, *Dictionarium Linguae Thai sive Siamensis interpretatione Latina, Gallica et Anglica*, Paris, 1854.

(13) Anonym., *English and Siamese Vocabulary*, Bangkok, 1865.

(14) 「プラタマサート」の詳細については第III部第五章参照。

(15) 同じく「シンハラ化」したビルマで作成されたワガル王の「マヌ・ダンマサッタン」(King Wagaru's Manu Dhammasattham)にも、同じ神話が載っているが、タイの「プラタマサート」のそれよりも簡略である(King Wagaru's Manu Dhammasattam, Rangoon, 1963, p. 1)。

(16) 『三印法典』もまた同様の手続きによってchamraされた結果成立した法典である。その経緯は、判事と不義を働いた人妻の離婚申立てを正当とする規定が現行の規程にあることを不服としたラーマ一世が、当時用いられていたすべての法律の見直しを命じたことに発している(『三印法典』序)。

(17) Robert Lingat, "Evolution of the conception of law in Burma and Siam", *Journal of the Siam Society* 38(1), 1950, p. 26.

(18) サンスクリット語 rājaśāstra のタイ訛音。ビルマでは、パーリ語 rājasattham から変化した yaza that が用いられている(Lingat, 1950 : 18)。

(19) おそらくは第二の書 Inthaphat(インドラの言)もここに含めてよいであろう。

(20) 「プラタマサート」は、この二八項目のほか、訴訟手続きに関する一〇項目を別掲しているので「根本事項」は合計三九項目となる(Lingat 1951, "La conception du froit dans l'Indochine hinayaniste", *BEFEO* 44, p. 182)。

(21) Lingat, 1950 : 28.

(22) 唯一の例外は、スコータイ第三八刻文である。この刻文は一三九七年に、当時すでにアユタヤに服属していたスコータイに対してアユタヤ王の制定した法を告示する目的でつくられたもので、前文と八つの matra から成る。東南アジア唯一の法律刻文といわれている(Griswold & Prasert, "A law promulgated by the King of Ayudhya in 1397 A.

D.", *Journal of the Siam Society* 57(1), 1969, pp. 109-148)。

第九章　「二九の訴訟項目 Ekūnatiṃsā Mūlagati Vivāda」について

――インド古代法「パーリ化」の一事例

はじめに

『マヌ法典 Mānavadharmaśāstra』第八章には、訴訟の一八主題一覧が記載されている。mārga ないし vyavahārapada と呼ばれる「一八主題」[1]は、インドにおける訴訟の厳密な分類の最初の試みであり、法をはじめて体系的に提示したものとされる。[2] この分類法は、いわゆる「インド化」の流れとともに、東南アジアにも伝えられた。たとえば、八世紀末以来、インド法の存在が確認される、チャンパーで発見された一〇八一年の年次をもつ刻文には、「一八の訴訟主題」(aṣṭadaśa mārgavyavahāra)なる語がみえており、古代インドの伝統的な訴訟主題の分類法が、チャム人の間にも伝えられていた事実を示している。[3] セデスも指摘しているように、東南アジアのサンスクリット文化は、一三世紀以降衰退に向かい、かわって、スリランカ大寺派系上座仏教を基調とするパーリ文化が、ベトナムをのぞく大陸部一体を覆いつくすにいたる。こうした現象を「パーリ化」ないし「シンハラ化」[4]としてとらえるとき、東南アジアの「パーリ化」の徴候は、法の分野にも見出すことができる。たとえばビルマでは、一二八一年にモン語で書かれたとされている、『ワーガル・ダンマタ Wagaru Dhammathat』が、「仏法僧」に対するパーリ語の「三帰依文」をもってはじめられているという事実などは、そのひとつの事例といえよう。

法の分野における「パーリ化」は、サンスクリット文化の完全な否定ではなく、むしろサンスクリット文化のパーリ的変容であった。サンスクリットの文化要素は、「パーリ化」した東南アジアのなかにも、さまざまな形をとって保存されたのである。「パーリ化」した東南アジアの諸国の法のなかにも、インド古代法の伝統がさまざまな形で見出される。本章の主題とする「訴訟主題 mārga」は、そのひとつの事例である。たとえば上述した『ワーガル・ダンマタ』にもまた、おそらくは『マヌ法典』の伝統を引くと考えられる「一八の訴訟の主題」がみえている。ただし、主題の個々の内容を見ると、それはインド古代法のそれと一致しないばかりか、列挙された項目も、実際には一七しかなく、『マヌ法典』の「訴訟主題」に示された一八という数字が、ここでは単に名目化してしまっている。(5)

本章は、インド古代法のタイにおける「パーリ化」の実態を、テキストに即して実証的に解明する基本的作業の第一歩として、『三印法典』の冒頭に収録されている「プラタマサート Phrathammasat」に示された、訴訟主題の基本分類の性格を、パーリ語テキストの検討を通してあきらかにすることを目的とする。

一 「プラタマサート」の「二九の訴訟項目」

「プラタマサート」第九節には、「これより Ekūnatiṃsā Mūlagati Vivāda の二九項目について語る。『タマサート聖典』はパーリ語をもって、以下のように述べる」との文言に続いて、次のようなパーリ語テキストが掲げられている。(6)

Iṇṇañca raññno dhanacorahāraṁ

adhammadāyajjavibhattabhāgaṁ
parassa dānaṁ gahaṇaṁ puneva
bhattikka akkappaticāradhūtā
bhaṇḍañca keyyāvikayāvahāraṁ
khettādi ārāmavanādithānaṁ
dāsīca dāsam paharañca khuṁsa
jāyampatīkassa vipattibhedā
saṅgāmadosa pi ca rājaduṭṭho
rājāṇasuṅkadivivādapatto
parampaseyho pi ca atta āṇaṁ
ītīiiyakāro vividho paresaṁ
thānāvitikkammabalākarena
puttādi ādāgamanā saheva
hetumpaṭicca adhikāraṇaṁ vā
agghāpanāyū ca dhanūpanikkhā
āthabbanikā pi ca bhaṇḍadeyyaṁ
te tāvakālīkā gaṇīvibhagaṁ
pañcū darantaṁ tu vivādamūlā

ekuṇatiṁsādividhā pi vuttā
porākavīnā vardhammasātthe ti

テキストはこのあと、パーリ語とその逐語的なタイ語訳ないしタイ語によるパラフレーズが交互にあらわれる文体(ビルマ語のいわゆるニッサヤ nissaya)を用い、パーリ語に続いて、タイ語に訳出する形の解説を加えている。

Iṇṇaṁ dhanañ[ca]とは負債を原因とする紛争のことである。

rañño dhanacorahāgam とは、王の財産の盗み、ごまかし、すりかえを原因とする紛争のことである。

adhammadāyajjavibhattabhāgaṁ とは、『正法』(thamma<dhamma)にもとった遺産の配分を原因とする紛争のことである。

parassa dānaṁ gahanaṁ puneva とは、他人に一度与えたものをふたたびとり戻すことを原因とする紛争のことである。

bhattikā[ca](*sic*)とは、仕事のために雇傭したものを原因とする紛争のことである。

akkhapaticāradhūtā[ca]とは、無頼の徒の賭博行為を原因とする紛争のことである。

bhaṇḍañ[ca]keyyāvikayañ[ca]とは、売買行為を原因とする紛争のことである。

avahārañ[ca]とは、強盗を原因とする紛争のことである。

khettādithānañ[ca]とは、宅地・田地を原因とする紛争のことである。

ārāmavanādithānañ[ca]とは、畑・園地を原因とする紛争のことである。

dāsīdāsañ[ca]とは、男女の負債奴隷、捕虜奴隷を原因とする紛争のことである。

paharañca khuṁsā とは、他人を殴打したり、罵倒したりする行為を原因とする紛争のことである。

jāyampatikassa vipattibhedā とは、夫婦関係を原因とする紛争のことである。

saṅgāmadosā[pi ca]とは、戦争を原因とする紛争のことである。

rājaduṭṭho[ca]とは、国家に対する反逆を原因とする紛争のことである。

rājāṇañ[ca]とは、国王の法律に対する違反行為を原因とする紛争のことである。

suṅkādivivādapatto[ca]とは、国王の財産、租税、市場税を原因とする紛争のことである。

parampaseyho pi ca atta āṇaṁ とは、強迫行為を原因とする紛争のことである。

ītiyakāro とは、土地の侵害を原因とする紛争のことである。

thānāvitikkammabalākarena とは、暴力行為を原因とする紛争のことである。

puttādiādāgamanā saheva とは、子女の誘拐を原因とする紛争のことである。

hetumpaticca adhikāranaṁ (7) とは、因果を原因とする紛争のことである。

agghāpanāyū[ca]とは男女の身価を原因とする紛争のことである。

dhanūpanikkhā とは、財物の寄託を原因とする紛争のことである。

āhabbanikā[pi ca]とは、呪詛を原因とする紛争のことである。

bhaṇḍadeyyaṁ[ca]とは、賃借行為を原因とする紛争のことである。

tāvakalāgkañ[ca]とは、借用に起因する紛争をいう。

gaṇīvibhāgañ[ca]とは、夫役義務者の配分を原因とする紛争のことである。

pañcūdarantaṁ とは、上告を原因とする紛争のことである。

ここに掲げられた「二九の訴訟主題」は、『マヌ法典』などの Vyavahāra にみられる「訴訟を提起せしめる主題」に対応するものと考えられる。しかし、ビルマの場合とは異なり、『マヌ法典』(VIII, 3-7)の「一八項目」とは関係ない「二九項目」という独自の主題数があらたに採用され、しかも実際に二九項目の主題が列挙されている点が注目される。ここではビルマの例にみられたように、「一八項目」というサンスクリット法典の伝統は、象徴的な意味さえも与えられずに放棄され、実用的配慮が優先されていることがわかる。この点に関するかぎり、タイ法においては、サンスクリット文化との連続が、完全に断ち切られてしまっている。

二 Ekūnatiṁsā Mūlagati Vivāda（EMV）

タイの「プラタマサート」のもう一つの特徴は、二九に増したその項目を Ekūnatiṁsā Mūlagati Vivāda という聖なる言語であるパーリ語で命名し、これによって新分類を権威づけようとしている点である。この点について、『三印法典』テキストに即して、やや詳しくみることにしたい。

Ekūnatiṁsā Mūlagati Vivāda(タイ語では Ekunadung Mulakhadi Wiwat という。以下EMVと略記する)という言葉は、現存する『三印法典』所収の法律テキストでは、「遺産 Moradok」、「負債 Ku Ni」、「刑罰 Aya Luang」などの前文にみえる。まず「負債」前文のタイ語テキストでは、次のような文脈の中で用いられている。

ca klau laksana khuni yumsin pen mulaladiwivat daekan doi ekūnadung mulamatika 29 mi bali wa *iṇṇañ dhana*...

(訳)「以下、訴訟の原因としての『金銭の貸借』について語る。これは『訴訟の原因となる二九の主題』[のひとつ]であって、パーリ語では iṇṇañ[ca]と呼ばれているものである……」

この文章から、『三印法典』の編纂者が、「負債 Laksana Ku Ni」という法の分類の根拠を、パーリ語 Ekūnatiṁsā Mūlagati Vivāda の権威にもとめたことがわかる。

次に「遺産法」前文をみてみよう。ここでは、「『タマサート聖典』において、adhammadāyajajavibhattabhāgam、すなわち正法にもとった遺産の分配を原因とする紛争について語る」と述べ、されに「これは『聖仙マヌ』(Manosarachan＜Manosārācariya) の語った『訴訟の原因となる二九の主題』(EMV) に由来するものである」とその法源を「聖仙マヌ」においている。

「刑罰法」前文では、この点の記述がさらに詳しくなり、「これより『国王の命令違反の罪に問われた者』について語る。これは『聖仙マヌ』が宇宙の涯にいたり、そこから記憶してもち帰った『タマサート聖典』の中に記された『訴訟の原因となる二九項目の主題』(EMV) のひとつにあたるものである」と述べ、仏教的宇宙観を背景とするタイにおける法典の起源説話に言及している。

この法典は「根本語 mūlabhāsā」すなわちパーリ語で書かれていたと信じられており、タイ語では「タマサート聖典」を指すのに、しばしば「聖なるパーリ語」あるいは単に「パーリ語」という表現を用いる。『三印法典』には、「パーリ語では doi bali」とか「パーリ語で〜のようにある」(mi bali wa)、「聖なるパーリ語では〜のようにある」(mi phrabali wa) などという文章が頻出するが、この場合の「パーリ語」(Bali＜Pali) とは、通常の仏典用語としてのパーリ語ではなく、とくに「聖仙マヌ」によって人間界にもたらされたところの「聖なる法典 Phrakhamphi」を意味する。(8)

タイにおいては、インド古代法の一八の mārga を、二九に増広したにとどまらず、その新たな主題分類が、実は裁判官の始祖であり、人間界に永遠不易の法をもたらした「聖仙マヌ」にその起源が求められると主張することによって、独自の権威づけを試みた。かくして、タイの伝統法は、母法であるインド古代法からさらに遠ざかった存在となった。これはタイ法における「パーリ化」の、いっそうの進展を示すものといえよう。

三　EMVとLaksana

このように、EMVの権威が「聖なるパーリ語」におかれているということは、この分類が「不易の法」の一部として、伝統的な法典編纂における成文法分類の最高の権威とみなされていたことを意味している。『三印法典』編纂の経緯を述べた同法典総序には、「王室御文庫」所蔵の法典テキストを、「Phrathammasat から初めて[順次に]校訂し、『パーリ聖典』……に合致」させたという一節がある。

表1

タイトル(Laksana)	巻数
Phrathammanūn(裁判管轄権)	1
Wiwāt(紛争)	1
Rapfọng(訴訟)	1
Krommasak(賠償)	1
Sakdinā Phonlarŭan(文官位階)	1
Sakdinā Thahān Huamŭang(武官・地方官位階)	1
Kū Nī(負債)	1
Phua Mia(夫婦)	2
Chōn(盗賊)	2
Lakphā(誘拐)	1
Thāt(奴隷)	1
Betset(雑律)	1
Phayān(証人)	1
Mōradok(遺産)	1
Tralākān(司法官)	1
Utthọn(上訴)	1
Phisūt Damnam Luiphloeng(神判)	1
Kot Monthianbān(王室典範)	2
Āyā Luang(Āyā Rāt)(刑罰・和解)	2
Kabot Suk(反逆)	2

『三印法典』編纂当時における法律の配列順序は、今日知られていない。その冒頭に「プラタマサート」がおかれていたであろうことは、上に引用した同法典の一節から推定できるものの、それに続く各巻の配列を示す手掛かりはない。一般には、最も古い刊本である一八四九年版の「ナーイ・モート本」と、これを踏襲して一八六二―六三年に刊行された

「ブラッドレー本」の配列に従うことが多いが、これが編纂当時の配列をどの程度に反映したか、断定できる根拠はない。とくに、これら両刊本が底本としたテキストが五五巻本の写本であり、四四巻の原本（Chabap Luang）でなかった以上、これ根拠として、原本の配列について議論することは避けねばなるまい。こうした事情から、『三印法典』の原本の回収作業が一段落した段階で、その詳細な inventory を作成した J. Burnay は、法律を配列するにあたって、一応、当初の配列を再構成すべく考証を試みたが出来ず、結局「ブラッドレー本」の配列を採用せざるを得なかった。(9) 一九三八年、当時みられたかぎりの写本を照合して、『三印法典』のすぐれた校定本を作成したランガ R. Lingat は、四四巻の法典を三部に分かち、第一部には主として手続法を、第二部には実体法を、そして第三部には未整理の布告類を収録するという独自の立場をとった。

ここで、『三印法典』の編纂時における配列が知られていないという現状をふまえたうえで、同法典に含まれた個別のタイトルとその内容を手掛かりにしながら、はたしてEMVが、『三印法典』編纂時における分類基準であったかどうかを検討してみたい。

典　拠
「負債」Kū Nī 前文
「遺産」Mōradok 前文
「雑律」Betset 119
「雑律」Betset 132
「盗賊」Chōn 前文
「雑律」Betset 前文
「雑律」Betset 52
「雑律」Betset 前文
「雑律」Betset 52
「奴隷」Thāt 前文
「紛争」Wiwāt 前文
「夫婦」Phua Mia 前文
「反逆」Krabot 前文
「反逆」Krabot 前文
「刑罰」Āyā Luang 前文
「和解」Āyā Rāt 前文
「雑律」Betset 52
「紛争」Wiwāt 前文
「誘拐」Lakphā 前文
「雑律」Betset 139
「賠償金定率」Phromasak 前文
「雑律」Betset 156
「雑律」Betset 86
「雑律」Betset 86
「力役配分」Bānphanaek
[「上訴」Utthōn]

表2

“Ekūnatiṁsā Mūlagati Vivāda”	対応する法律にあらわれるパーリ語形
(1) iṇṇañ[ca]	iṇṇañ[ca]dhanaṁ
(2) rañño dhanacorahāraṁ	————
(3) adhammadāyajjavibhattabhāgaṁ	adhammadāyajjavibhattabhāgaṁ
(4) parassa dānaṁ gahaṇaṁ puneva	*〔dhanalakkhanaṁ〕
(5) bhattikka	————
(6) akkhappaticāradhūtā	*〔abbhūtalakkhanā〕
(7) bhaṇḍañ[ca]keyyāvikaya	————
(8) avahāraṁ	avahārañ[ca]
(9) khettādi	khettādi[ārāmavanādithānaṁ]
	khettādi[ārāmavanādithānaṁ]
	ītīyakāro vividho paresaṁ
(10) ārāmavanādithānaṁ	[khettādi]ārāmavanādithānaṁ
	[khettadi]ārāmavanādithānaṁ
	[ītīyakāro vividho paresaṁ]
(11) dāsīcadāsaṁ	dāsīcadāsaṁ
(12) paharañca khuṁsā	paharañca khuṁsā[thānā
	vitikkammabalākarena]
(13) jāyampatīkassa vipattibhedā	jāyampatīkassa vipattibhedā
(14) saṅgāmadosā[pi ca]	saṅgamadosā[pi ca rājaduṭṭho]
(15) rājaduṭṭho	[saṅgamadosā pi ca]rājaduṭṭho
(16) rājāṇa	[rajāṇatikkrammaviruddhakāro]
(17) suṅkādivivādapatto	————
(18) parampaseyho[pi ca]atta āṇaṁ	parampaseyho[pi ca]attaāṇamm
(19) ītīyakāro vividho paresaṁ	[khettādiārāmavanādithānaṁ]
	ītīyakāro vividho paresaṁ
(20) thānāvitikkammabalākarena	[paharañca khuṁsā]thānā
	vitikkammabalākarena
(21) puttādiādāgamanā saheva	puttādi ādāya gatā saheva
(22) hetumpaṭiccaadhikāraṇaṁ[va]	hetumpaṭicca adhikāranaṁ
(23) agghāpanāyū[ca]	agghāpanāyū
(24) dhanūpanikkhā	————
(25) āthabbanikā[pi ca]	āthabbanikā
(26) bhaṇḍadeyyaṁ[te]	[tāvakālikañca]bhaṇḍadeyyañ[ca]
(27) tāvakālīka	tāvakālikañ[ca]bhaṇḍadeyyañ[ca]
(28) gaṇīvibhāgaṁ	ganīvabhāgaṁ
(29) pañcūdarantaṁ	*〔pañcavidho〕/〔pañcavido〕
tu vivādamūlā ekūnatiṁsādividhā pi vuttā	

注） *〔 〕のなかのパーリ語は，Ekūnatiṁsā Mūlagati Vivādaと類似の意味をもつが，形の異なるもの．

『三印法典』全四四巻中一四巻は、具体的な事件に即して発せられた布告類であって、条文の形式をとっていない。また冒頭の「プラタマサート」とその続編ともいえる「インタパート Inthaphāt」各一巻は、他と若干性格が違うので、別個にとり扱う必要がある。残り二八巻は、いずれもその内容が mātrā と呼ばれる条文の形にととのえられ、いくつかの条文をまとめて、“Laksana～”という表題を付している(表1参照)。

これらの個別法では、前節に引用した「遺産」、「負債」、「刑罰」などの例の通り、その前文をパーリ語の引用をもってはじめる。したがって、『三印法典』におけるEMVの意味を考えるためには、まずこれらの個別法の前文にあらわれたパーリ語をEMVと比較して、その間の関係をテキストに即して確認しておくことが基本的な手続であろう。幸いこの作業は、ランガによってすでに行われているので、われわれはその結果を利用し、これに検討を加えることにする。表2は、ランガの表[Lingat 1983 : 62-64](10)を基礎に作成したものである。

第一に、その典拠をEMVに求めるため、前文にパーリ語を引用し、しかもそのパーリ語がEMVに示された語形とまったく一致するものが二一ある。この事実は、少なくともある時代において、タイにおいてもまた、EMVが法の分類原理として用いられた可能性が大きいことを示唆している。

第二に、内容的には一致するものの、まったく別個のパーリ語が用いられているものが三例ある。これに関しては、現在のところ、比較すべき他のテキストは発見されていないためその理由を知ることはできない。将来、ビルマ語テキスト、さらにできるならば、テキストの存在が知られながら文献学的研究の遅れているモン語テキストの研究が進み、それとの比較によって、この点にあらたな光が投じられることを期待するにとどめよう。

第三に指摘しておきたいのは、『三印法典』の Laksana のなかに、まったく対応するパーリ語があらわれないEMVが五例も存在しているという点である。このことは、一九世紀の初頭、『三印法典』が編纂された際には、E

MVが、すくなくとも分類基準としての一義的重要性を持たなかった可能性を示唆している。

四　EMVと『三印法典』の不整合

EMVと『三印法典』における法の配列と不整合は、各個別法の側から、EMVとの対応を調べることによってさらに鮮明となる。表3は、『三印法典』所収の個別法がEMVにどのように対応しているかを表にまとめたものである。EMVは、便宜上、表2左欄に示した番号をもって示す。

この表の左右を比較してみると、「賠償」、「負債」、「夫婦」など、両者が一対一に対応するもののある反面、「紛争」、「反逆」などのように、EMVでは二項目に分けられているものが、逆に『三印法典』ではひとつのタイトルで処理されていたり、あるいは「雑律」というひとつの分類に、EMVが九項目も含まれている例もあるなど、

表3

法律名	EMV
裁判管轄権	—
紛争	12, 20
訴訟	—
賠償	23
文官位階	—
武官・地方官位階	—
負債	1
夫婦	13
盗賊	8
誘拐(力役配分)	21(28)
奴隷	11
雑律	4, 6, 9, 10, 19, 22, 25, 26, 27
証人	—
遺産	3
司法官	—
上訴	29
神判	—
王室典範	—
刑罰・和解	16, 18
反逆	14, 15

表4

法の内容	対応するEMV
(0) 前文	9, 10
(1) 田畑地	—
(2) 宅地・園地	9, 10, 19
(3) 不当利得・質	—
(4) 詐欺	—
(5) 寄託	—
(6) 賃借	26, 27
(7) 雇傭	—
(8) 売買	—
(9) 贈与	4
(10) 賭博	6, 10
(11) 挑発	—
(12) 呪術	22, 25

両者の不整合があきらかである。

以上のうち「雑律」は、さらに一三に細分することができるので、そのおのおのとEMVとの対応を表に示せば表4のようになる。

ここにおいてもまた、両者は不完全にしか一致しない。こうした不一致は、EMVが法の分類基準であった可能性のすくなかったことが次第に明らかとなった。

こうした不一致に加え、『三印法典』の中には、「裁判管轄権」、「文・武官・地方官位階」、「神判」、「王室典範」など、対応するパーリ語をEMVのなかに見出せない重要な法律が数多く含まれている。これらの事実は、法典編纂者たちが、『三印法典』を編纂するにあたり、EMVの権威にほとんど束縛されなかったことを示唆している。

よく知られているように、『三印法典』は、一七六七年の首都アユタヤ陥落以来の混乱の間に、その大半が散逸したといわれるアユタヤ時代の諸法律を、ラーマ一世王の命をうけた委員会が検討し、これにアユタヤ滅亡以後、三八年の間に制定された布告類を加え、これらに一世王が朱をいれて、ひとつの「法典」として制定されたものである。編纂作業は、一八〇五年一月三一日に開始され、同年一二月一六日に完成しているが、その間、法典編纂自体のためついやすことができた時日は、約七ヵ月にすぎなかった。本来ならば、mātrā の形にととのえられ、いずれかのタイトル(Laksana)のもとに整理されるべき布告類が、おそらくはそのままの形で、巻末に収録されることになったのは、こうした時間的制約によるものであろう。加えて材料の不足が、編纂者にもうひとつの制約を課していた。一七九四年三月一七日のひとつの勅令(新勅令28)によると、アユタヤがビルマ軍の攻撃によって滅亡した際、「もろもろの法律書は四散して、あますところわずかに九分の一、一〇分の一となっていた」という。それゆえ、一八〇五年の新法典編纂に際し、校訂の対象としてとりあげられたアユタヤ法は、量的にかなり限定されていたものと思われる。かりに、EMVの分類が採用され、それにしたがった編纂作業を行おうとしても、そのすべてのカテゴリーを満たす材料がなかったという事態も考えられないことではない。しかし、これまでに行った検討をもとにして考えると、EMVが、『三印法典』編纂者たちが依拠した法分類の不動の基準であったとは考えにくく、EMVは新法典の分類基準としては用いられなかったのではないかと思われる。

おわりに

『マヌ法典』によって代表されるインド古代法は、下ビルマからチャオプラヤー河下流部を中心に繁栄したモン人を媒介として、タイの地にもたらされた。「プラタマサート」序には、「聖仙マヌ」によって、「根本語」すなわちパーリ語をもって説示された「タマサート聖典」は、師資相承してモン人の国ラーマンニャにいたって確立したが、それがタイ人にとっては理解困難のため、これをシャム語に翻訳するものである、という一節がみえる。ランガは、このラーマンニャを、タイのデルタ下流部にその中心があったと考えられているドヴァーラヴァティと考えた。ランガは、タイ人がドヴァーラヴァティのモン人を経由して、「パーリ化」されたインド古代法を受容したと主張したのである。(11) モン語の法律テキスト研究が未発達の現状では、タイ人が受容したとされる「パーリ化された」インド古代法」の詳細を知ることはできないが、『三印法典』という、限定されたタイ語法制資料についてみるかぎり、そこにあらわれた「パーリ化」の程度は、おなじく「パーリ化」の概念をもってとらえることのできるビルマ法とくらべ、さらに進んだ段階を示している。

タイにおける新しい法分類である Ekūnatiṁsā Mūlagati Vivāda(EMV)が、一九世紀以前のタイ法において、どのような意味をもっていたかについては、資料的裏付けをもって実証することは困難であるにせよ、『三印法典』テキストによるかぎり、EMVは、すでに法の分類基準としての実質的意義を喪失していたことがあきらかとなった。われわれはそこに、ヒンドゥー法の伝統にもとらわれない、実践的な分類が行われているのを見た。もしこうした改新が、一八世紀末ないし一九世紀初頭に発生したのであるならば、最近タイ人歴史学者によって強調されている、合理主義思想の台頭の、法律分野におけるひとつの発現形態である可能性もあり、ラタナコーシン初期の思想史研究にも興味あるテーマを提供しているものと思われる。

(1) (1)負債の不払い、(2)寄託、および保証、(3)所有権なきもの売却、(4)共同経営、(5)贈与物の取戻し、(6)賃金の不払い、(7)協定の不履行、(8)売買の解除、(9)(家畜の)所有者と牧者との争い、(10)境界に関する争論、(11)暴行、(12)名誉毀損、(13)窃盗、(14)強奪、(15)姦通、(16)夫婦の義務、(17)(遺産の)分配、(18)賭博、および賭け事(Manu：VIII, 4-6)〔『マヌの法典』(田邊)1953：207〕

(2) Robert Lingat, *Les sources du droit dans le système traditionnel de l'Inde*, Paris, 1967, p. 99.

(3) Robert Lingat, "L'influence juridique de l'Inde au Champa et au Cambodge d'après l'épigraphie, *Journal Asiatique*, 237, 1949, p. 274.

(4) 本書第II部第八章参照。

(5) U Shwe Baw は、ビルマに伝えられたインド古代法における訴訟主題の一八分類法が、ビルマにおいて重視されながらも、内容的に変化した事実を指摘している(U Shwe Baw, "Origin and development of Burmese legal literature," ph. D. thesis: Univ. of London, 1955, pp. 34-44. なお、M. C. Hoadley and M. B. Hooker, *An introduction to Javanese law*[The Association for Asian Studies], The University of Arizona Press, 1981, pp. 15-23 をもあわせて参照のこと)。

(6) テキストは Mahawitthayalai Wicha Thammasat lae Kanmuang, *Pramuan Kotmai Ratchakan thi 1, Chunlasak-*

karat 1166 phim tam chabap luang tra 3 duang, in 3 vols., Bangkok, 1938を用いた。Krom Sinlapakon, *Ruang Kotmai Tra Sam Duang*, Bangkok, 1978, pp. 15-16は入手が容易であり、かつ一冊本のため利用には便利であるが、誤植が目立つ。この部分のテキストだけでも、四ヵ所の誤植ならびに不備が見出された。なお、テキストのパーリ語綴は本文のままである。

(7) 利用したLingat校定本には、異本にadhikaranamとある旨の脚注がある。

(8) 本章では、『三印法典』所収のPhrathammasatを「プラタマサート」として、「聖仙マヌ」のもたらした「根本聖典」を指す場合には、「タマサート聖典」とする。

(9) Burnay, J., "Inventaire des manuscrits juridiques siamois", *J. S. S.* XXIII(3), pp. 151-162.

(10) Robert Lingat, *Prawatisat Kotmai Thai , lem 1.* edited by Charnvit Kasetsiri and Vikal Phongphanitanon, Bangkok : Munithi Khlongkan Tamra, 1983.

(11) Lingat, R., *L'influence indoue dans l'ancien droit siamois*, Paris, 1937, p. 9.

第一〇章　ラタナコーシン朝初頭における王権とサンガ

――『三印法典』「サンガ布告」を中心に

はじめに

一七八二年四月六日、バンコクを新都と定め、ラタナコーシン朝の基をひらいたチャオプラヤー・チャクリーは、功臣に対する論功行賞をすませると、ただちにサンガの高僧の任免を行った。『ラタナコーシン朝一世王年代記』は、その背景をつぎのように述べる。

小暦一一四四年寅年(一七八二年)、王はつぎのように仰せ出さる、俗界([ratcha]anachak)における文武諸官の任命を終えたいま、僧界(phutthachak)の秩序をととのえて衰微した仏教を振興し、その末永き発展をはかるべし、と。(1)

王はまず、「ソーター果」を得たと自称したタークシン王にへつらい、仏教を衰微させた罪により、ふたりの高僧に還俗を命じ、のちこれを処刑した。また、出家の本分を守って王命に屈せず、平僧に降格せしめられていた三人の元高僧の名誉を回復した。同年代記は、この記事に続き、サンガの管理幹部任命について詳細な記述を行っている。(2)これは、仏教サンガに対する一世王のなみなみならぬ関心の深さを示しており、王権と仏教との関係を示す重要な資料と考えられる。仏教、とりわけサンガ組織に対する国王の関心は、六年後の一七八八年に、バンコクで開かれた「第九結集」において最高潮に達する。

タイ・サンガの研究において留意すべきは、仏教サンガが、王室儀礼の執行者に特化したバラモン僧のように、一部の特権的僧職者によって構成されるエリート集団ではなく、タイ人庶民層出身者の集団である、という事実である。その中核的成員を、一般成人男子仏教徒から調達するサンガは、それゆえ、これら非エリート僧の性格によって規定される部分が多い。サンガの研究に際しては、高僧の動静だけではなしに、非エリート僧の状況を把握しておく必要がある。

本章では、一七八二―三年の年次をもつ『三印法典』中の「サンガ布告」七編をとりあげる。これら七編の「布告」は、叙述がかなり具体的であり、かつ成立年代が明瞭であることが、その史料的価値を高めている。以下、これら七編の「布告」を用いて、ラタナコーシン朝成立当初におけるサンガと王権との関係を、できるかぎり具体的に明らかにして行きたい。

一　史料について

本章で利用する「サンガ布告 Kot Phrasong」は、以下のとおり一〇編の「サンガ布告」を含むが、ここでは、とくに、一七八二年九月二一日から一七八三年一〇月二七日までの日付をもつ七編のみをとりあげる。この時期は、ラタナコーシン朝創設の年とその翌年にあたる。

『三印法典』「サンガ布告」制定の日付

第一布告	一七八二・九・二一
第二布告	一七八三・五・五
第三布告	一七八三・五・八
第四・五・六布告	一七八三・七・一三
第七布告	一七八三・一〇・二七
第八布告	一七九〇・二・一〇
第九布告	一七九四・八・一五
第一〇布告	一八〇一・六・九

二　国王の役割

「サンガ布告」には、王の修飾句として、「仏教を、その教学と実践の双方において堅固に発展させ、神々と人間がともどもこれを信仰し、礼拝するよう、その繁栄をはかりたまう聖教の至高の大外護者」という表現が頻用されている。この定型句は、一〇編の「サンガ布告」(一七八二―一八〇一年)のすべてに、まったく同一の形でみられるもので、一世王時代に公認されていた、仏教に対する国王の役割に関する観念が、定型句の形をとって集約的に表現されているものと考えてよいであろう。ここには、国王が、仏教の大外護者としての資格において、

i　仏教を、その教学と実践の双方において発展させ、

ii　神々と人間が、ともに仏教を讃仰するように導くべきである。

という思想が示されている。

「仏教の繁栄」とは、いかなる状況をさすのであろうか。この問題を考察するうえに示唆的な内容が「第二布告」のなかにみられるので、以下の該当部分の訳を示す。

パーティモッカ［二二七戒］とはすなわち聖教である。ビクたちが完全にパーティモッカを遵守するところにこそ、聖教は存在する。この理由により、王は、サンガに対し、四資具としてその財産を豊かに寄進したまうとともに、訓戒を垂れたまい、首都の内外、諸国のサンガをして、戒律を完全に遵守せしめ、もって世の人々が信仰の種を播く「福田」に布施を行う者すべてに、多くの果実を得ることを得さしめたまうのである。

この文書の前段が、ブッダゴーサの『サマンタパーサーディカー』序にみえるつぎの一節――vinayo nāma Buddhasāsanassāyu, vināye ṭhite sāsanaṁ ṭhitaṁ hoti(律は仏教の寿命であり、律の存在する間は聖教も存続する)――を前提としていることは、タイ・サンガにおける同書の伝統的位置からみて、ほぼ疑いの余地はない。この一文は、戒律と仏教とを等号で結ぶことによって、仏教が厳格な持戒によってのみその自己同一性を保持し得るという思想を、簡明直截に表現したものといえる。タイ人にとって、「仏教の繁栄」とは、すぐれて戒律遵守にかかわるのである。「仏教が繁栄」するとは、まずサンガの成員であるビクが、正しく持戒していることにほかならない。壮麗な大寺院も重要であるが、それは、正しく持戒する「清浄なサンガ」の存在の場となってはじめて意味をもつ。

繰り返すまでもなく持戒とは、優れてサンガの成員であるところのビクにかかわる行為である。それゆえ、「サンガ布告」にみえるこの一文は、仏教の存在が、出家者の団体であるサンガの、成員たる個々のビクの行為によって、一義的に規定されるという思想の、明確な表明と見ることが出来る。タイ国王は、ビク個々人の持戒の状況、言葉をかえていえば、サンガ内における出家者の生活の在り方に強い関心を示す。この一文は、そのようなタイ国王の行動の正当性の典拠をなすものである。

王は、ひたすら持戒修行に専念するビクの生活を支えるため、サンガ(具体的には個別寺院)に対し物質的援助を行う。国王のこうした崇仏の行為は、上下の王臣をはじめ、国民一般を同様の行為へと導き、サンガに豊かな物質的基礎を与え、ビクが、教学の研鑽と戒律の実践に専念する条件がととのうにいたる。

しかし、これはあくまでも前提条件にすぎず、条件の整備が、ただちにビクの厳格な修行生活の実現を保証するものではない。修行生活の条件が確保されても、そこで持戒が厳格に行われ、「清浄なるサンガ」が実現するか否かは、あくまでも個々のビクの自覚にかかっている。サンガの物質的基礎の確立は、必要条件であっても、十分条件とはなり得ない。

サンガとは、自律性をたてまえとする自治組織であり、その限りにおいて、外部よりの干渉は、たとえ国王であっても好ましくない。他方、国王は、「聖教の至高の大外護者」として、国民の信仰をあつめる「すぐれた福田」としてのサンガを、持続的に実現させる義務を負っている。在家の仏教徒たちは、国王が、「清浄なサンガ」の存在条件を満たすために、絶えず心をくばることを期待する。そこで、王は、持戒の状況に関心を払い、しばしばビクに対して「訓戒を垂れ」、時に物理的制裁を含む措置を講じて、正しい持戒の実践の監視につとめる。仏教徒たちは、世の「すぐれた福田」の実現に貢献した王を、「正法王」として讃仰し、よろこんでその権威に服する。逆に「すぐれた福田」の崩壊を放置した国王は、非法王として非難の対象となる。サンガに対する国王の「干渉」の背後には、こうした思想が存在している。

三「布告」内容の検討

(1)「第一布告」

この布告は、官僚とサンガの双方に向けて発せられた布告で、まず冒頭において、仏法の偉大さと説法の功徳が語られる。ついでサンガの現状に触れ、当時さかんに行われていた『ヴェサンタラ・ジャータカ』の説教が、その本を忘れ、世俗にこびて、ひたすら面白おかしい文句、節回しのみを追い求め、民衆の娯楽のひとつに堕している状況を概歎し、僧はすべからく、パーリ聖典と古注にしたがって教学を学習し、仏法を正しく世に広めるよう努力すべきであると、その自覚を促す。注目されるのは、この「布告」が、Hām yā hai……(……することを禁ず)という表現を用いている点である。禁止の命令者は国王である。この事実は、説法というすぐれてサンガの秩序phutthachak に属する行為に、俗権 ratcha-anachak が直接干渉を加え、その命令に服従しないものに対しては、処罰を加えることも辞さないという、国王の立場の明確な表明である。「布告」は次のように述べる。

ビクであれサーマネーラであれ、あるいは在家者であれ、王命にしたがわぬ者のある時は、その不心得者と(そのものが出家者ならば)その親族を引き出し、軽重にしたがい罪に定めよ。

「軽重にしたがい罪に定めよ thōt tām thōsānuthōt」という表現は、一般的犯罪に対する処罰規定として『三印法典』に頻出するもので、処罰が、仏教的秩序 phutthachak でなく、世俗的秩序 ratcha-anachak に属することを示唆している。

（2）「第二布告」

すでに述べたように、この「布告」は、「戒律は、すなわち仏教」というタイ仏教の存在の根底にかかわる、基本的な命題を表明している点において、重要な意味を持つ「布告」である。この「布告」が出された背景には、寺院のなかに犯罪人の資産が秘匿されていた事実が発覚し、官憲によってこれが摘発されるという事件があった。具体的にいえば、バーンワーヤイ寺の僧、サミー・ラックに資産を預けていたペン某なる女が、謀反の罪をもって告発されたとき、サミー・ラックが官憲の捜査に対して、積極的な協力を怠ったというものである。これに関し「布告」は次のように述べる。

もしサミー・ラックがまことの出家者であるならば、自分に預けられた資産を進んで Somdet Phra Sangkharat, Rachakhana のような高位の僧官に差し出し、戒律の定めるところにしたがって、それがすでに王に帰属するものなのか、あるいはなおペン女の所有物なのかを尋ねるべきであったにもかかわらず、かれはこれを何人にも知らせようとはせず……［密告によってその所在が明らかとなってはじめて］これを役人に示したのである。

これに続いて「布告」は、サミー・ラックの過ちがふたたび繰り返されることのないように、将来にわたって出家者による在家者の資産の預託を厳禁して、次のようにいう。

もしこの王命にそむく者ある時は、ビク、サーマネーラについては、盗みの大罪（パーラージカ）によって還俗せしめたうえ、鞭刑に処し、在家者についてはその資産を没収し、罪の軽重にしたがって鞭刑に処すべし。

サンガ、具体的には個別寺院が、犯罪者の隠れ家となり、社会秩序維持の障害となることを、未然に防ごうとしたものであろう。なお、この「布告」は、その末尾において、二〇歳を過ぎても、サーマネーラの身分にとどまる者があるという事実を指摘するとともに、これを禁止し、そのようなサーマネーラに対しては、ビクとして得度をうけて持戒生活にはいるか、ただちに還俗するかの選択をせまっている。これは、すでに成人した者が、具足戒の遵守の必要がないサーマネーラの状態にとどまることが、社会秩序の維持に好ましからざる影響を与えることを懸念してとられた措置であった。

(3)「第三布告」「第四布告」

これらふたつの「布告」は、いずれもビク、サーマネーラの登録制の導入に関するものである。「第三布告」はまず、「仏教興隆は、かかって、正法に住し、仏教を支持したまう国王の統治したもう国家に依存する」とのべ、仏教興隆の条件としての国王の役割を強調する。ついで、サンガ内部の秩序に言及し、親教師が持戒の範を垂れれば、得度を受けたばかりの新参僧は己の破戒を恥じ、かくして清浄なる戒律が保たれることになると述べ、年長のビクに指導者としての自覚を促す。「布告」はさらに言葉を続け、「しかるに今日のサンガを見るに、戒律はすたれ、出家者はたがいに戒め合うこともない。教師、親教師たちは、得度を受けた者を弟子として教育せず、これを放置しているため、新参僧は、ふたり、三人と連れ立っては勝手に歩きまわり、あるいは神通力を持つといい、あるいは超能力を会得したといつわって、世人の信仰をあつめる者もいる。また、かなたの洞窟、こなたの山にこもって超能力を体得した〝プーミーブン〟(功徳ある人)〝コンウィセート〟(異能の人)と自称し、徒党を組んでは玉座をうかがい、王国と仏教とを危うくしている」と述べる。そして、アイ・ダーら六人の叛徒の名を具体的にあげたのち、こうした状態が発生するにいたったのはすべてサンガの師僧たる者の怠慢であると非難し、サンガの秩序回復の手段として、次のようなサンガの組織化を命じている。

このさき、phrarachakhanaは、畿内畿外、全国のビク、サーマネーラの中から、地方サンガの責任者(rachakhana)と各寺院の住職(athikan)を任命し、クメール文字をもって寺院名を記載し、官印を押捺した身分証明書を作成して、すべての僧官に交付せよ。僧の数の多い地方にあっては、一寺に九ないし一〇人の僧を止住せしめ、これをひとりの住職に監督せしめ、また僧の数の少ない地方にあっては、四人ないし五人以上の僧をもって一寺とし、仏教、仏塔を衰退より守らしめよ。地方のビク、サーマネーラのうち、聖典研究、観法の修行を志し、旅に出ようとする者ある時は、僧名、俗名、年齢、親教師名を記し、地方サンガの責任者の官印を押捺したものを身分証明として携行せしめ、この証明によって、地方サンガの責任者がそのものの修行に許可を与えるようにせよ。

「第四布告」もまた、「第三布告」と同様の趣旨で発された布告である、ここでは「黄衣をまとう無為徒食の徒」を非難し、ビクが修行を怠ることのないようにせよ、と訓戒を垂れる。その一方で、サンガの規律を強化するため、僧官に対し、ビク、サーマネーラの名簿作成を命じ、これを宗務監督官を経て国王に提出するように義務づけている。さらに、度重なる訓戒に耳をかさない者は、サンガより放逐し、「サンガのいずこにも場所を与えぬことこそが、仏教の末永く繁栄するゆえんである」としている。

(4) 「第五布告」

この「布告」は、アイ・マーなる破戒僧が、女犯の大罪を犯しながら、なおサンガにとどまり、恥じらいもなく親教師として得度を与え、他のビクと同じく年々カチナの衣を受け、ウポーサタの儀式にも欠かさず出席していたという事件、さらに、人にわたすべき金銭を横領し、盗みの大罪に問われた僧アイ・チューの事件、およびアイ・

ケェオの犯した大罪に関連した布告である。そもそも「大罪(パーラージカ)」の違反者は、戒律によってサンガからの放逐が定められているが、この当時は、サンガの管理組織が弛緩し、サンガの自主的規制措置が実効性をもたず、パーラージカの罪に問われながらも、僧である身分を失わなかった者が存在していたことを、この「布告」は教えてくれる。この「布告」は、次のような激烈な言葉をもって、サンガの秩序回復のために俗権が介入する意思を表明し、サンガ内部の秩序破壊行為に、最高の刑罰である死刑を課している。

こののち、四大罪(パーラージカ)を犯すビクのある時は、同じ布薩堂のなかにおいて、その事実をビクたちの前に明らかにせよ、四大罪の違反者である事実を隠し、出家の姿をとり続けたビクが、サンガの行事に参加し、これに汚点を加えることのないようにせよ。(中略)もしこの王命にしたがわず、四大罪を犯した身でありながら、その事実を隠してサンガの行事に参加する者がいるならば、仏法はこれを悲しむのである。もし、かかる僧を告発する者があり、その告発の事実の正しさが証明されたならば、その僧をとらえて死刑に処し、その親族どもの財産を没収したうえ、これを鞭刑にせよ。

この「布告」には、サンガの威信回復にかける、一世王の強い意思がにじみ出ている。

(5)「第六布告」

この「布告」もまた「戒律を守らず、仏法にもとった生活を送る」当時の堕落した僧に対し、「知恵の向上に努めず、ひたすら飽食をむさぼり求めること牛馬とかわるところがない。」と痛烈な非難の言葉を浴びせている。と同時に、在家者が、慣習にしたがって無批判に僧形の人を尊敬し、これに食事のみならず、さまざまな金品の寄進を続けることによって、結果的には堕落僧の存在を容認し、これを助けているという状況をも批判し、「かかる在家の信徒は、仏教を侵害する〝盗賊ビク phiksu chon〟に支援をおくるに等しく、その布施行からは、善果を生まず、かえって仏教に害をなす行為にほかならない」と述べ、今後ビクに金品を送ることを禁じて、次のように述べている。

在家者は、出家の身にふさわしからぬ金品を、ビクに捧げてはならない。また、通常の鉄鉢、土鉢以外の托鉢用の鉢を捧げてはならない。また、ビクを招いて……按摩治療を乞い、薬の調合を願い、運勢を尋ね、まじないの絵を書くよう求めてはならない。ビク、サーマネーラは、パーティモッカ二二七戒にもとる行為を行ってはならない。また在家者は、このような誤ったビク、サーマネーラの心のおもむくままにしたがってはならない。

同「布告」は、僧官と宗務監督官に対して、堕落僧を還俗させるよう命じているが、同時に、かかる悪僧の存在を放任した宗務監督官を、罪の軽重にしたがって鞭刑に処すとしている。これは、サンガに対する俗権の監督強化を示す指標として注目したい。

(6)「第七布告」

この布告は、カチナの儀式に関する戒律の解釈をめぐって、新たに統一を達成したばかりの、ラタナコーシン朝支配域内に住むモン、ラーオなど異民族系仏教徒に言及した点に特徴が見られる。それとあわせて、サンガ内部における紛争解決の最高責任者を「Somdet Phra Sangkharat ただひとり」と規定している点が注目される。

四　サンガの管理組織

上に紹介した七編の「布告」は、その冒頭にそれぞれの「布告」対象が記されている。たとえば「第一布告」を例にとると、まず最初に中央政府の文官の官僚がならび、これに地方官が続く。そしてそのあとに、宗務監督官sangkari thammakan、サンガの管理幹部である高僧phrarachakhana、各寺院住職chao athikan、平僧anu-chonとならび、これらにかかる限定辞として、経学部khanthathura・観法部wipassanathura、村住部khama-wasi・林住部aranyawasi、都外nok krung、都内nai krungthep mahanakhon siayutthaya、一・二・三・四級国、東・西・南・北という言葉が続く。「第二布告」から「第七布告」までの六編の「布告」では、「第六布告」を除き、いずれも中央政府の官僚部分がなく、宗務監督官と僧官、および平僧が「布告」の主たる対象とされている。

上述した布告の形式から、ラタナコーシン朝創設当時のタイのサンガ管理組織として、次のような図式がうかびあがる。

第一に、当時のタイ・サンガは、サンガのレベルで管理幹部としてphrarachakhanaという位階をもつ高僧が任命されていたことである。「第三布告」には、「phrarachakhanaは、畿内畿外、全国のビク、サーマネーラのなかから、地方サンガの責任者(rachakhana)と各寺院の住職を任命し」とあり、布告の対象として現われてこないが、中央の管理組織と個別寺院の間に、rachakhanaという、地方レベルのサンガの責任者が任命されていた事実がわかる。『ラタナコーシン朝一世王年代記』には、サンガの最高幹部としてSomdet Phra Sangkharat(＝sangharaja)が任命されたとあるが、この最高位の僧官職の存在は、「第七布告」などからも確認できる。

第二に、国王の政府とサンガの接点として、宗務監督官 sangkari thammakan という俗官が任命されていたことである。Sangkari という語は、辞書には sangkhakari の形で載っている。Sangkari と thammakan が、はたして別々の職名であるのか、あるいは二語でひとつの職名をあらわしたものかは確認できない。同じ『三印法典』に収録されている「位階田表」には、Krom Sangkari(宗務監督局)という役職の名がみえるが、これによると、その組織は以下のようなものであったらしい。

宗務監督局(Krom Sangkari)

	欽賜名	サクディナー
局　長	Luang Thammaraksa	一〇〇〇
次　長	Khun Thammathibodi	六〇〇
三　席	Khun Sithammalangka	四〇〇
事務官	(位階は mun)	二〇〇
登録官	Khun Phromphakdisithammakan	二〇〇
属		八〇

この「位階田表」に示された「宗務監督局」の組織は、中央政府に属するものであるが、「布告」を見ると、サンガと同様、宗務監督官にも、nok krung nai krung すなわち、都の内外という限定修飾辞がこれにかかると考えられるので、何らかの形で、地方についても「宗務監督官」が任命されていた可能性が高い。いずれにせよ、国王の「仏教の外護者」としての任務を代行する役職が、伝統的に配備されていた状況が知られる。

なお、これらの「布告」は、僧官の任命者については述べるところがないが、それが国王であることは『年代記』を典拠として上述したとおりである。

五　国王とサンガの関係

「第一布告」から「第七布告」にわたる七編の「布告」は、ラタナコーシン朝が、バンコクを首都として成立した一七八二年から翌八三年における仏教サンガの状況と、一世王がこれに対して講じた措置、ならびに、その措置の背後にあるタイ国王と仏教サンガの伝統的関係を、きわめて具体的な形で示している。その関係は、次のように要約できるであろう。

(1) タイ国王は、「聖教の至高の大外護者 akkamahasasanupathamphok」であり、仏教を発展させ、もって国民に信仰のよりどころを与える存在である(「第一―七布告」)。

(2) 国民はサンガを「福田 na bun」と信じていた(「第二布告」)。

(3) サンガが「福田」として信仰の対象であるためには、サンガの成員たちが、厳重に戒律を遵守することが必須条件である。「戒律のあるところ、そこに仏教がある」(「第二布告」)。

(4) したがって、「聖教の至高の大外護者」である国王が、仏教に対してもつ任務のひとつは、サンガにおける持戒の状況を監視し、もし持戒の弛緩が見出されたならば、積極的にその矯正をはからなければならない(「第三布告」)。

こうした理論を背景とする一世王のサンガに対する態度は、次のように要約される。

(1) 原則の提示

a 「仏教の興隆は正法王の統治する国家に依存する」(第三布告)ことを宣言し、サンガと国家の基本的関係を示す。

b 戒律の有無をもって仏教の盛衰の判断基準とする思想は、もともとスリランカの大注釈家ブッダゴーサに由来するものであることは前述のとおりであるが、一世王は、『サマンタパーサーディカー』に示されたこの思想を、「サンガ布告」のなかに明記してこれを一般に知らしめ、かれの対サンガ政策が、正統的注釈家の著述に典拠をもつことを示した。

(2) サンガへの寄進行為

第二「布告」は、国王が「サンガに対し、四資具(=戒律が出家者に認めた四種の資)として、その財産を豊かに寄進したまう」と述べている、サンガを物質的に支え、崇仏の範を垂れることを王の任務としている。

(3) サンガ管理機構の整備

サンガの管理は、あくまでも出家者の秩序に属するものであり、自律的存在としてのサンガという立場に立てば、国王の関知すべきことではない。しかし、出家という行為が、在家の物質的支持を前提として初めて可能となる以上、そして歴史的には、それが国王の支持の有無に大きく依存してきた、という逆説的事実に思い至るとき、国家によるサンガ管理は、戒律仏教にとって必要悪と言わなければならないのかもしれない。「サンガ布告」に示されたサンガの管理機構は、前節に述べたとおりであるが、そこで触れなかった点のうち、僧籍証明書の発行(「第三布告」)、僧の名簿の作成が指示されていること(「第四布告」)が注目される。当時、タイ人成人男子は、すべて入墨を施され、munnai と呼ばれるパトロンに帰属せしめられ、一定の場所での居住と夫役の義務を負っていたが、サンガの成員はこれらの夫役の義務を免除されていた。したがって、黄衣をまとうことによって僧としての尊敬を受け(「第六布告」)、かつ夫役の義務からもまぬがれる者がいるという状態が発生する可能性があり、国王はこれを防止する必要が生じたのである。移動に際して僧籍証明の携行を義務づけたことは、世俗的秩序の浸食を防ぐ措置であったと考えられる。Nen yai すなわち成人に達したサーマネーラが、具足戒を受けずサーマネーラのままにとどまることを禁じた(「第二布告」)のも同じ趣旨に出るものであろう。

(4)　強制還俗による破戒僧の排除

二二七戒の冒頭には、性交、盗み、殺人、虚言の四項目を「パーラージカ」と称し、違反者は「共住すべからざる者 asangwat」と定められている。つまり、これらの「四大罪」を犯したビクはサンガから追放されるべきことが、戒律によって規定されている。当然のことながら、あるビクが「パーラージカ」を犯したかどうかの判定も、違反事実確定後の追放措置も、サンガによって行われるのが建て前である。しかし「第五布告」の示すとおり、一七八三年当時のタイにおいては、パーラージカの罪を犯したと判断されるようなビクが、サンガの側からいかなる制裁措置をも蒙ることなく、僧としての生活を続けるという状況が発生していた。ただ「第五布告」を読むうえにおいて留意すべき点は、パーラージカの違反者であるとの非難が、サンガによってでなく、王によって行われているという事実である。この場合つぎのふたつの状況を想定することができる。

i　そのビクのパーラージカ違反が、事実であったにもかかわらず、サンガに自治能力がないので、これを排除することができないため、王が「聖教の外護者」の資格において、パーラージカ違反を追及する場合。

ii　そのビクのパーラージカ違反事実が、サンガによって確認されず、世俗権力の側でその判断が下され、これをパーラージカであるとして非難し追及する場合。

「第五布告」に言及されたケースがこのいずれに当たるかは不明であるが、たとえば、仏教的には何ら非難に値する行動の見られない僧が、反体制的であるという理由によって「パーラージカ」の汚名を着せられ、追放された近年の事例があることを考えても、この手の問題をとり扱うにあたっては、十分の注意が必要とされる。しかし、そのいずれの場合にせよ、僧をサンガ、すなわち「僧界」から排除し、国王が一義的にその権力を行使し得る秩序である「俗界」へと引き戻す論理が、「パーラージカ」違反という、「僧界」の論理であったことは、当時ほどサンガが混乱していた状況においてさえ、「僧界」「俗界」のダイコトミーだけは守られていたという事実を示していることを確認しておきたい。

「パーラージカ」による追放は、サンガによって行われる。しかし「サンガ布告」のテキストによるかぎり、強制還俗の命令は、「……を還俗せしめる hai suk」という文言をもって、一世王の直接命令として行われており、この時代において、サンガに対する王権の介入度が、きわめて高かったことを示している。還俗後の破壊僧については、死刑を含む厳しい刑罰が課せられているほか、破戒僧の親族に対してまで、その罪の責任を問うている。

おわりに

以上、『三印法典』所収の七編の「サンガ布告」の内容の検討から、ラタナコーシン朝創設当初における、王権とサンガの関係を考察してきた。一七八二年四月、前国王タークシンを、「非法 athamma」を理由として排除してタイ国王となった一世王にとっては、混乱した国内秩序を回復して、新政を開始するにあたって、自らが「正法王 thammaracha」であることの証拠を、かれの新しい臣下たちの前に提示する必要にせまられていた。タイの伝統的価値意識においては、「正法」は「清浄なるサンガ」によって伝承され、「清浄なるサンガ」は「正法王」によって維持され、人民は「正法王」の権力の正統性を承認してその支配に服するというトリアーデ関係が存在する。(3)それゆえ一世王は、まず「清浄なるサンガ」を回復することこそが、「正法王」のあかしとして必要かつ有効な作業であると考えたのであろう。「サンガ布告」についてみるかぎり、当時のタイ・サンガの秩序は乱れ、混乱していた。ビクの聖典研究の水準は低く、寺院で行われる説法の卑俗化がはなはだしかった。ビクの生活は乱れ、人々はただ慣習にしたがって、ビクの生活を支えるにとどまっていた。新参僧の指導にあたるべき親教師や年長のビクは、その本分を忘れ指導を怠り、そのためビクの無軌道の行動が目立った。ビクの持戒を怠り、さまざまな破戒行為が見られたが、規律の弛緩したサンガには、破戒僧を排除する力もなかった。こうした状況を前にした一世王は、即位後一年半の間に、七編の「サンガ布告」を発して、サンガの秩序回復に努めたものと考えられる。こうした一世王の施策が、はたしてどの程度の実効性をもつことができたのかについては、残念ながらこれを知るてがかりはない。しかし、その後、一七九〇年、一七九四年、一八〇一年の三回にわたり、それぞれ「第八布告」「第九布告」「第一〇布告」が出され、そこにおいても依然として、サンガの混乱状況が描かれていたという事実は、「布告」に示された一世王の高圧的な姿勢にもかかわらず、サンガの統制措置が、かならずしも実効をあげ得なかったことを物語っているといえよう。そのことは、おそらく一世王時代における国内統治それ自体ともかかわりをもつのであろう。タイに真の意味での中央集権的統治体制が確立するためには、その後一世紀の年月を必要としたからである。にもかかわらず、ここにとりあげた「サンガ布告」のなかには、やがて一九〇二年にいたってようやく制定されることになる「サンガ法」の萌芽が、すでに数多く見られることは留意しておくべきであろう。たとえば「第三布告」にいう僧の身分証明書は、「サンガ法」一三条九項に規定された「僧籍証明書」と同じ思想に出るものであろうし、「第四布告」がビク、サーマネーラの名簿作成を義務づけているのは、「サンガ法」一五条において、「すべてのビク、サーマネーラは、かならず、いずれかの寺院の名簿に登録されなければならない」としていることと軌を一にしている。

これらの「サンガ布告」研究の重要性は、そこに表明されたものと同一の思想が、現代においてもその意義を喪失していないことを知ることによって、さらに増加する。たとえば、サンガの秩序が混乱し、その統制力が弛緩し、「パーラージカ」に問われたビクが、追放されることもなくサンガにとどまっていることを知った一世王が、これに強制還俗を命じた「サンガ布告」の記述は、一九六〇年、マハーニカイ－タマユット両派の抗争によって統制の弛緩したタイ・サンガに介入し、ひとりの高僧を還俗させ、これを投獄したサリットの政策を思わせるものがある。この意味において、「サンガ布告」は、その実効性を別にするならば、後世の「サンガ法」の先駆的形態であるばかりでなく、「仏教国家 Buddhist polity」の極限的状況における政治権力とサンガの関係を示したものとして、さらに詳細な検討を加えるに値する資料といえよう。

引用文献

Ongkankha khong Khurusapha, *Kotmāi Trā Sām Duang*, Vol. 4. Bangkok, Ongkankha khong Khurusapha, 1962.

Thiphakorawong, *The Dynastic Chronicles Bangkok Era, The First Reign*, Translated by Chadin Flood, Tokyo : The Centre for East Asian Cultural Studies. 1978.（原著 Thiphakorawong, Chaophraya, *Phraratchaphongsawadan Ratchakan Thi 1.*）

（1） Thiphakorawong, *Phrarātchaphongsāwadān Krung Ratanakōsin chabap Hōsamut haeng Chāt*, Bangkok, Klang Witthaya Press, 1962, p. 28.

（2）ibid., pp. 29-32.

（3）石井米雄『上座部仏教の政治社会学——国教の構造』創文社、一九七五年、七七—八三頁。

第一一章　タイの徭役制度の一考察——『三印法典』を中心として

はじめに

小暦一一四五年［一七八三年］、卯年第五年、勅令をもって全国の公民、私民および地方隷民［を登録するため］の入墨隊を組織し、［登録簿に編入させられた］人民を徴用して、煉瓦を焼かせ、またその一部を旧京［アユタヤ］に派遣して、旧城壁の廃墟から古煉瓦を回収させ、これを運んで王都［バンコク］の建設、王宮、副王宮の造営を行った。（ラタナコーシン王朝一世王年代記）(1)

タイにおける徭役労働制度成立の時期を確定しうる史料は、まだ現われていない。「アユタヤ年代記」小暦八八〇年（一五一八年）、寅年の条に、「ラーマティボディ王のとき、……初めて登録簿の編造を開始す。」という記事が見えるが、(2)これが、アユタヤ朝における、兵役および徭役のための壮丁徴労を目的とする登録制度の成立を示唆する、ほとんど唯一の文献である。ダムロン親王は、その著『兵制史』の中で、徭役制度運営の母体とも言うべき「登録司」（後述）の設置の時期を、ラーマティボディ二世の治下とする見解を表明しているが、(3)親王の典拠とした史料も、「アユタヤ年代記」のこの一節にほかならない。

徭役制度の機構そのものについての議論はさておくとしても、「アユタヤ年代記」のなかには、たとえば一四九八年に実施されたサムロン運河とタプナング運河の修復工事、一五二二年のバンコク・ヤイ運河、一五三八年のバン・クルアイ運河、一六三六年のムアン・ノンブリ運河の開削など、数多くの土木工事の記事が見えている。その中には、一七〇四年のコーク・カーム運河の建設の場合のように、三万余人の農民が動員されたことを明記した記述もあって、徭役制度がかなり広く行われたことを示している。(4)

本章は、タイの徭役制度の骨子を、『三印法典』のテクストに則して再構しようとするひとつの試みである。

一　徭役義務者 chakan

前近代のタイ社会には、王族 chao nai と大小の官僚群 khunnang によって構成される上級身分層と、人口の大半を占める農民の属する下級身分層 phrai の二大身分層があった。前者は phu di すなわち「良人」と呼ばれ、徭役義務を負わない。国家の必要とする力役負担は、もっぱら khon leo つまり「卑人」と呼ばれるところの下級身分層であるプライ phrai によって担われていた。

徭役義務者を chai chakan あるいはこれをつづめてチャカン chakan と呼ぶ。『三印法典』テキストには sakan の形で現われることが多い。この語は、今日では、兵役義務者の意味に用いられている。

少年が何歳に達した時、チャカンとなったかについて「法典」は沈黙している。現在の有力説は一八歳をもってチャカンとする。これはダムロン親王によって唱えられた説で、(5)タイ国の学者はもとより、欧米の学者にも広く受け入れられ、定説となった観がある。(6)しかし筆者は、「年次別法令集成 Prachum Kotmai Pracham Sok(以下 P. K. P. S. と略称する)」の中に、短いが重要な一布告を見出して以来、この定説に疑いを抱いている。その布告とは「チャカンの年齢、および老齢のためチャカンの身分を解かれる年齢を定める布告」と呼ばれ、ラタナコーシン暦一一八年（一八九九年）一二月四日に公布されている。(7)この布告はその第一条において、「自今」一八歳に達したものをチャカンとして登録することができると定め、第二条において同じく「自今」六〇歳に達したものをチャカンの身分を解き、官務への服役を免除すると規定している。

この布告によって、チャカンの年齢が一八歳以上と定められたのは、一八九九年末にすぎないことを知るが、しからば、それ以前の状況はいかようであったのであろうか。これについては、同布告の前文が重要な手がかりを与えているので、以下に該当部分を訳出しておこう。

登録簿に記載され、官務に服する義務を負うものについて［の判定］は、これまで各人の体軀を基準として行われていた。すなわち、背丈二ソーク・一クープ［約一・二五m］に達した男子を、(8)チャカンとして登録し、これを官務に服せしめていた。しかしながら、体軀を基準としての判断には、大柄なものが、一四〜五歳で規定の高さに達する一方、小柄のため、一九、二〇、二一歳をすぎても、なお規定に達せぬものが生ずる、という不都合があった。(9)

以上の引用は、この布告が発せられた一八九九年以前には、チャカンの認定が、年齢によってではなく、本人の背丈を基準とし行われたものであることを明瞭に示している。問題は「これまで」という言葉を、「いつから」と解すべきかという点と、つぎに、たとえばアユタヤ期において、チャカンの判定を年齢に基づいて行っていたものが、後に背丈による判定に変化した、という可能性の有無の吟味が残る。しかし、いまもしかりに、このような変化がかつて生じていたとするならば、法律であれ布告であれ、その判定の由来について克明な解説を行うのを常とするこの種の前文が、かかる重大な変化に沈黙する可能性は比較的少ないと見ることができる。さらにダムロン親王が、チャカンを一八歳以上とする根拠をどこにも明示してはいないこと、および筆者の検索したかぎりでは、

「年代記」にも「法典」にも、それを示唆する記述が見当たらぬことなどから推論するに、ダムロン親王の見解は、一八九九年以降の慣行の、不用意な類推に起因する誤解ではないかと考えられる。

壮丁chakanの身分から解放されるのは、

(1) 老年に達した時(plot chara と呼ばれる)

(2) 三人の息子がチャカンとして登録された時(but sak sam)

(3) 不具者もしくは狂人と認定された時(phikan wikon charit)

(4) クンムンkhunmun(後述)に出世して、チャカンの監督者となった時

の四つの場合のほか、一時的な徭役義務からの解放として、(5)出家して僧籍に入った時(buat phikkhu buat nen)をあげることができる。

この内plot chara、すなわち老齢による徭役義務からの解放について見ると、「法典」は何歳をもって「老年」chara と認定するかについてはまったく触れていない。これまでの定説は、やはりダムロン親王の見解で、これによるとチャカンは、六〇歳をもって定年退役となる。[10]

しかし筆者はこれについても、さきのチャカンの場合と同一の史料に基づき同様の疑いを抱く者である。すなわち上に引用した「布告」の前文には、「さらに老齢の故をもって官務を免除される年齢についてみると、これまではチャカンが七〇歳に達してからであったが、陛下は、これが人民にとって大きな苦痛であろうと思し召した[11]」とあり、さらに第二条において「自今、六〇歳に達したものはチャカンの身分を解き、老齢者として官務への服役を免除する」と定めている。したがって筆者はplot chara六〇歳説が、チャカン一八歳説と同様に、後世の慣行からの、不用意な類推によるものではなかろうかと考えている。五世王即位の当時charaが七〇歳以上であったこ

とは、小暦一二三六年(一八七四年)陰暦一一月に交付された「奴隷の子の年齢別身価にかんする布告」の中に「……七〇歳になって、老年の故に登録簿から除籍されるまでには、まだまだ長い歳月を経なければならない」という一節があることからも、確認することができる。(12)

在地において、直接チャカンの指揮監督にあたった下級役人は、クンムン khunmun と呼ばれた。チャカンのうち能力のあるものはクンムンになることができた。クンムンから、さらに上級の役人に出世することも不可能ではなかったことは、「反逆法」一〇のつぎの一節からもこれをうかがうことができる。

phrai である者が、mun, phan, cha, samien などになった場合には、たとえ誤りを犯しても一度目、二度目は許せ。khunmun, phan, cha, samien がさらに昇格して khunnang となった場合には、官務の遂行においてもし誤りがあったならばこれを許すな。もしプライが幸運に恵まれ、一挙に khunnang の位を得たならば、官務の遂行において誤りを犯したとしても、ひとまずこれを許せ。(13)

チャカンは、比丘または沙弥として得度を受け、僧籍に入れば、その期間中は徭役義務から解放されることができた。しかし還俗した場合には、再びチャカンとして官務に服した。この場合、俗界への再適応のため、一ヵ年の猶予期間がもうけられていたことは興味深い。「旧勅令」四八は次の一節が見えている。

もし……還俗した比丘、還俗した沙弥が、登録するにふさわしい時には、満一ヵ年の猶予を与え生計の糧を得さしめ、しかる後、チャカンとして登録して官務に服させよ。(14)

これは、徭役労働に従事している期間中の食糧は、すべて自前で調達しなければならず、官給でなかったという事実によるものであろう。

二　プライ phrai の管理組織

プライの動態を把握し、国家の必要に応じて、チャカンの労働力を随時動員するための組織としてクロム krom と、その下部単位ムー mu が編成され、すべてのプライはいずれかのムーに帰属せしめられた。(15) ムーの成員としてのプライをルーク・ムー luk mu と呼ぶ。「組子」の意である。クロムの管理を行うため、それぞれのクロムに、通常一名の、チャオ・クロム chao krom、その補佐役として一名のパラット・クロム plat krom、クロムに帰属するプライ、より正確にはチャカンの名簿を管理するため一名のサムハバンチー samuhabanchi という合計三名の役人が任命された。

クロムの規模は大小さまざまであるが、特に大きいクロムの場合には、ひとつのクロムが複数の小クロムに分かれ、それぞれのチャオ・クロムの上にクロムの総統括者としてチャーンワーン chang wang という職がおかれた。ムーの規模もクロムと同様一様でなく、これはさらにコーン kong、ムアット muat などに細分された。(16) コーンの長をナーイ・コーン nai kong、ムアットの長をナーイ・ムアット nai muat と呼ぶ。チャオ・ムー chao mu、ナーイ・コーン、ナーイ・ムアットなど直接プライを指揮監督する役人を総称して、ムーン・ナーイ mun nai、略してナーイ nai という。上述したクンムンとは、このうちで、配下のプライと同一地域に居住し、直接ルーク・ムーの管理にあたるナーイ・コーンおよびナーイ・ムアットを指す。ダムロン親王は、前掲の『兵制史』のなかで、ナーイ・コーン以下、いわゆるクンムンが、プライと同一地域の居住者であると述べている。(17) これに対しチャオ・ムー以上の役職にある者は、おそらくバンコクなどルーク・ムーとは離れた場所に居住していたものと思われる。

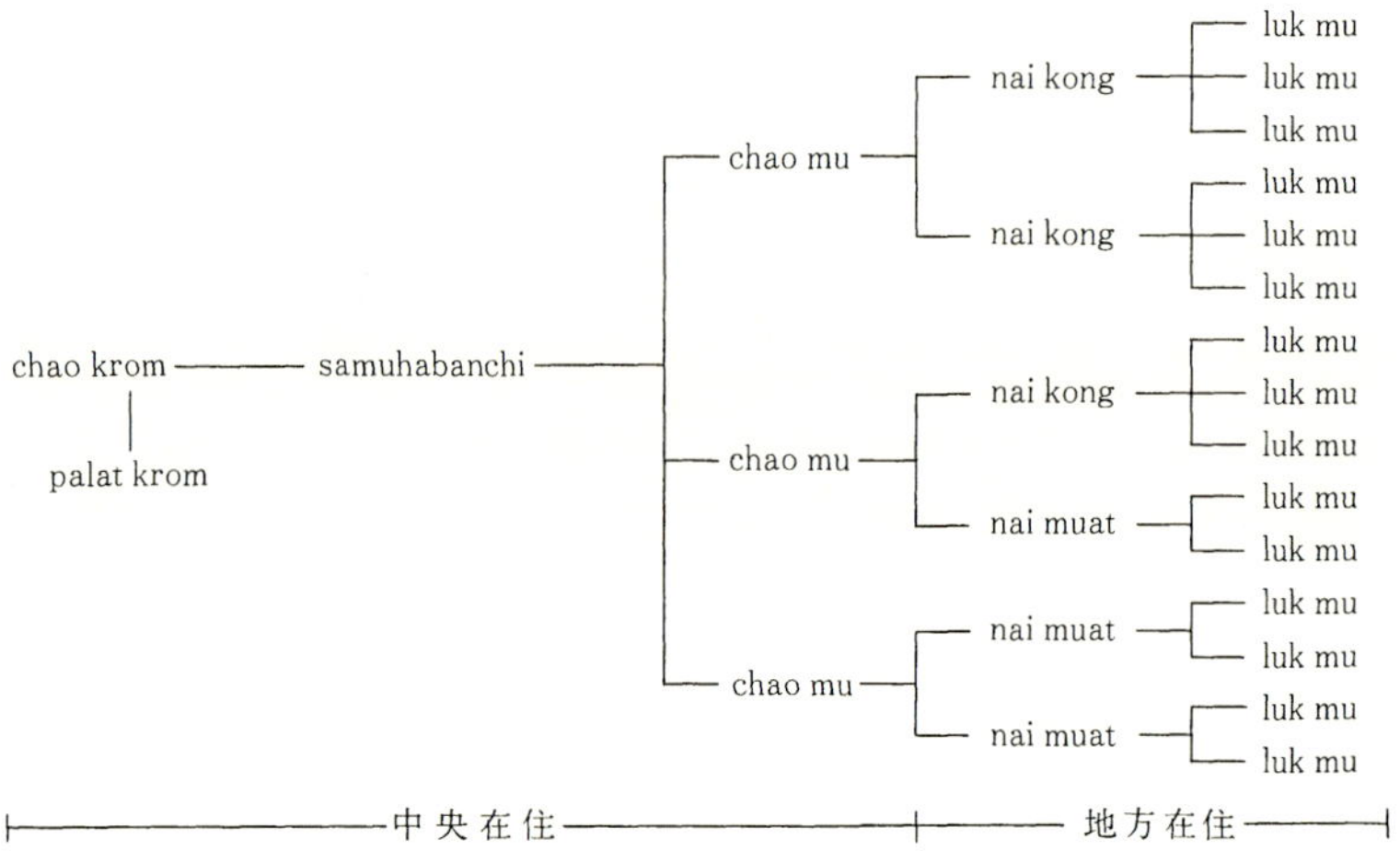

図1　kromの構造

「旧勅令」五七に「もし、兵部の各クロムに所属するチャオ・ムーやサムハバンチが、第一級、第二級、第三級、第四級国に赴いて、そこに居住している[自分の]ルーク・ムーやメエ・ムー mae mu を徴発しようとする時には、プラタンマヌーン Phrathammanun に定めた官印をば地方官に示し……」(18)

とあるのはこの点を示唆するものと見られる。

クロムとルーク・ムーとの関係を図示すれば、図1のようになるであろう。

プライのムーへの帰属を強制する方策としてとられたのが、無所属のプライから訴権を奪うという措置である。「訴訟法」一〇は次のように定めている。

> 人民がいかなる問題について訴えをおこそうとも、もしその者がムーン・ナーイ mun nai に帰属していないならば、決してその訴えを受理してはならない。(19)

ルーク・ムーとしてムーに所属し、ムーン・ナーイの指揮を受けて徭役に従事する義務を負ったチャカンは、すべてその手首に入墨を施され、一見してその身分が明らかとなる措置がとられた。この入墨を sak kho mu(手首の入墨)という。入墨を施され、チャカンとしての登録を完了したプライは lek と呼ばれる。

入墨の内容がどのようなものであったかは必ずしも明らかではないが、後述する「公民」「私民」の区別、居住地の略号、所属するムーン・ナーイの名などではなかったかと想像される。この推定の根拠につぎに訳出する「旧勅令」三四および「新勅令」一八がある。

国の名、ムーン・ナーイの名をすべての人民の手首に入墨して、のこらず官の徭役に服することを得さしめよ。(20)（「旧勅令」三四）

今日、lek たちに、あるいは公民として、あるいは私民として、あるいは奴隷として、あるいは捕虜奴隷としての入墨を施し……。(21)（「新勅令」一八）

入墨を怠った者は kho mu khao(白手首)と呼ばれ罪に問われた。なお前節で触れた老齢による徭役免除、および不具者に対する徭役免除も入墨によって示されていたらしく、それぞれサック・チャラー sak chara、サック・ピカーン sak phikan と言う言葉がのこっていることを付言しておきたい。

入墨の強制は、当然予想されることながら、偽入墨の流行をうながした。徭役制度の存続をおびやかすこの種の危険な犯罪に対し、政府は厳しい態度でのぞんだようである。「旧勅令」三四のつぎの一節はこの間の消息を語っている。

もし、おきてに逆らい、[入墨用の]鉄具を鍛えて偽の入墨を行い、あるいは[入墨用の]官の鉄具を盗んで入墨を行う[者ある時は]……法に従い死罪に定められる。(22)

ダムロン親王は「二世王年代記」の中で、入墨の時期および入墨される場所について、つぎのような興味ある証言を行っている。(23)

「ところで、古来の慣行によれば、入墨によってlekをmuに分属させる方法は、前国王の治下で行われた入墨が腕の内側であった場合に次の国王は、腕の外側に入墨させて、さらにまたその次の国王の時には、もう一度内側に戻るという方法がとられた。私は、王城警護の公民であった老人で、三世王、四世王、五世王の三回にわたって入墨を受けた者に出会ったことがあるが、その入墨を見ると、上に述べたような次第であった。」

ここでダムロン親王は「古来の慣行」と称して、「腕 khaen」の内・外の入墨に言及しているが、sak kho mu の kho mu は「手首」の意であり、「腕」とは明らかに違う。「手首」というのが名のみで、実際には「腕」であったのか、それともかつて「手首」であったものがのちに「腕」にかわったのか、その点は明らかでない。ただし、タイ国立図書館所蔵の五世王時代の登録簿では、一律に sak thong mu すなわち「腕への入墨」という表現がとられている。

さて、入墨を受けた lek の記録を司る役人が前述したサムハバンチ samuhabanchi である。banchi とは「帳簿」の意味であるが、lek の登録簿は薄紙 kradat sa に、薄墨をもって記帳したもので、その細長い形が凧の尾に似ているところから「凧の尾帳 banchi hang wao」と名付けられ、またしばしば hang wao と略称されている。バンコクの国立図書館には、一九世紀以降の hang wao が未整理のまま多数保存されているが、その内、「法典」の完成する二二年前、小暦一一四四年(一七八二年)すなわち一世王の治世一年の hang wao の一点の訳を以下に示す。

小暦一一四四年、寅年、第四年陰暦後八月、黒分第四日、日曜日、私こと khun kaeo ayot(?-)、……書記、私民、奴隷に関する登録簿(hang wao)を、姓名、住所をしるして、二部をつくり、下記のとおり登録司に御提出申し上げます。

Nai Ching 三五歳、妻 Amdaeng Bunkoet, Ratburi 国の助役補所属、書記を志望。一名。

Nai Sang 二五歳、妻なし、Thonburi 国在住、Khun Thongsamut 所属、書記を希望。一名

小計　書記　二名

Nai Mak 三一歳、妻 Amdaeg Sen, Thomburi 在住、Luang Ratchachin 所属、私民を希望。一名。

Nai Lek 三〇歳、妻 Idon, Phra Lau(?-)所属、法廷にて支払不能宣告を受け奴隷とされる。

以上新規　書記　二名
　　　　　私民　一名　　計四名
　　　　　奴隷　一名

国立図書館所蔵の文献についてみるかぎりでは、地方から中央に送付された lek の登録簿は、この例にみられるような薄紙一枚にしるされた hang wao であって、中央ではクロム別にこれを集計し、その結果をサムハバンチが黒色の横型折本 samut thaidam に白色の墨で記帳したものと思われる。

登録簿に記載された lek は phu mi chu(直訳すれば「名前の記載された者」)と呼ばれる。

登録簿にかんして用いられている「法典」の用語で、内容の不明なものとして、thabien hang wao と hang wao tang thabien の区別をあげることができる。

「人民分配法」[24]によると、ムーの帰属にかんする争いが生じたとき、一方のチャオ・ムーが thabien hang wao を持ち、他の一方が hang wao tang thabien を持つ場合には、thabien hang wao を持つほうのチャオ・ムーが勝訴して、そのクロムに帰属が決定される、と定められている。すなわち、「チャオ・ムーの間で、プライの帰属について争いが生じたとき、一方が thabien(hang wao)を持つといい、他の一方が hang wao tang thabien しか持たぬというときは、登録司は thabien(hang wao)を持つほうのチャオ・ムーを勝訴とせよ。hang wao tang thabien

しか持たぬものに耳をかすな。プライをはじめに thabien hang wao を持つ cho mu に帰属せしめよ。」とある点である。

「hang wao tang thabien しか」持たない、という表現からみると、hang wao tang thabien は thabien hang wao より価値の低いものであるという推定が成り立つが、上の例に示した hang wao が、このいずれを指すかは明らかでない。

ratchakan(ratcha 王＋kan 事)すなわち国家的な徭役に服する義務を、一義的に負わされたチャカンをプライ・ルアン phrai luang(国王の民＝公民)と呼ぶ。プライ・ルアンとは「国王の民」の意である。したがって、これを直接管理する立場におかれたムーン・ナーイにとって、プラン・ルアンは「お上からあずけられた」(「人民分配法」一)者である。(25) ムーン・ナーイとしばしば併用される anaphayaban(ana 支配する＋phayaban 援護する者)という語も、同一の観点からの命名であるといえよう。

クロムを単位として全国の lek 編成体制と同時に必要となるのは、国家の需要に応じ、クロムの労働力を随時動員できるようにするための中央統制機関であろう。krom suratsawadi 略して krom satsadi(登録局)と呼ばれる役所がこのために設けられた。

krom satsadi は、まず、中央登録局としての機能をもつ。各クロムのサムハバンチによって作成提出される lek 登録簿(hang wao)はすべて krom satsadi に集められ、ここで整理保管された。動員計画の立案実施も、krom satsadi の資料に基づいて行われた。krom satsadi はまた、チャオ・ムー同士が、lek の帰属をめぐって争いを起こしたとき、これを調停し、最終的な帰属決定を行うための法廷(san)を有していた。krom satsadi の法廷が lek の帰属を決定する際に典拠としたのが、「法典」に含まれる「人民分配法」である。

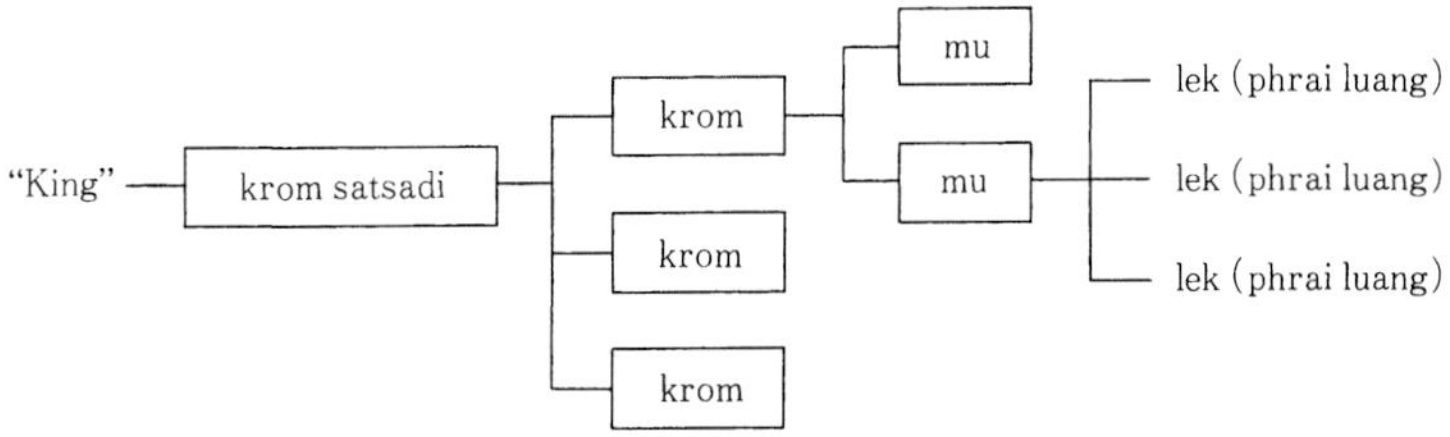

図2　krom satsadi の位置づけ

krom satsadi の設置によって、全国の lek は、図2に示す機構を通じて、公民(プライ・ルアン phrai luang)として位置づけられることとなった。

しかしながら、この形態は、あくまでも国王の側から眺めた、理想型にすぎなかった。たしかにこのような人民の支配形態は、国王の支配権が圧倒的に強大であり、支配層内部において対抗勢力の台頭を許さず、また中央が、地方の国々に対し、つねに有効にその支配権を行使しうるような物理的強制力を有している場合には可能であろう。しかし、アユタヤ、ラタナコーシン両王朝を通じて、これらの要件は、満たされなかった。タイ国に真の中央集権制度成立の条件が整備されるのは、一九世紀末葉から二〇世紀の初頭にかけて五世王チュラロンコンによって、行政制度の抜本的改革が成功裡に進められて以降のことにすぎない。それ以前の状態をみると、国王の直接支配が及んだ地域は、首都アユタヤ、トンブリないしバンコクと、その周辺の第四級国と呼ばれる国王直轄領にかぎられ、それ以外では、首都を中心として、北方はチャックリー Chakri、南方はカラーホーム Kalahom、アユタヤ末期以降は、タイ湾の北岸の港湾地区はプラクラン Phra Khlang と、有力な重臣によって分割支配されていた。[26] 一八九二年に発布された詔勅の中で、五世王は以下のように、なげきの声を発している。[27]

> 地方の国々を統治する大臣たちの勢力が伸長してからと言うものは、地方在住の phrai について satsadi が口をさしはさむことを好まず、krom satsadi に登録簿を提出するという慣行と、地方の lek を satsadi が統括するというたて前が存続して

いたものの、satsadiの権限はきわめて微弱であった。地方に支配権をもつ大臣が、satsadiを無視する態度に出ても、国王の役人が現地に赴いてこれを督励する実力もなかったので、事が起こっても、大臣は自らの力で処理してしまい、あえてsatsadiをわずらわそうとはしなかった。かくしてsatsadiは何事によらず命令権を喪失してしまった。

krom satsadiの支配力が弱体化するにつれて、それぞれのクロムに属するプライがプライ・ルアンであることを止め、有力者の「私民」ないし「奴隷」として、その庇護下に入り、satsadiを通じて国家の賦課する力役の義務からまぬがれようとする傾向が現われはじめた。このような「私民」をlek som, somkamlang、あるいは単にsomなどと呼ぶ。ダムロン親王によれば、phrai somとは、一八歳になって、登録された壮丁が、二〇歳になってプライ・ルアンとなるまでの間、それぞれの所属において訓練を受けている期間中の身分を指すものである、という。[28] もしphrai somをプライ・ルアンの準備期間とするこの見解が正しいと仮定すれば、「私民」発生の契機は、すでにクロムの構造自体に内在されていたものということができよう。

三　徭役の実態

ド・ラ・ルベールDe La LoubèreおよびジュルヴェーズGervaiseは、一七世紀末における徭役の義務期間が、年間六ヵ月であったと書いている。[29] 年間六ヵ月の割振りについては、「公民」と「私民」の間に差異があった。ジュルヴェーズによれば、「公民」は一ヵ月の間官の徭役に服し、その翌月は休むという隔月勤務制であったが、「私民」のほうは、六ヵ月連続して徭役にしたがったという。[30]

徭役期間中、国家はプライに対し食糧を与えなかったので、食糧調達の責任は、もっぱら各自の妻の果たす役割となった。(31)

年間六ヵ月に及ぶ力役は、農民にとってかなりの負担であったと想像される。一七八二年、タークシン王を退けて王位につき、バンコクに遷都して、ラタナコーシン王朝を開いたプラプッタヨートファ王は、これまでの隔月徭役を、一ヵ月勤務、二ヵ月休息の年間延べ四ヵ月へと義務期間の短縮を行った。小暦一一四五年(一七八三年)陰暦九月に発せられた一布告は、「公・私両民の月々の徭役を三交代で行うようにした」と記している(32)(「新勅令」四)。また、二年後に出された布告には、「一ヵ月だけ徭役に従えば、つぎの二ヵ月は生活の資を得るため、働くことを許される、という三交代の制度がしかれ、これまでの御代と比べて負担が軽減された」(「旧勅令」一二)と、はっきり制度上の変更を示す文言が見えている。(33)これは、王位についたばかりの新王の人心懐柔策のひとつと考えてよいであろう。一八二二年にタイを訪れた英国人クローファード John Crawford が、「徭役の期間を半年から三分の一年に軽減するという、重要かつ恩恵的措置がとられたのは、現国王(三世王)の祖父王であったという。これは、先帝を弑して、王位を簒奪した同王の、人気とり政策であったとか。(34)」と書いているのは、この推測を裏書きしている。徭役の義務期間は、その後さらに短縮され、一八一〇年、二世王のとき、一ヵ月勤務、三ヵ月休息、年間延べ三ヵ月の徭役負担となった。この措置がとられた背景には、窮乏した農民の逃散による王権への抵抗があったことを、われわれは二世王年代記の記述から知ることが出来る。

徭役の内容としては、王城の警護、煉瓦の製造、各種の土木工事、寺院の建設、城壁の構築、運河の開削、修復工事などの各種の力役が主たるものであった。

上座仏教徒であるタイの諸王は、ヒンドゥ教、大乗仏教を信奉したクメールの王たちほどに、宗教的巨大建築物の建設に興味を示さなかったが、チャオプラヤー河中・下流域のデルタ地帯に人々が集中し、住民は水辺の住居を営み、したがって舟がほとんど唯一の交通機関であったタイにあっては、蛇行した川の湾曲部を短絡するための klong lat(短絡運河)、平行して南流する両河川を接続するための連結運河建設とその保守は、歴代の王朝の重大関心事であった。年代記に現われただけでも、一四九八年以降、一世王の治世までに、少なくとも一〇件の、かなり大規模な運河開削工事が知られている。中には、一七〇四年プラプッタチャオ・スア王のとき計画され、一七〇五年から着工して、三万の lek を動員しながらも工事がはかどらず、ついに一七〇九年、同王が崩御し、その後を継いだクン・ルアン・タイサ王の手でようやく完成したというプラプッタチャオ・ルアン運河のような例もある。こうした徭役が、後年、貨幣納へと移行する。ダムロン親王は、「アユタヤ中期にいたり、政府は、労働力より現金を必要とするようになったので、徭役を欲しない人民に、代人を傭い上げるため必要とする現金を「課役代 Kha Ratchakan」として納入させ、力役に代えた[35]」と述べている。ド・ラ・ルベールも徭役の貨幣納化についての報告しているので[36]、一七世紀末には、貨幣納がかなり一般化していたものと考えられる。今後の検討を必要とする課題である。

小暦一一一〇年(一七四八年)の日付を持つ「旧勅令」四八は、「課役代」の金額を明示して重要である。

しかしながら、[物納を命じられている phrai suai と異なり、徭役の義務を負う]徭役民 phrai thong mu にあっては、これまでの通常は、首都在住者の代人雇傭料が一ヵ月四バーツあるいは三バーツ、行幸の供奉、象の捕獲、犯罪人の追捕を行う者にあっては、月額五バーツ、六バーツ、七バーツ、八バーツであった[37]。

徭役の貨幣納化とは別に、おそらくは貨幣納化のはじまる以前から、特定の農産物の貢納を命じられた一群のプライが制度として存在していた。この種のプライを phrai suai と称する。phrai suai に対して、徭役義務を負ったプライをphrai thong muという。上納品の内容について、ダムロン親王は、火薬原料としてのこうもりのふん、弾丸製造用の錫などをあげているが、「法典」からも、二、三の例を拾うことができる。すなわち、「米、魚、染料、植物油、紙、はちみつ」(以上「旧勅令」二九)、「チョンプウ花」(「旧勅令」四三)、「錫、象の飼料用草、銀、すおう」(「旧勅令」四八)等々。

徭役の貨幣納化と並んで、suaiの貨幣納化も進行した。上に引用した「旧勅令」四八は、suaiの現金換算率について興味深い数字を残している。

錫のsuai貢納義務を負うものが、貨幣でこれを代納しようとするときは、sakan一〇バーツ、奴隷五バーツ、象の飼料とする草の貢納義務を負うものが、自ら草を刈って象に与えぬときは、草代としてsakan九バーツ、klia klom[38]一人につき六バーツ、奴隷四・五バーツ、銀の貢納義務を負うものについては、lek doem sakan[39]八ないし六バーツ、奴隷一人あたり四および三バーツ、lek nai sakan[40]一人四バーツ、奴隷一人二バーツ、すおう木の貢納義務を負うものについては、sakan七バーツ半、奴隷三バーツ四分の三、雑者の貢納者については、さらに低額……[41]。

これまでまったく範疇を異にしていたphrai thong muとphrai suaiとは、徭役・物産貢納の双方の貨幣納化が進行するにつれ、負担額の差が、金額の差として明瞭にあらわれるようになった。すなわち、「phraithong muは、代人傭上げ料として、年に一八バーツ、二四バーツ、二八バーツ等々、物産の貨幣納より二倍、三倍、四倍の高額を負担しなければならなかった[42]。」しかも「[徭役免除証である]tra phum khum hamを所持していないならば、勤務を終えて帰郷し、次の勤務にそなえて仕事をはじめると、[在郷の役人である]kromakan, khwaeng, nai amphoeなどが様々の雑徭に使役するのである。こうした事情からphrai(thong)muは、自立して官の徭役に服することが不可能となり、息子たちは sakan になるとムーを逃げ出し、そのためプライ・ルアンは次第に衰微して行くのである。[43]」

こうしたプライの、身分の相違に由来する不公平の発生は、傜役農民である phrai thong mu と物産貢納の義務を負った phrai suai の間にとどまらなかった。それは phrai thong mu の二区分、すなわち「公民 phrai luang」と「私民 somkamlang」の間にも顕著に現われ始め、「公民」は、有力者の「私民」となることによって官の傜役義務を免れる傾向が高まり、「公民」の数は次第に減少していったのである。

「新勅令」一八につぎの一節がある。

私民(lek somkamlang)は、公民(phrai luang)よりも傜役が軽いので、公民は謀をめぐらして、登録を済ませた奴隷であるなどと偽っては、一家の者を、傜役の軽い krom へと密かに移すのである。[44]

「公民」層の衰微、すなわち、国王の支配下にある人的資源の枯渇は、「私民」の増大、すなわち国王の潜在的対抗勢力の伸長を意味した。「法典」は、「公民」の「私民」化と、これを防止しようとする国王側の懸命の努力の記録に満ちている。たとえば、「反逆法」五七は、無断で自己の所属するクロムを移した公民、公民と知りつつ、これを手許に留めた有力者を罪としてつぎのように定めている。

国王の臣民でありながら、お上の御威光を恐れず、官の傜役に従う公民を、自らの僕であると偽ってこれを連れ来り、あるいは、公民にして、密かに、他のクロムに移り、その僕となったものあるとき、もし詮議の末、その事実が明らかとなったならば、四種の刑のいずれかに処せられる。[45]

また公民の確保に熱心なチャオ・ムーに対しては、報奨として、配下の公民の一部を、合法的に私民とすることを許す奨励措置がとられた。

ひとつ、組頭(chao mu)にして、官務のために心を砕き、熱心に探し求めては人を自己のクロムに加える努力を惜しまぬ者あるときは、官の徭役に従うsakan 一〇名を得たるときはその内一名を、二〇名を得たるときは内二名を、khon sat[訳せば「人・正直」すなわち正直な行為の報奨として賜わった者の意]としてその組頭に下賜される。(46)(旧勅令」四八)

こうした「公民」の「私民」化防止策は、国王の絶対権力が名目にとどまり、国王を中心とする中央集権官僚制が未成熟の段階にあっては、実行性を持たず、語の真正の意味における「公民」が誕生したのは、結局チュラロンコン王による官僚機構の整備が完成した一九世紀末から今世紀の初頭にかけてのことであった。

おわりに

以上『三印法典』を材料として、アユタヤ末期からラタナコーシン朝初期にかけての、タイの徭役制度の素描を試みて来た。

三印法典による限り、krom satsadi による全国公民の一元的支配を、ひとつの理想型として、そこから背反(公民の私民化)とその回避への努力が、アユタヤ末期からラタナコーシン初期にかけての王朝史を貫く一テーマを成すものと考えられる。それならば、krom satsadi は、その成立の当初においては、はたして中央集権的な全国の lek 支配を行い得たのであろうか。それとも、全国民を公民としてその支配下におくことはあくまでも、歴代王朝政府の悲願に留まり、krom satsadi が有効に機能したことは、かつてなかったのであろうか。研究の現段階にあってはいずれとも言い難い。今後の研究の発展を期待したい。

(1) Chaophraya Thipakorawong & Kromphraya Damrongrajanubhab, *Phraratchaphongsawadan Krung Ratanakosin chabap hosamut haeng chat ratchakan thi 1, ratchakan thi 2*, Bangkok, 1962, pp. 67-68.

(2) 年代はルアン・プラスート本による。御親筆本、およびPhra Chakaphadiphong本では午年八六〇年、Phanchanthamumat本では、午年八一六年となっている。

(3) Kromphraya Damrong Rajanubhap, *Tamnan kanken thahan*, Bangkok, 1956, pp. 26-27.

(4) 友杉孝「タイ土地制度史ノート――タイ農村社会史の試み」滝川勉・斎藤仁編『アジアの土地制度と農村社会構造II』アジア経済研究所、一九六七年、七六頁(注25)。

(5) Kromphraya Damrong Rajanubhap, *Laksana kanpokkhrong prathet sayam tae boran*, Bangkok, 1928. p. 28.

(6) H. G. Quaritch Wales, *Ancient Siamese government and administration*, London, 1934 (repr. New York, 1965), p. 53.

(7) P. K. P. S. Vol. 17, pp. 117-118.

(8) タイ古来の重量物運搬法が天秤棒によるものであることから推測するに、ここにいう「高さ suung」とは、肩高を指すものと考えられる。

(9) P. K. P. S. Vol. 17, p. 117.

(10) Kromphraya Damrong, 1928, p. 29.

(11) P. K. P. S. Vol. 17, p. 117.

(12) P. K. P. S. Vol. 8, p. 218.

(13) K. T. S. D. Vol. 2, p. 377. 以下ランガ校定本三印法典をK. T. S. D. (= Kotmai Tra Sam Duang)と略す。

(14) K. T. S. D. Vol. 3, p. 267.

(15) muと自然村との関係は、「法典」の記述からではかならずしも断定できないが、筆者の披見した、一九世紀後半の登録簿の内容を見ると、ひとつのmuに所属するluk muの住所が、ひとつの自然村に限定されておらず、互いにかなり遠く離れた地域の居住者であることから推定するに、muと自然村とは必ずしも一致せず、ひとつの自然村の住民が、複数の mu の luk mu であることがあったのではないかと考えられる。

(16) mu, kong, muat の規模を定める基準はあきらかでない。kong が muat の上部組織であるのか、あるいは今日の地方行政単位における amphoe(郡)と king amphoe(支郡ないし準郡)の別のように、並列的関係にあるのかも不明である。後掲の図1では、いちおう両者の関係を並列的なものとして取り扱った。なお muat の規模については、一八七三年発行の Bradley 版の辞書に、nai muat を「一〇人以上二〇人までの小 kong の長」と解説しているのがひとつの手がかりとなろう。(B. Bradley, *Dictionary of Siamese language*, Bangkok, 1873, p. 346 1.)

(17) Kromphraya Damrong, 1956, pp. 49-50.

(18) K. T. S. D. Vol. 3, p. 300.

(19) K. T. S. D. Vol. 1, p. 298.

(20) K. T. S. D. Vol. 3, p. 231.

(21) K. T. S. D. Vol. 3, p. 369.

(22) K. T. S. D. Vol. 3, p. 232.

(23) Chaophraya Thipakorawong & Kromphraya Damrong Rajanubhap, 1962, p. 387.

(24) K. T. S. D. Vol. 1, p. 274.

(25) K. T. S. D. Vol. 1, p. 273.

(26) 本書第II部第六章参照。

(27) Phrachulachomklauchouyuhua, *Phraratchadamrat song thalaeng phraboromarachathibai kaekhai kanpokkhrong phaendin krungthep*, Bangkok, 1927, pp. 14-15.

(28) Kromphraya Damrong, 1928, pp. 28-29.

(29) de la Loubère, *Du Royaume de Siam*, Vol. 1. Paris, 1691, p. 302. Nicolas Gervaise, *Histoire naturelle et politique du royaume de Siam*, Paris, 1688, p. 147.

(30) Generalement tous les Sujets du Roy sont obligez de servir à leurs dépens pendans six mois de l'année, mais

ils ne servent pas tous en même temps ; ceux qui sont attachez au service de sa Majesté ont successivement un mois de travail & un mois de repos, mais ceux des Mandarins les servent six mois de suite, quoy qu'ils ne les servent pas tous en même temps. Gervaise, 1688, p. 147.

(31) Comme les femmes sont obligées de nourrir leurs maris pendant les six mois qu'ils travailent, elles ne sont point comme eux sujettes au service, & elles s'occupent dans la maison du soin de la famille, dont elles se trouvent seules chargées pendant tout ce temps. (*ibid*, p. 149)

(32) K. T. S. D. Vol. 3, p. 319.

(33) K. T. S. D. Vol. 3, p. 350.

(34) John Crawfurd, *Journal of an embassy to the courts of Siam and Cochin China* (2nd ed.), Kuala Lumpur, 1967, p. 375.

(35) Kromphraya Damrong, 1928, p. 30.

(36) de la Loubère, 1691, p. 361.

(37) K. T. S. D. Vol. 3, pp. 266-267.

(38) klia klom とは，人里離れた森の中などに居住する者で，勧誘を受けて chao mu への隷属を承諾した者を指す。

(39) lek doem sakan, keknai sakan は内容不明。

(40) 不詳。

(41) K. T. S. D. Vol. 3, pp. 266-267.

(42) *Loc. cit.*

(43) *Loc. cit.*

(44) K. T. S. D. Vol. 3, pp. 369-370.

(45) K. T. S. D. Vol. 2, p. 406.

(46) K. T. S. D. Vol. 3, p. 271.

III　タイ語史料論

第一章　「葬式頒布本 Nangsu Chaek」について

歴史史料として利用可能なタイ語文献の出版の多くは、「葬式頒布本 nangsu chaek nai ngankuson（英語では cremation volume と訳される）」と呼ばれる、タイ独自の出版形態をとって行われてきた。一九七〇年代以降、商業出版が急速に発達したため、「葬式頒布本」に対する関心は以前にくらべ低くなり、またかつて「葬式頒布本」として出版された重要文献が、商業出版社によって再版されるようになったため、その相対的価値が低下していることは否定できない。しかしタイ史研究者にとって、「葬式頒布本」についての知識は、いぜんとして必須である。

本書では、第Ⅲ部第二・三章において、「葬式頒布本」の具体的な解題が行われているが、それに入るに先立ち、まず「葬式頒布本」の略史と、その具体的なかたちについて解説をくわえることにしたい。

「Nangsu Chaek」とは、Ngan Kuson と呼ばれる個人的な宗教上の諸行事を行うにあたり、この行事に参加し、奉仕した参会者に対する一種の「引出物 Khong Cham Ruai」として、行事の主催者 Chao Phap により“chaek（頒布）”される書物をいう。その機会は、祝儀、不祝儀のいずれでもよいが、数的に圧倒的な数を占めるのが葬儀の引出物として印刷され、参会者に配布される書物であるため、英語では cremation volume という訳語が定着してしまっている。

行事の「引出物」として書物を頒布するという習慣は、一八七六年に始まったとされているが、これが今日のように広く一般に普及したのはようやくラーマ六世（一九一〇—二五）になってからのことである（表1参照）。Ngan

Kuson、すなわち功徳を生む機会を提供する儀式としては、「葬儀 Ngan Sop」が最も多いが、このほか「誕生祝 Ngan Tham Bun Wan Koet」、「賀寿の祝 Ngan Tham Bun Ayu」(たとえば Khrop Sam Rop＝満三六歳、Khrop Ha Rop＝還暦など)、またかつての王族・貴族の昇叙・昇任等の祝賀(Ngan Chalong Luan Krom または Luan Yot Bandasak)などがある。

印刷頒布される書物の内容は、喪主など、その刊行者により各人各様で一概には言えない。たとえばソンクラー県出身の人の葬儀に際し、「ソンクラー年代記」を刊行するという場合のように、故人と何らかの関係を持ったテーマが選ばれる場合もある。また、故人が著作家であった場合はその遺著が刊行されることもある。また故人とは無縁であるが、たまたまその書物の刊行が望まれているという理由で本の選択がなされる場合もある。国立図書館(Ho Samut haeng Chat)は多数の Nangsu Khoi[1]、Bai Lan(貝多羅葉)などの古写本を所蔵し、希望者にその写本を提供して、Nangsu Chaek の普及に協力している。一九〇一年から一九四九年までに、Nangsu Chaek として出版された国立図書館所蔵本の数は、延べ一六一五冊に達している(表1

表1 芸術局の許可を得て刊行された Nangsu Chaek

年度	冊数	年度	冊数	年度	冊数
1901/ 2	1	1918/19	44	1935/36	46
1902/ 3	1	1919/20	60	1936/37	47
1903/ 4	3	1920/21	78	1937/38	34
1904/ 5	2	1921/22	61	1938/39	39
1905/ 6	4	1922/23	68	1939/40	44
1906/ 7	3	1923/24	78	1940	22
1907/ 8	5	1924/25	78	1941	32
1908/ 9	4	1925/26	84	1942	15
1909/10	3	1926/27	68	1943	13
1910/11	6	1927/28	44	1944	13
1911/12	10	1928/29	74	1945	3
1912/13	21	1929/30	68	1946	12
1913/14	11	1930/31	53	1947	22
1914/15	35	1931/32	55	1948	30
1915/16	18	1932/33	41	1949	25
1916/17	38	1933/34	28		
1917/18	33	1934/35	38	計	1,615

注) 原本は仏暦によっている．1939年まで仏暦は4月～3月であった．例えば仏暦2444年は1901年4月から1902年3月まで．1940年法律により暦年は1月～12月と改められた．したがって仏暦2483年(1940年)は9カ月しかない．

(イ)表紙

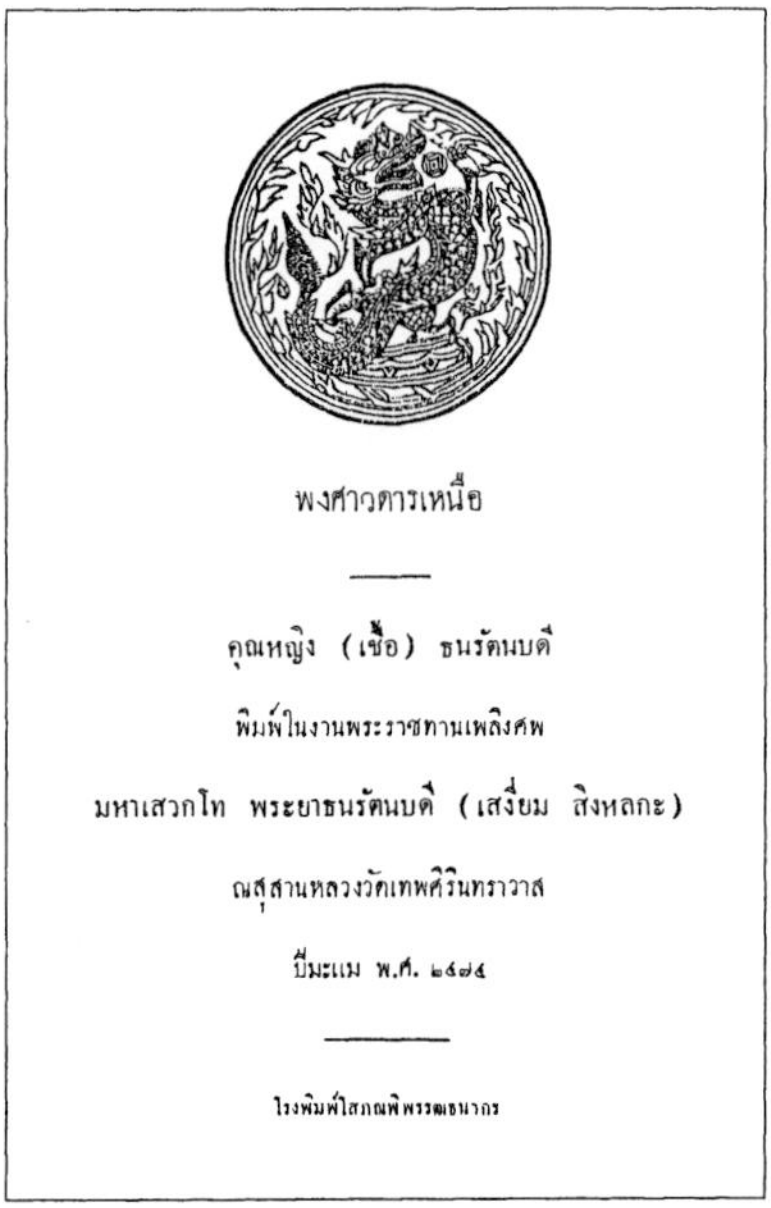
พงศาวดารเหนือ

คุณหญิง (เชื้อ) ธนรัตนบดี

พิมพ์ในงานพระราชทานเพลิงศพ

มหาเสวกโท พระยาธนรัตนบดี (เสงี่ยม สิงหลกะ)

ณสุสานหลวงวัดเทพศิรินทราวาส

ปีมะแม พ.ศ. ๒๔๗๔

โรงพิมพ์โสภณพิพรรฒธนากร

(ロ)扉

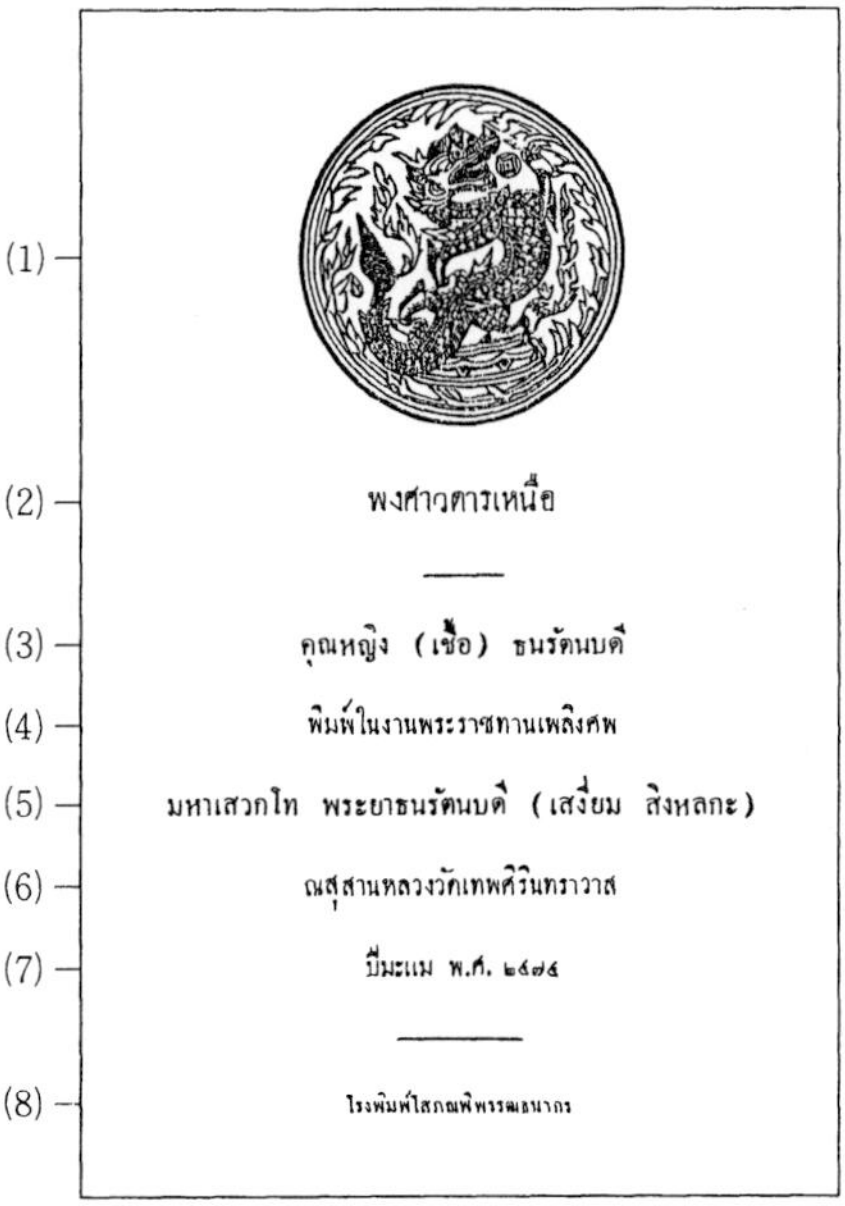
(1)

(2) พงศาวดารเหนือ

(3) คุณหญิง (เชื้อ) ธนรัตนบดี

(4) พิมพ์ในงานพระราชทานเพลิงศพ

(5) มหาเสวกโท พระยาธนรัตนบดี (เสงี่ยม สิงหลกะ)

(6) ณสุสานหลวงวัดเทพศิรินทราวาส

(7) ปีมะแม พ.ศ. ๒๔๗๔

(8) โรงพิมพ์โสภณพิพรรฒธนากร

参照)。その内容はすべて芸術局の刊行した二冊の目録[2]中に収録されている。

Nangsu Chaek の形式

Nangsu Chaek の装丁は、ほとんどが紙装であるが、刊行者に資力がある場合は、本皮装、レザー装等を限定部数作成し、これを特に重要な参会者などへの頒布用に用いることがある。

図版(イ)(ロ)に示すように表紙と扉は全く同一の体裁である場合が多い。

(1)は原本所蔵者たるワチラヤン図書館(国立図書館の前身)の印章である。

(2) 題名　Phongsawadan Nua

(3) 喪主の姓名、この例の場合では故人の未亡人　Khunying (Chua) Thanarat

(4) 印刷の因縁　火葬に際し国王より火を賜わる儀式を行うにあたり印刷した、とある。

(5) 故人の姓名　Mahasawek Tho Phraya Thanarat (Sangiam Singhalaka)

(6) 火葬の場所　テープシリン寺院

(7) 日付　仏暦二四七四年未年

(8) 印刷所名　Sophon 印刷所

（ハ）故人の写真

พ.ศ. ๒๔๑๘ — พ.ศ. ๒๔๔๘

（ニ）序　文

(1) คำนำ

(2) คุณหญิง (เชื้อ) ธนรัตนบดี จะจัดการปลงศพ มหาเสวกโท พระยาธนรัตนบดี (เสงี่ยม สิงหลกะ) ผู้สามี ใคร่พิมพ์หนังสือแจกในเวลาพระราชทานเพลิงศพเรื่องหนึ่ง จึงมอบฉันทะให้พระยาสากลกิจประมวญมาแจ้งความต่อราชบัณฑิตยสภา เพื่อเลือกหาหนังสือที่ประสงค์ พระยาสากล ฯ พอใจหนังสือพงศาวดารเหนือซึ่งพิมพ์รวมอยู่ในหนังสือประชุมพงศาวดารภาคหนึ่ง จึงขออนุญาตพิมพ์ในงานนี้ กรรมการราชบัณฑิตยสภาอนุญาตให้ตามปรารถนา

(3) เมื่อพิมพ์คราวก่อน กรรมการหอพระสมุด ฯ ได้แถลงไว้ว่าหนังสือพงศาวดารเหนือ พระบาทสมเด็จพระพุทธเลิศหล้านภาลัยแต่ยังดำรงพระเกียรติยศเป็นกรมพระราชวังบวรสถานมงคล มีรับสั่งให้พระวิเชียรปรีชา (น้อย) เป็นผู้รวบรวมเรื่องมาเรียบเรียง เมื่อปีเถาะนพศก จุลศักราช ๑๑๖๙ พ.ศ. ๒๓๕๐ ต้นฉบับที่มีในหอพระสมุด ฯ มีบานแผนกดังนี้

ข้าพระพุทธเจ้า พระวิเชียรปรีชา น้อย เจ้ากรมราชบัณฑิตขวา ได้รับพระราชทานเรียงเรื่องสยามราชพงศาวดารเมืองเหนือตั้งแต่บาธรรมราชสร้างเมืองสัชชนาลัยเมืองสวรรคโลก ได้เสวยราชสมบัติ ทรงพระนามพระเจ้าธรรมราชาธิราช เป็นลำดับลงมาจนถึงพระเจ้าอู่ทอง สร้างกรุงศรีอยุธยาโบราณราชธานี โดยกำลังสติปัญญาสักกานุรูปอันน้อย ทูลเกล้าทูลกระหม่อมถวาย ขอเดชะ

（ホ）序文（続）

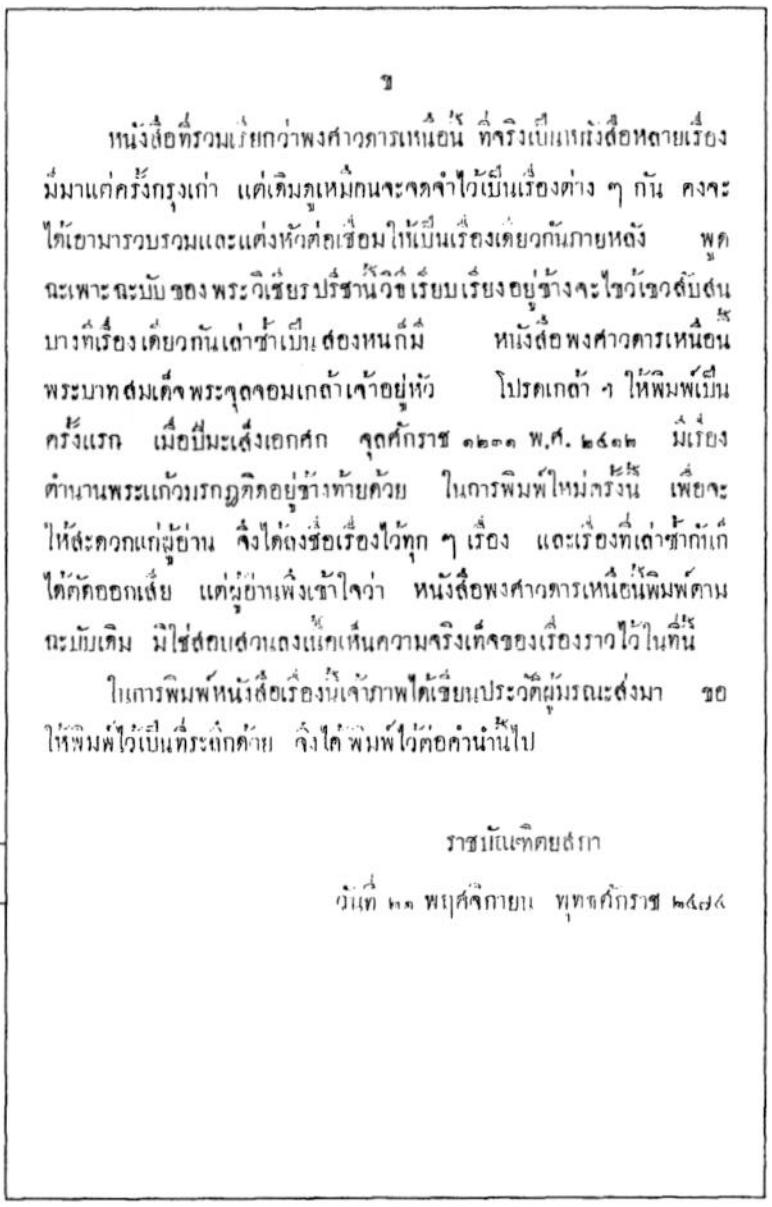
ข

หนังสือที่รวมเรียกว่าพงศาวดารเหนือนี้ ที่จริงเป็นหนังสือหลายเรื่อง มีมาแต่ครั้งกรุงเก่า แต่เดิมดูเหมือนจะจดจำไว้เป็นเรื่องต่าง ๆ กัน คงจะได้เอามารวบรวมและแต่งหัวต่อเชื่อมให้เป็นเรื่องเดียวกันภายหลัง พูดฉะเพาะฉะบับของพระวิเชียรปรีชานี้วิธีเรียบเรียงอยู่ข้างจะไขว้เขวสับสน บางทีเรื่องเดียวกันเล่าซ้ำเป็นสองหนก็มี หนังสือพงศาวดารเหนือนี้ พระบาทสมเด็จพระจุลจอมเกล้าเจ้าอยู่หัว โปรดเกล้า ฯ ให้พิมพ์เป็นครั้งแรก เมื่อปีมะเส็งเอกศก จุลศักราช ๑๒๓๑ พ.ศ. ๒๔๑๒ มีเรื่องตำนานพระแก้วมรกฎติดอยู่ข้างท้ายด้วย ในการพิมพ์ใหม่ครั้งนี้ เพื่อจะให้สะดวกแก่ผู้อ่าน จึงได้ตั้งชื่อเรื่องไว้ทุก ๆ เรื่อง และเรื่องที่เล่าซ้ำก็ได้ตัดออกเสีย แต่ผู้อ่านพึงเข้าใจว่า หนังสือพงศาวดารเหนือนี้พิมพ์ตามฉะบับเดิม มิใช่สอบสวนลงแน่ให้เห็นความจริงเท็จของเรื่องราวไว้ในที่นี้

(4) ในการพิมพ์หนังสือเรื่องนี้เจ้าภาพได้เขียนประวัติผู้มรณะส่งมา ขอให้พิมพ์ไว้เป็นที่ระลึกด้วย จึงได้พิมพ์ไว้ต่อคำนำนี้ไป

(5) ราชบัณฑิตยสภา

(6) วันที่ ๒๓ พฤศจิกายน พุทธศักราช ๒๔๗๘

（ヘ）故人の略歴

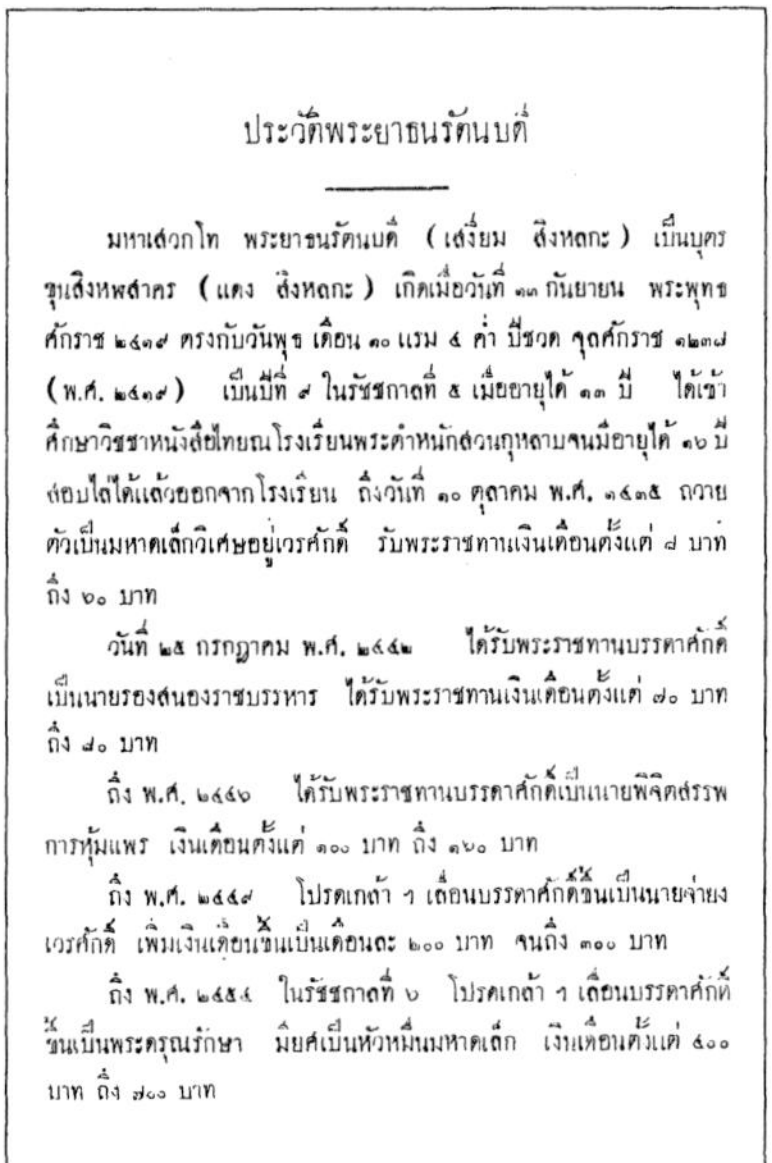
ประวัติพระยาธนรัตนบดี

มหาเสวกโท พระยาธนรัตนบดี (เสงี่ยม สิงหลกะ) เป็นบุตรขุนสิงหพสาคร (แดง สิงหลกะ) เกิดเมื่อวันที่ ๑๓ กันยายน พระพุทธศักราช ๒๔๑๗ ตรงกับวันพุธ เดือน ๑๐ แรม ๔ ค่ำ ปีชวด จุลศักราช ๑๒๓๗ (พ.ศ. ๒๔๑๙) เป็นปีที่ ๙ ในรัชกาลที่ ๕ เมื่ออายุได้ ๑๓ ปี ได้เข้าศึกษาวิชาหนังสือไทยณโรงเรียนพระตำหนักสวนกุหลาบจนมีอายุได้ ๑๖ ปี สอบไล่ได้แล้วออกจากโรงเรียน ถึงวันที่ ๑๐ ตุลาคม พ.ศ. ๒๔๓๕ ถวายตัวเป็นมหาดเล็กวิเศษอยู่เวรศักดิ์ รับพระราชทานเงินเดือนตั้งแต่ ๘ บาท ถึง ๖๐ บาท

วันที่ ๒๕ กรกฎาคม พ.ศ. ๒๔๔๒ ได้รับพระราชทานบรรดาศักดิ์เป็นนายรองสนองราชบรรหาร ได้รับพระราชทานเงินเดือนตั้งแต่ ๗๐ บาท ถึง ๘๐ บาท

ถึง พ.ศ. ๒๔๔๖ ได้รับพระราชทานบรรดาศักดิ์เป็นนายพิจิตสรรพการหุ้มแพร เงินเดือนตั้งแต่ ๑๐๐ บาท ถึง ๑๖๐ บาท

ถึง พ.ศ. ๒๔๔๙ โปรดเกล้า ฯ เลื่อนบรรดาศักดิ์ขึ้นเป็นนายจ่ายงเวรศักดิ์ เพิ่มเงินเดือนขึ้นเป็นเดือนละ ๒๐๐ บาท จนถึง ๓๐๐ บาท

ถึง พ.ศ. ๒๔๕๔ ในรัชกาลที่ ๖ โปรดเกล้า ฯ เลื่อนบรรดาศักดิ์ขึ้นเป็นพระดรุณรักษา มียศเป็นหัวหมื่นมหาดเล็ก เงินเดือนตั้งแต่ ๕๐๐ บาท ถึง ๗๐๐ บาท

大抵の場合扉に続いて故人の写真が揚げられる(図版(ハ))。

これに「序文」が続く。序文は原本が国立図書館の場合であれば、その館長、王立翰林院などの名で行われることが多い(図版(ニ)(ホ))。

(1)序文(Kham Nam という)

(2)この部分は Nangsu Chaek として該当の書物がえらばれたいきさつについて説明が行われるのが普通である。この本の例でみると、喪主である Khunying Thanarat が亡夫の遺体を荼毘に付すにあたり国王陛下より火葬の火を賜わる(Phraratchathan Phloeng Sop)こととなったのでその際頒布すべき Nangsu Chaek 一点の選択および王立翰林院との連絡を Phraya Sakon 某に委託したところ、Phraya Sakon はすでに刊行されたことのある《Phongsawadan Nua》を希望し翰林院に対し同書の印刷についての許可を求めてきたので許可を与えた、とある。

(3) この部分は《Phongsawadan Nua》自体についての解説である。この部分が拡大され独立した論文をなす場合にはテキストの直前に解説としておかれることが多い。

(4) この部分は喪主の善行に対する頌辞をもってしめくくりとする場合が多い。

(5) 序文の筆者＝原本の印刷許可者：王立翰林院

(6) 日付：仏暦二四七四年一一月二一日

序文につづいて多くの場合、個人の略歴が来る。タイ人は一般に生前自己の履歴を公にすることを好まぬ傾向が

(ト) 目　次

สารบาญ

(チ) 本　文

บานแผนกเดิม

๑ ศุภมัสดุ จุลศักราช ๑๒๓๑ สัปปสังวัจฉรบุษยมาศกาฬปักษ์ เอกาทศมีดิถีครุวารปริเฉทกาลกำหนด พระบาทสมเด็จพระปรมินทรมหาจุฬาลงกรณ์ บดินทรเทพยมหามงกุฎ บุรุษยรัตนราชรวิวงศ์ วรุตมพงศบริพัตร วรขัตติยราชนิกโรดม จาตุรันตบรมมหาจักรพรรดิราชสังกาศ บรมธรรมิกมหาราชาธิราช บรมนารถบพิตรพระเจ้าอยู่หัว ยังเถลิงถวัลยราชบรมราชาภิเษก ผ่านพิภพกรุงเทพมหานคร อมรรัตนโกสินทรมหินทรายุธยา มหาดิลกภพนพรัตนราชธานีบุรีรมย์ อุดมราชนิเวศน์มหาสถาน เสด็จออกพระที่นั่งอมรินทรวินิจฉัยมไหสุริยพิมาน โดยสถานอุตราภิมุข พร้อมด้วยพระบรมวงศานุวงศ์และข้าทูลละอองธุลีพระบาทผู้ใหญ่ผู้น้อยเฝ้าเบื้องบาทบงกชมาศ จึ่งพระบาทสมเด็จบรมนารถบพิตรพระเจ้าอยู่หัว มีพระบรมราชโองการมานพระบัณฑูรสุรสิงหนาท ดำรัสสั่งพระเจ้าราชวรวงศ์เธอ กรมหมื่นอักษรสาสนโสภณ จางวางกรมพระอาลักษณ์และกรมอักษรพิมพ์ ให้จัดหาหนังสือเรื่องพระราชพงศาวดารลำดับกษัตริย์ในประเทศต่าง ๆ สร้างไว้สำหรับทรงทอดพระเนตรเป็นเครื่องประดับพระปัญญาและสำหรับแผ่นดินสืบไป จึ่งพระเจ้าราชวรวงศ์เธอ กรมหมื่นอักษรสาสนโสภณ ได้จัดอาลักษณ์จำลองเรื่องพระราชพงศาวดารลำดับกษัตริย์ในประเทศต่าง ๆ ทูลเกล้าทูลกระหม่อมถวายหลายภาษา และเรื่องพระราชพงศาวดารฝ่ายประเทศสยามนี้ นักปราชญ์และผู้มีบรรดาศักดิ์ได้ฟังได้รู้เรื่องด้วยกันเป็นอันมาก ก็กล่าวตั้งแต่พระเจ้าอู่ทองเป็นปฐม

あるのでこの部分は Who Was Who としても利用価値がある(3)(図版(ヘ))。

これに目次 Saraban が続く(図版(ト))。

ここから本文にはいる(図版(チ))。

以上が Nangsu Chaek の典型的な例であるが、Nangsu Chaek の習慣が一般化するにつれてこの体裁にも個人の趣味を加えた各種の変種が現われるようになっている。

Nangsu Chaek 史

「引出物 Khong Cham Ruai」として書物が頒布された最初は、仏暦二四一九年(一八七六/七七年)に Aksor-asasanasophon 殿下が Krommamun から Krommakhun に昇任した祝賀の宴に、Nonthukapakaranam なる書を印刷頒布したことに始まるといわれている。しかし、当時はまだ印刷用の洋紙がきわめて高価であったため、同殿下のように王室印刷局の監督者という特別の立場にある人物の特殊例にとどまり、後に続く者はなかった。(4) その後、一八八〇年に至り、チュラロンコン王ラーマ五世(一八六八—一九一〇)が、水死したスナンタ王妃と愛児の霊を弔うため、その葬儀に際して読誦用経典一万部を印刷して僧伽に寄進した。(5) その後 Nangsu Chaek の習慣は、次第に広がりを見せ始め、バンコク暦一〇八年(一八九〇/九一年)には Chaophraya Mahintharasakthamrong の満七〇歳の賀寿の祝の際、仏教書一点を印刷頒布した。これが誕生、賀寿の祝賀に Nangsu Chaek を印刷した最初といわれる。(6)

一〇年後の仏暦二四四三年、バンコク暦一一九年(一九〇〇/〇一年)バンコクの Benchamabophit 寺院内に、今日の国立図書館の前身たる Ho Phutthasasanasangkhaha が設立され、Kromphra Sommot-amoraphan が館長に就任した。Sommot 殿下は同文庫の所蔵本を整理して目録を作成する過程で、これらの貴重な書物を、諸行事(Kan Kuson)の「引出物」として印刷刊行し、同文庫所蔵本の普及をはかり、あわせてその散逸を防ぐ案を思いつく。同殿下の構想は仏暦二四四四年(一九〇一／〇二年)、Chaokhum Chom Manda Samli の葬儀に際し、Krommamun Phongsadisonmahip が読誦用経典 *Nangsu Ruang Suatmon* 一巻一〇〇〇部を印刷し、Phranagchao Sukhumanmarasi に献上したのを契機に、次々と賛同者が現われ、Nangsu Chaek として印刷するため、同文庫所蔵本の借用を乞う者の数は次第に増加して行った[7]。

Phutthasasanasangkhaha 文庫は、その後 Ho Samut samrap Phranakhon を経て今日の国立図書館に発展する。同図書館の所蔵本を Nangsu Chaek として印刷刊行する習慣は、今日も衰えていない。

参考文献

Krom Phra Damrong Rachanuphap, *Tamnan Ho Phrasamut ; Ho Phramonthiantham, Ho Wachirayan, Ho Phuttasasanasankhaha lae Ho Samut samrap Phranakhon*, Bangkok, B. E. 2459(1917), 136 p.

Nai Yim Panthayangkun, *Saraban khon ruang. Lem 1 nai Nangsu thi phim chak ton chabap khong Ho Samut haeng Chat P. S. 2444 thung P. S. 2470 Bangkok*, Bangkok, B. E. 2484(1941). ii＋289 p.

Ho Samut haeng Chat, *Banchi Nangsu thi phim chak Ton Chabap nai Ho Samut haeng Chat P. S. 2471 thung P. S. 2492*, Bangkok, 193(?), 36 p.

Ho Phra Samut Wachirayan, *Banchi Khamphi Phasa Bali lae Phasa Sanskrit an mi Chabap nai Ho Phra Samut Wachirayan samrap Phranakhon* mua Pi Wok P. S. 2463. Bangkok, B. E. 2464(1921), iii＋153 p.

G. Coedès, *The Vajirañāṇa National Library*, Bangkok, 1923, 39 p.

(1) Khoi(Streblus asper)の樹皮を材料としてすいた紙を用いた横型折本。現存するタイの古写本中紙を用いたものは概ねこの形態をとる。紙の地色により二種に分かれ、黒色のものをSamut thai dam、白地のものをSamut thai khaoと言う。

（2）（イ）国立図書館所蔵本刊行目録索引第1巻(Saraban Khon Ruang Lem 1 nai Nangsu phim chak Ton Chabap khong Ho Samut haeng Chat P. S. 2444 thung P. S. 2470. Bangkok, 2484. 289 p.)，（ロ）国立図書館所蔵本刊行目録(Banchi Nangsu thi phim chak Ton Chabap nai Ho Samut haeng Chat. Bangkok, 1949(?)36 p.). タイ語文献目録のない現在では(イ)(ロ)いずれも重要な価値をもつ文献といえよう。

（3）この点を勘案して作成された nangsu chaek 文献目録が、京都大学東南アジア研究センターから刊行されている。Marasri Sivaraks(comp.), *Catalog of Thai cremation volumes in the Charas Collections, The Center for Southeast Asian Studies Library, Kyoto University*, 3 volumes. Kyoto, 1989.

（4）Sanguan Ankhong, *Singraek nai Muang Thai*, Chut 3 Bangkok, 1960, pp. 461 f.

（5）Sanguan, 1960, p. 464.

（6）Sanguan, 1960, p. 468.

（7）Krom Phra Damrong Rachanuphap, *Tamnan Ho Phrasamut*, P. S. 2459(1917), p. 43, p. 52 f.

第二章 「アユタヤ王朝年代記」考

本章は、アユタヤ史の基礎史料中プララーチャ・ポンサーワダーン・クルン・カオ Phraracha Phongsawadan Krung Kao（アユタヤ王朝年代記）と称されるもの八種を取上げ、今日入手可能の七種の刊本の各々につき簡単な解説を加え、これらの「年代記」を利用しようとする研究者の便に供することを目的とする。

今日までに発見された諸写本の比較研究の結果、「アユタヤ王朝年代記」（以下誤解を生じないかぎり「年代記」と略称する）には、「略述本」chabap yo と、「詳述本 chabap phit-sadan」という二種の存在が知られている。「略述本」は航海日誌などに比較されるように、(1) 生起した事件の簡単な叙述と、これに簡略な説明を加えた編年体の年代記である。これに対して「詳述本」は、同じく編年体の体裁をとってはいるが、前者に比べ叙述ははるかに詳密である。セデス G. Coedès は「詳述本」に Chroniques の名を与えている。(2)

「詳述本」の原本は、小暦一〇四二年（一六八〇年）ナライ王（Somdet Phra Narai Maharat, 一六五七―八八）の命により編纂されたもので、今日「ルアン・プラスート Luang Prasoet 本」および「トンブリー王室本」という、二種の写本（残簡本）により伝えられている。「詳述本」が、一三五一年のアユタヤ奠都に筆を起しているのに対し、「略述本」はさらに二六年を遡り、小暦六八六年（一三二四年）の大仏建立に触れている点が、注目される。現存の写本では、小暦九六六年辰年（一六〇四年）までの叙述しかなく、おそらくこれに続く第二巻があったと推定される。原本がいつまでの叙述を行っていたかは不明である。「詳述本」の原本は、「小暦一一三六年本」と呼ばれる残簡本によって、わずかにその原型をうかがうことができる。しかし現存する残簡本が、Banphanaek と呼ばれる序の部分を欠くので、編纂の由来および、成立の年代を推定する手がかりはない。しかし、ダムロン親王は残簡本の文体を比較研究し、本書が、ボロマコート王(Somdet Phra Chao Boromakot, 一七三三―五八)の勅令により編纂されたものと推定した。(3)

上述した「年代記」の原本および写本は、一七六七年のビルマ軍によるアユタヤ攻撃の際、ほとんど散逸したと考えられている。トンブリー王朝(一七六七―八二)に入ってから、これらの散逸した「年代記」の収集に努力が払われた。「略述本」については、「トンブリー王室本 Chabap Luang khong Phra Chao Krung Thonburi」が一九一二年に発見されており、また「詳述本」についても同じく「王室本」すなわち「小暦一一三六年本」の一部が発見されている。しかしトンブリー時代にこれらの「年代記」の校訂事業がどの程度行われたかについては今後の研究にまたねばならないが、少なくとも「略述本」に関するかぎり、「ルアン・プラスート本」と「トンブリー王室本」の二本が、ほとんど完全に一致するところから、校訂事業は行われなかったのではないかとの見方が行われている。「詳述本」についても古写本の再構にとどまり、実質的な加筆訂正はほとんど行われなかったらしい。(4)

ラタナコーシン朝(一七八二―)にはいると、まず初代ラーマ一世王 Somdet Phraphutta Yotfa Chulalok(一七八二―一八〇九)の時、勅命による「詳述本」の校訂が行われた。(5) 校訂者は Prince Mahesuen Intharamet、(6) 校訂本の成立は小暦一一五七年(一七九五年)とされており、《Phanchanthanumat 本》二二巻として今日に伝えられている。

その後ラーマ三世の治世においてパラマヌチット親王による「年代記」の校訂が行われた。校訂本「Somdet Phra Paramanuchit 本」と呼ばれ、のちに米人宣教師ブラドレー博士 D. B. Bradley が、ラーマ四世モンクット王の援助を得て、印刷出版した。出版者の名を冠して「ブラドレー博士本 Chabap Mo Bratle」と呼ばれているが、二冊本として刊行されたので「二冊本 Chabap Phim Song Lem」という名もある。本校訂本の校訂者、およびその成立の時期については、最近タイ人の学者から異説が出されているが、これについては後述する。

ラーマ四世王モンクット(一八五一—六八)は、Krom Luang Wongsathiratsanit に命じて「年代記」詳述本の校訂をおこなわしめ、のちに自らこれに朱を加えた。、これがいわゆる「御親筆本 Chabap Phraracha Hatthalekha」成立の経緯である。以上「アユタヤ王朝年代記」成立史を略述したが、これらの諸本は、その大半がすでに印刷出版されている。初版はいずれも Nangsu Chaek として上梓され入手が容易になった。[7] 以下「年代記」の刊本のそれぞれにつき、逐一説明を加えて行くこととしたい。[8]

ルアン・プラスート本 Phraracha Phongsawadan Krung Kao Chabap Luang Prasoet Aksonnit

初版：仏暦二四五〇年(一九〇七／八年)。改訂版：仏暦二四五七年(一九一四／一五年)、その後各種の版あり。本書はチュラロンコン王(一八六八—一九一〇)の廷臣 Luang Prasoet Aksonnit、のちの Phra Pariyatthammathada (Phae Parien)が、某民家で発見した写本を、一九〇七年六月一九日、ワチラヤン文庫(後の国立図書館)に寄贈したもの。発見者の名を冠して Chabap Luang Prasoet Aksonnit または簡単に Chabap Luang Prasoet(ルアン・プラスート本)と呼んでいる。[9] 発見された写本は黒色の紙に黄文字で筆写されたいわゆる Samut Dam で、書体から推定して、アユタヤ末期ないしラタナコーシン初期の制作とされている。ルアン・プラスート本は、雨にあたり文字の消失した個所が多いのが難とされていたが、一九一二年さらに同一の内容をもつ一七七四年の写本 Chabap khong Phra Chao Krung Thonburi(トンブリー王室本)が発見されたので、前者の不備の個所を補い、新たに校訂本が作成され、二年後の一九一四年、「タイ史料集成」の第一巻に収録されて出版された。

本書は上述した「略述本」の代表とされるもので、記述はきわめて簡潔であるが、現存する「年代記」中最古層に属するものであること、記載する年代の正確なること等をもってアユタヤ史料中最重要文献の一に数えられている。本書の発見によって、それまで孤立していたタイ史がようやく近隣諸国史と結合するに至ったといわれている。Banphanaek(序文)の叙述よりして、原本の成立は小暦一〇四二年(一六八〇年)、Somdet Phra Narai Maharatの勅命により編纂されたものと考えられる。本文は小暦六八六年(一三二四年)のPhanaeng Choen大仏建立に筆を起こし、アユタヤ奠都を経て小暦九六六年(一六〇四年)までの出来事を年代順に簡潔に叙述する。原本はおそらく二冊本で、本写本はその第一巻と推定される。

フランクファターOtto Frankfurterによる英訳"Events in Ayudhya from Chulasakaraj 686-966"(*JSS* Vol. VI, pt. 3, 1909)があるが、この英訳の利用にはウッドW. A. R. Woodによる批判的解説"The Pongsawadan of Luang Prasot"(*JSS* XIX, pt. 3, 1925)を併読することが望ましい。

小暦一一三六年本 Phraracha Phongsawadan Khwan Kao Chabap Chunlasakarat 1136

一九一一年、Chao Phraya Nararatanarachamanitの子、Nai Sathien Raksa(Kong Kaeo)によってワチラヤン文庫に寄贈された。諸本との比較研究の結果、本書は、その文体から、アユタヤ時代に編纂された「年代記」詳述本の、トンブリー時代の写本の残簡であると推定された。第三巻ただ一巻のみしか発見されていないので、そこから失われた原本の全貌をうかがうことは困難であるが、ダムロン親王は本書を、アユタヤ後期において文筆大いに盛え、数多くの文芸作品を後世に残したボロマコート王(Somdet Phra Boromakot,一七三三—五九)時代の成立と推定している。

発見された写本の文体は、先のルアン・プラスート本と似ているが、叙述ははるかに詳細で、「詳述本」の原型を彷彿させるに足る内容をもつ。現存の第三巻は、マハー・チャクラパット王(Somdet Phra Maha Chakraphat, 一五四九―六九)の治世の末期の叙述が主たる内容をなす。

仏暦二四五八年(一九一五/一六年)に、「タイ史料集成」第四巻に集録され Nangsu Chaek として上木されて以来、発行されていない。「タイ史料集成」の中でも、入手しにくい部類に属している。市販本として印刷されたことがないので、利用者は上記の「史料集成」第四巻について見る以外方法がない。

小暦一一四五年本 Phraracha Phongsawadan Chabap Chunlasakarat 1145

未刊。小暦一一四五年(一七八三年)、すなわちラタナコーシン朝のごく初期の写本の一部が、今日国立図書館に所蔵されている。発見された写本は二巻で、一巻は Somdet Phra Maha Chakraphat(一五四九―六九)の治世を、また他の一巻は Somdet Phra Maha Thammaracha(一五六九―九〇)の治世を扱っているといわれるが、未公刊であるため詳細は不明。

パンチャンタヌマート本 Phongsawadan Krung Si Ayutthaya Chabap Phan Chanthanumat (Choem)

ラーマ一世の命により、一七九五年作成された、「年代記」詳述本の校訂本である。Phan Chanthanumat なる人物と、本書との関係は審かでない。セデスによれば校訂者は Prince Mahesuen Intharamet であるというが、刊本のテキストの冒頭の Banphanaek にも、校訂者の名は示されていない。

二二巻の写本として発見されたものであるが、完本ではなく途中に不備の巻を含む。内容は小暦七一二年(一三五一年)のアユタヤ奠都に始まり、仏暦二三二一年(一七七八年)すなわちトンブリー王朝の末期までの出来事を詳述している。

本書はアユタヤ朝の部分と、トンブリー朝の二部に分けて、「タイ史料集成」の第六四巻および第六五巻として上梓された。かなり大部(二部あわせて四六〇頁余)であることもあってか、しばらくNangsu Chaekとしても出版されることがなく利用者は不便を感じていたが、一九六〇年にまったく別の人物の葬儀の引出物として、それぞれ第六四巻、第六五巻が印刷頒布され入手が容易になった。

二冊本 Phraracha Phongsawadan Chabap Phim Song Lem

ラーマ三世王が、クロムプラ・パラマヌチット親王Krom Phra Paramanuchit Chinorotに命じて作成したといわれる詳述本の校訂本。二冊よりなる。一八六五年に米人宣教師ブラドレー博士が、モンクット王の援助を得て印刷に付し、それぞれ一八六三年および一八六四年に発行された。本書は「詳述本」に属する。その内容は、一三五一年のアユタヤ奠都に始まり、小暦一一五四年(一七九二年)までを含む。

本書はパラマヌチット親王の校訂によるものであると長らく信じられてきたが、最近タイ人の学者でこれに疑義を差し挟む向きが現われている。一九六二年に刊行された本書の市販本に寄せた「芸術局」の序文は、明瞭にクロムプラ・パラマヌチット親王が本書の校訂者ではなく、同親王の師プラ・チェートポンPhra Chetphon寺院のプラ・パナラットPhra Phanarat僧正こそ校訂者であると断じ、新たな書名として「チェートポン寺パナラット僧正本Chabap Somdet Phra Phanarat Wat Phra Chetphon」を用いることを提唱している。

プラチャクラパディポン本 Phraracha Phongsawadan Krung Kao Chabap Phra Chakraphadiphong (Chat)

原本は「貝多羅葉」一七束(phuk)。一九〇八年、Nai Chit が、父にあたる Phra Chakraphadiphong の記念にワチラヤン文庫に寄贈したものという。前述の「二冊本」と同一に見えるが、ナライ王治世の部分は、「二冊本」とまったく異なり、別人の筆になるものと推定される。かつてこの部分のみをとりだし、「タイ史料集成」第三巻に集録刊行されたことがある。近年、Nangsu Chaek として完本が出版された(*Phraracha Phongsawadan Krung Si Ayutthaya Chabap Phra Chakraphadiphon* (*Chat*), 仏暦 2502(1959), 398 pp.)。この新版では、その後の比較研究の結果以来、漠然と「二冊本」と同一と信じられた部分にも、わずかながら異同が発見されている。叙述は、小暦七一二年寅年二年(一三五〇年)から小暦一〇八九年未第四年(一七二七年)に及ぶ。

「御親筆本」Phraracha Phongsawadan Chabap Phraracha Hatthalekha

ラーマ四世モンクット王は、一八五五年、Krom Luang Wongsathiratisanit に命じて、「年代記」諸本の比較校合を行わしめ、その結果でき上がった校訂本に自ら筆を加えた。かくして成立した校訂本が世にいう「御親筆本」である。仏暦二四五五年(一九一二年)Somdet Chao Fa Krom Phraya Phanuphanthuwong Woradet の手で、三冊本として初めて刊行された。「御親筆本」の原本は、国立図書館が二二冊を所蔵するのみであったが、御親筆本と同一の内容をもつ写本「Krom Luang Mahisawarin 本」四二巻が完全な形で、別途発見されている。一三五一年のアユタヤ奠都から始まり、小暦一一五二年(一七九〇年)をもって巻をとじている(Bangkok, 1962. 124＋XXXIII)。

「大英博物館本」または「J. H. Hayes 本」Phraracha Phongsawadan Krung Sayam chak Ton Chabap thi

pen sombat khong Britit Musiam Krung London

一九五八年タイ史に関する文献渉猟のため欧米を旅行中のタイの歴史学者Nai Khachon Sukhaphanitが、大英博物館において発見した。洋綴のタイ語写本三〇巻。この写本は、一九四八年五月三一日に、J. Hurst Hayes Esq. なる人物が、同博物館に寄贈したものである。この写真版は一九九九年に、東洋文庫付置ユネスコ東アジア文化研究センターから、ワイアット David K. Wyatt の詳細な解題を付し、Bibliotheca Codicum Asiaticorum の一冊として出版されている。

（1） P. Schweisguth, *Étude sur la littérature siamoise,* Paris, 1951, p. 107.

（2） G. Coedès, "Une recension pâlie des Annales d'Ayuthya", *BEFEO,* 14, p. 1.

（3） Krom Phraya Damrong Rachanuphap, "Kham Nam", *Prachum Phongsawadan Phak thi 4,* Bangkok, B. E. 2458 (1915/16), iii.

（4） *ibid*., iv-v.

（5） 年代記の著述に関し二種の用語法を区別する必要がある。そのひとつは《taeng》で、伝承の諸史料を材料として新たに歴史記述を行うこと。もうひとつは《チャムラ chamra》で、これは《校訂》(bearbeiten : Wenk)を意味する。(Klaus Wenk, "Prachum Phongsawadan, ein Beitrag zur Bibliographie der thailändischen historischen Quellen," *Oriens Extremus*, 1962, pp. 232-257.)

（6） この prince の名は Coedès, Petithuguenin の両学者によってあげられているが、筆者はこれをタイ語文献で確認できなかった。名前の翻字は Coedès のそれにしたがった(Coedès, *op. cit*., p. 2 : P. Petithuguenin, "Notes critique pour servir à l'histoire du Siam", *BEFEO* 16, 1916, p. 5)。

（7） Nangsu Chaek については、本書第III部第一章参照。

（8） 一九九〇年代後半に入ってから、つぎつぎと新しい版本が出版されているので、以下の紹介は参考にとどまる。

（9） 一九〇七年写本の発見と年を同じうして初版が上梓された。

第三章　諸地方のポンサーワダーン

本章は、「タイ史料集成 Phrachum Phongsawadan」叢書のなかで、タイおよび周辺諸地方に関する年代記ないし地方誌に分類できる、五三点の文献について解題を行う。その目次は下記のとおりである。

(A)　北タイ：西ラーオ関係(チャオプラヤー河上流地域)

1　*Phongsawadan Yonok*

2　*Ruang Ratchawongpakon, Phongsawadan Muang Nan*

3　*Phongsawadan Muang Ngoen Yang Chiang Saen*

4　*Tamnan Singhanawat Kuman*

5　*Phongsawadan Muang Nakon Chiang Mai*

6　*Tamnan Muang Suwanna Khom Kham*

(B)　中部タイ関係

7　*Phongsawadan Nua*

(C)　東北タイ：東ラーオ関連地域(メコン河流域の諸地方およびその関連地方)

8　*Phongsawadan Hua Muang Monthon Isan*

9 *Phongsawadan Champasak*

10 *Tamnan Muang Nakhon Champasak*

11 *Tamnan Muang Nakhon Champasak*

12 *Nithan Ruang Khun Baromaracha, Phongsawadan Muang Lan Chang*

13 *Phongsawadan Muang Yasothon*

14 *Tamnan Muang Saifong*

15 *Tamnan Muang Phuan 2 chabap*

16 *Phongsawadan Yo Muang Wiang Chan 2 chabap*

17 *Ruang sang Wat Phra Kaeo Si Chiang Mai*

18 *Prawat Thao Suwo Chao Muang Nong Khai*

19 *Khamhaikan Phraya Muang Ham, Ruang Muang Chiang Taeng*

20 *Khamhaikan Phra Kamhaeng Phonsak, Ruang Muang Chiang Taeng*

21 *Khamhaikan Thao Long, Ruang Muang Attapu*

22 *Khamhaikan Phraratchawitborirak, Ruang Muang Saphangphupha*

23 *Khamhaikan Luang Thiam, Ruang Muang Se Lamphao*

24 *Phongsawadan Muang Nakhon Phanom Sangkhep*

25 *Tamnan Muang Wangmon*

26 *Tamnan (Phongsawadan) Muang Munlapamok*

27 *Phongsawadan Lan Chang*
28 *Phongsawadan Muang Luang Phrabang*
29 *Phongsawadan Muang Luang Phrabang*
30 *Phongsawadan Muang Hua Phan Ha Thang Hok*
31 *Phongsawadan Muang Chiang Rung*
32 *Phongsawadan Muang Lai*
33 *Phongsawadan Muang Thaeng*
34 *Phongsawadan Muang Chiang Khaeng*

(D) 南タイ及び旧マレー属領

35 *Phongsawadan Muang Nakhonsithammarat*
36 *Phongsawadan Muang Songkhla*
37 *Phongsawadan Muang Songkhla*
38 *Phongsawadan Muang Pattani*
39 *Phongsawadan Muang Phatthalung*
40 *Phongsawadan Muang Phatthalung*
41 *Ruang Tamnan Muang Ranong*
42 *Phongsawadan Muang Thalang*
43 *Phongsawadan Muang Kalantan*

44 *Phongsawadan Muang Trangkanu*

45 *Phongsawadan Muang Saiburi*

(E) カンボジア関係

46 *Phongsawadan Khamen*

47 *Phongsawadan Muang Lawaek*

48 *Phongsawadan Khamen yang yo*

49 *Phongsawadan Lawaek chabap plae C. S. 1170*

50 *Phongsawadan Muang Phratabong*

(F) モン関係

51 *Phongsawadan Phama Raman*

(G) ヴェトナム関係

52 *Phongsawadan Yuan*

53 *Ruang Phongsawadan Yuan*

（1） *Phongsawadan Yonok* または *Phongsawadan Lao Chiang*（ヨーノック年代記またはラーオ・チェン年代記） タイ史料集成第五巻所収。B.E. 二四六〇本 pp. 81—232. Phraya Prachakitchakorachak (Chaem Bunnak) が、一八九九年に撰述した西ラーオ諸国（ランナータイ）史。すぐれた著書としてつとに定評がある。全体を次の六章に分つ。

第1章　タイ族の起源
第2章　ランナータイへの定着
第3章　メンライ王のチェンマイ奠都
第4章　チェンマイ王国年代記
第5章　ビルマ隷属時代のチェンマイ王国年代記
第6章　南方タイに併合後のチェンマイ

本書はのち一九〇八年増補改訂され Ruang Phongsawadan Yonok (584p) の標題の下に独立の一書として出版された。著者 Phraya Prachakitchakorachak は、増補版の序文において、本書をしるす上に典拠とした史料として次の一七点の文献(北タイ方言、ラーオ語ないしパーリ語)を挙げているが、この中には本稿において触れていないものが多数含まれているので参考までに記しておく。

1 *Tamnan Muang Suwanna Khom Kham*[1]
2 *Tamnan*(*chu*)*Singhanawat*[2]
3 *Tamnan Muang Hariphunchai lae Chamathewiwong*[3]
4 *Tamnan Hiran Nakhon Chiang Saen*
5 *Tamnan Phingkhawong*
6 *Chinakalamalini Phongsawadan Muang Chiang Mai*[4]
7 *Tamnan Muang Phayao*
8 *Tamnan Chiang Rai*

9　*Tamnan Muang Nan*
10　*Tamnan Phrathat Doi Tung*
11　*Phra That Suthep*
12　*Phra Thato Lampang*
13　*Tamnan Phrakaeo*[5]
14　*Tamnan Phra Sing*[6]
15　*Tamnan Phra Kaen Chan*
16　*Tamnan Phraphuthasikkhi*
17　*Tamnan Phrachao Luang Thung Iang Muang Phayao*

なお、本書に関しては、近年ランナータイ史について精力的に業績を発表している飯島明子のすぐれた紹介がある。[7]

（2）　*Ruang Ratchawongpakon, Phongsawadan Muang Nan*（王統記、ナン年代記）　第一〇巻所収。B.E. 二四六一本 pp. 1—210. 本書は Muang Nan の土侯 Phrachao Suriyaphong Pharitdet（一八三一－一九一八）が、Saen Luang Ratchasomphan をして撰述せしめた「ナン年代記」である。編集者ダムロン親王 Prince Damrong の序文によると、本書はもともと北タイ方言で録されたもので、やや読みにくいことが難とされるが、原文尊重の建前から方言形をほとんどそのままの形で保存し、意義不通と思われる字句については、巻末の Glossary でこれを説明し、読者の便をはかっている。パーリ語年代記等によったと思われる上古の物語から、一九世紀の末葉に及ぶ間のナン史の概要を示してくれる。

（3）　*Phongsawadan Muang Ngoen Yang Chiang Saen*（チェンセン年代記）　第六一巻所収。B.E. 二四七九本

pp. 1—55.

（4） *Tamnan Singhanawat Kuman*（シンハナッワトクマーン年代記） 第六一巻所収。B.E. 二四七九本 pp. 56—208.

上記の二点は、北タイ方言の写本に基づいて出版された年代記で、同種の写本はいまだ評価を加えられぬまま多数バンコクの国立図書館および国立博物館に所蔵されているという。上記の二書はいずれもチェンセン史、およびスコータイ王国成立前の隣接諸国の歴史に言及している。これらの記述の中に史実を確定する作業は今後のこされた課題である。(8)

（5） *Phongsawadan Muang Nakhon Chiang Mai*（チェンマイ年代記） 第三巻所収。B.E. 二四七一本 pp. 74—112. 一八七五年、のちの Phraya Maha Ammatayabodi(Run)、当時の Phraya Sisinghathep が、五世王の命をうけて撰述した「チェンマイ年代記」。一七六七年のビルマ軍の侵入から、一八六七年に至る約一一〇年間のランナータイ史である。チェンマイのみならずランプーン、ランパーンの土侯についても言及している。

（6） *Tamnan Muang Suwanna Khom Kham*（スワンナ・コーム・カム史） 第七二巻所収。原本は北タイ方言で書かれており、芸術局の手で標準語(バンコク方言)に翻訳された上、「史料集成」におさめられた。本書は tamnan と呼ばれているが、ここでは「歴史」という意味より、むしろこの語の本源的な用法「口碑・伝説」の意味に用いられている。(9) スワンナ・コーム・カムなる地名も、クロムルアン Krom Luang と呼ばれる民族の土地といわれ、スワンナプーミの何処かに位置していたというが詳細は不明。

「史料集成」に集録された地方史には中部タイのムアン muang に言及したものが比較的少ない。次の Phongsawadan Nua は中部タイの北辺地方を扱ったものである。

（7）　*Phongsawadan Nua*（北方年代記）　第一巻所収。B.E. 二四九九本 pp. 1―112. 小暦一一六九年卯年・第九年（一八〇七年）、Phrawichianpricha（Noi）が、Krom Phraratchawang Bowon Sathan Sawankhalok、すなわちのちの二世王の命を受けて撰述した年代記で、Muang Satchanalai, Muang Sawankhalok の建設から Uthong 侯のアユタヤ建設までを叙述している。しかし内容を検討してみると、各種の伝承などをまったく無秩序に綴り合わせたものと思われるふしがある。初版は一八六九年に Tamnan Phra Kaeo Morakot（玉仏伝）と合わせて上木されたが、「史料集成」におさめられるにあたり、ダムロン親王が重複した部分を削除し、小見出しを付したという。[10] 本書は早くも一八五〇年にパルゴア Pallegoix によって紹介されているが、[11] のち一九三九年カミーユ・ノットン Camille Notton の手で全訳された。[12]

東ラーオすなわちメコン河流域地方およびその関連地域（Sip Song Chu Thai 地方など）については以下の文献がある。

（8）　*Phongsawadan Hua Muang Monthon Isan*（イサーン州年代記）　第四巻所収。B.E. 二四五八本 pp. 29―222. Isan とは現在東北タイ全域の総称として広く用いられている語であるが、ここに言う Monthon Isan とは、かつて全国を二〇州に分けていた時代のイサーン州を意味し、Ubon Ratchathani, Kemarat, Yasothon, Khukhan, Sisaket, Detudom, Roi-et, Mahasarakham, Kalasin, Kumlasin, Suwannaphum, Surin, Sanghka, Champasak の一四のムアンを含む地方を指す。本年代記の著者 Mom Amorawongwichit は、内務省の官を奉じた篤学の士で、自ら進んで僻遠の地イサーンに赴き長期に亘って滞在し、ついに任地に没するまでの間、公務の余暇をさいては各種の文献の渉猟に努め「イサーン州年代記」を執筆、ある程度まとまるとこれをバンコクへ送ってダムロン親王の校閲を仰いでいたもので、これが死後編纂され一書を成したのが本書である。一七―一九世紀末葉までの記述を含む。巻末におさめられたHet Songkhram rawang Frangset(「対仏紛争記録」二〇一―二三二頁)は一八九三年のメコン紛争の事件日誌であり、事件の一当事者の手になる記録として尊重すべき史料といえよう。

「史料集成」の第七〇巻は東北タイ研究者の手引書として編纂されたもので、東ラーオ関係の各文献を広く収録しており参照に便利である。以下この巻所収の文献の各々につき略述する。なお頁数は B. E. 二四八四本による。

(9) *Phongsawadan Champasak*(チャンパサック年代記) pp. 1―23. Phraya Amatayabodi が撰述し、五世王に献上した「チャンパサック年代記」。

(10) *Tamnan Muang Nakhon Champasak*(チャンパサック史) pp. 24―46. 前掲「イサーン州年代記」の著者 Mom Amorawongwichit(M. R. Pathom Khanechon)による「チャンパサック史」。

(11) *Tamnan Muang Nakhon Champasak*(チャンパサック史) pp. 47―70. 一八六一年、四世王が、時の録事局長(Chao Krom Phra Alak)Phra Sunthorawohan, Ubon の土侯らに命じて撰述せしめたチャンパサック史。主としてチャンパサックにおける仏教の興隆につき述べたものである。

(12) *Nithan Ruang Khun Baromaracha, Phongsawadan Muang Lan Chang*(バロム王伝、ラーンチャーン年代記) pp. 71―132. 伝説上の人物 Khun Baromaracha 王伝。国立図書館員 Nai Sut Sisomwong の手でバイラーン(貝葉)からタイ文字に転写されたもの。

(13) *Phongsawadan Muang Yasothon*(ヤソートーン年代記) pp. 133―152. 小暦一二五九年(一八九五年)に

書かれたと思われるが著者不詳。簡略ながら一八九三年の対仏紛争当時のかの地の模様についても触れている。

(14) *Tamnan Muang Saifong*(サイフォーン史) pp. 153—169. Muang Saifong は Wiang Chan(Vientiane)の南 Nongkhai の北に位置するメコン河左岸の廃邑。原本はバイラーンに刻されたもの。

(15) *Tamnan Muang Phuan 2 chabap*(プァン史二巻) pp. 170—174. および pp. 175—181. Muang Phuan とは Muang Chiang Khwang, Chiang Kham などを中心とする、メコン河の左岸地方(Tran-Ninh)[13]をさす。著者、著作年代ともに不詳。

(16) *Phongsawadan Yo Muang Wiang Chan 2 chabap*(ウィエンチャン年代記略) pp. 182—204. 小暦一二五五年(一八九三年)、Chao Kattiya の作成したいわゆる"Pum Hon"(占星家用暦日記)様式の略本年代記。

(17) *Ruang sang Wat Phra Kaeo Si Chiang Mai*(シーチェンマイ、プラケオ寺建立記) pp. 205—211. Si Chiang Mai は、北タイのチェンマイとは別の、東北タイのメコン河沿いの小邑で、ウィエンチャンの対岸、タイ領内に位している。

(18) *Prawat Thao Suwo Chao Muang Nong Khai*(ノンカイ侯タオ・スウォー伝) pp. 212—213. Nong Khai 侯 Thao Suwo の略歴。

(19) *Khamhaikan Phraya Muang Ham, Ruang Muang Chiang Taeng*(チェン・テーンに関するプラヤーハームの証言) pp. 214—216. 小暦一二四八年(一八九六年)Muang Chiang Taeng において Muang Ham のことにつき土侯 Phraya Muang Ham に諮問した記録。

(20) *Khamhaikan Phra Kamhaeng Phonsak, Ruang Muang Chiang Taeng*(チェン・テーンに関するプラカムヘン・ポンサックの証言) pp. 217—219. 一八八六年 Kambaeng Phonsak のチェン・テーンに関する証言録。

（21） *Khamhaikan Thao Long, Ruang Muang Attapu*（アタプーに関するターオ・ローンの証言） pp. 220—228. Uphahat Phrasuwannawongsa Thao Long の行った Attapu に関する証言。アタプーは南ラオス Boloven 高原の東南端、メコンの支流 Se Kong, Se Kamane 両河の合流点にある町。

（22） *Khamhaikan Phraratchawitborirak, Ruang Muang Saphangphupha*（サパンプーパーに関するプララーチャウイットボーリラックの証言） pp. 229—230. Muang Saphangphupha 土侯 Phraratchaborirak が、一八八六年、Muang Taeng において行った Muang Saphangphupha に関する証言。

（23） *Khamhaikan Luang Thiam, Ruang Muang Se Lamphao*（セー・ランパオに関するルアン・テイエムの証言） pp. 241—236. 一八八六年 Muang Tharaboriwat において Luang Thiam, Nai Owan, Nai Kaeo の三名の行った Muang Se Lamphao に関する証言。

以上五編の Khamhaikan（証言録ないし聞き書き）は、いずれも内務省所蔵の原本によるもので、言及されているムアンはすべて南ラオス、メコン河左岸パークセー Pak Se 周辺の小邑である。

（24） *Phongsawadan Muang Nakhon Phanom Sangkhep*（ナコーンパノム年代記略） pp. 237—246. Phraya Channgonkhan 編。

（25） *Tamnan Muang Wangmon*（ワンモン史） pp. 247—249. 小暦一二五一年（一八八九年）の日付がある。

（26） *Tamnan Muang Munlapamok*（ムンラパーモーク年代記） pp. 250—251. 小暦一二四七年（一八八五年）Muang Munlapamok の土侯 Phrayawongra Suradet の記した簡略なムンラパーモーク史。

（27） *Phongsawadan Lan Chang*（ラーンチャーン年代記） 第一巻所収、B.E. 二四九九本 pp. 387—432. 前述した「ヨーノック年代記」の著者 Phraya Prachakitchakorachak (Chaem Bunnak) の手でバイラーンから転写か

らされたラーンチャーン史。ラーオ語(ラーンチャーン方言)をもって書かれている。上古より一世王までの記述をおさめる。

(28)　*Phongsawadan Muang Luang Phrabang*(ルアンプラバン年代記)　第一一巻所収。B.E.二四六二本 pp. 1—65.　ダムロン親王の解説によれば、五世王の命により撰述されたものというが、著者不詳。前半の部分は上の(27)を底本とし、これをバンコク方言に改め、さらに四世王までの事件を補筆したものと思われる。

(29)　*Phongsawadan Muang Luang Phrabang*(ルアンプラバン年代記)　第五巻所収。B.E.二四六〇本 pp. 242—278.　著者および著作年代不詳。おそらくは五世王の命によって撰述された各種年代記のひとつであろうと推定されている。原本は内務省所蔵。九世紀末に筆を起し、四世王の治世までを簡略に叙している。

第九巻および第二二巻には Sipsong Panna および Sipsong Chu Thai 関係史料が収められており、先の第七〇巻とならんで東ラーオ研究者必見の書である。[14]

(30)　*Phongsawadan Muang Hua Phan Ha Thang Hok*(ホアパンハータンホック年代記)　第二二巻所収。B.E.二五〇五本 pp. 1—43.　Muang Hua Phan Ha Thang Hok とは北ラオス、ルアンプラバンの北方地方を指し、Muang Sam Nua, Muang Sam Tai, Muang Son, Muang Soi, Muang Yiap, Muang Sop Aet, Muang Chiang Kho などの Muang を含む地域の総称である。本書は(1) Muang Sop Aet Chiang Kho について(pp. 1—14)、(2) Muang Sam Nua について(pp. 15—17)、(3) Muang Soi について(pp. 18—32)、(4) Muang Sam Tai について(pp. 33—41)、(5) Muang Ha Muang について(pp. 42—43)、の五部よりなり、いずれも、一八八六年 Ho 族討伐に赴いたタイ遠征軍が、Muang Son に駐屯中、その司令官の Chao Phraya Surasakmontri が、部下の将兵に命じて、Hua Phan Ha Thang Hok 地方各国の土侯に、それぞれの国の歴史につき証言させたものの記録で、上申書(Bai

Bok)と共に首都バンコクに送付され、内務省に保存されていたもの。

(31) *Phongsawadan Muang Chiang Rung*(チェンルン年代記) 第九巻所収。B.E. 二五〇二本 pp. 1—16. チェンルンは現在雲南省西双版納傣族自治区の景洪に当たる。住民はLu族である。[15] 本書は一八五二年、現ビルマ領シャン州のKengtung(Chiang Tung)にタイが征討の軍を進めた際作成した、Mahachaiのチェンルンに関する証言録である。

(32) *Phongsawadan Muang Lai*(ライ年代記) 第九巻所収。B.E. 二五〇二本 pp. 22—67. ムアン・ライは現在のベトナム民主共和国西北隅、中国、ラオス国境に近いLai Chauにあたり、かってはSipsong Chu Thaiの一中心地であった。本書および、次のテーン年代記は、Phraya Ritthirongronachet(Suk Chuto)が、一八八六年Chao Phraya Surasakmontriの遠征時従軍した際、Muang LaiおよびMuang Thaengで集録した住民らの証言、口伝などを集成して記録したもの。

(33) *Phongsawadan Muang Thaeng*(テーン年代記) 第九巻所収。B.E. 二五〇五本 pp. 68—100. Muang Thaengとは現在のベトナム民主共和国の北西部ディエンビエンフー Dien Bien Phuを指す。

なおムアン・ライおよびムアン・テーンの住民がタイ族であるという観点に立ったタイ人による両地方についての民族誌的アプローチとしてBunchuai Sisawat, *Wietnam*, Bangkok, 1961がある。

(34) *Phongsawadan Muang Chiang Khaeng*(チェンケェン年代記) 第九巻所収。B.E. 二五〇二本 pp. 101—105. Muang Chiang KhaengはChiang Saenの北に位するムアンで住民はKhoen。本書は、一八九〇年「金銀樹」献送のためバンコクに赴いたチェンケェンの貴族からの聞き書きに基づくチェンケェン年代記。

なお第九巻の冒頭によせたダムロン親王の序文は上記の四ムアンの各々につき詳細な解説を行っており有益であ

る。

(35)　*Phongsawadan Muang Nakhonsithammarat*(ナコンシータマラート年代記)　第五三巻所収。B.E.二四七三本 pp. 102―118. Luang Anusonsitthikam(Bua Na Nakhon)の作。アユタヤ王朝末期からラタナコーシン王朝五世王までのナコンシータマラート史。なお本書と合わせて参照すべき文献として、第二巻所収の Ruang tang chao Phraya Nakhonsithammarat(B.E.二四七〇本 pp. 1―63)がある。[16]

(36)　*Phongsawadan Muang Songkhla*(ソンクラー年代記)　第三巻所収。B.E.二四七一本 pp. 30―73. 第八世ソンクラー総督 Phraya Wichiankhiri(Chom Na Songkhla, 1854―1904)が、Phraya Sunthoranurak を号していた頃の作。本文の叙述からも明らかなように、本書はもと「Na Songkhla 家(Trakun Na Songkhla)」の家史の編纂を目指したものであるが、その内容は Sultan Suleman(?-)のソンクラー建設に始まり、第四世ソンクラー総督 Phraya Wichiankhiri(Thiang Seng)に至る「ソンクラー年代記」に外ならない。なお Na Songkhla 家は、一九〇四年本書の著者が他界するまで八代一二九年にわたり、ソンクラーを治めていたわけであるが、第五世以後の歴史については、Phraya Sawatkhiri Sisamantratnayok(Yen Suwannapathom)の筆になる本書の続編を見る必要がある。同書は「史料集成」には収録されておらず、別途独立した Nangsu Chaek として刊行されている。たとえば B.E.二〇五一に刊行された Phongsawadan Muang Songkhla は、その第一部が、前記「ソンクラー年代記」で、その第二部として収録されている。

(37)　*Phongsawadan Muang Sonkhla*(ソンクラー年代記)　第五三巻所収。B.E.二四七三本 pp. 1―101. 第五世ソンクラー総督 Chao Phraya Wichankhiri(Bun Sang, 1796―1965)の著作。二部に分かれ、第一部(pp. 1―39)は一八四五年に、第二部は一八五九年にそれぞれ書かれたとある。

（38） *Phongsawadan Muang Pattani*（パタニー年代記） 第三巻所収。B.E. 二四七一本 pp. 1—29. 第八世ソンクラー総督 Phraya Wichiankhiri(Chom Na Songkhla) が Phraya Sunthoranurak を号していた頃の著作（上述36参照）。ソンクラーに在住していた著者が、かの地で得た見聞を「ブラドレー博士本年代記[17]」と照合しつつ綴ったという「パタニー州年代記」である。狭義のパタニーの他、ジリン(Muang Yirin)、サーイブリー(Muang Saiburi)、ラゲ(Muang Range)、ラーマン(Muang Raman)、ヤラー(Muang Yala)、およびノーンチク(Muang Nongchik)にも言及している。記述は一世王から五世王の治世半ばに及ぶ。

（39） *Phongsawadan Muang Phatthalung tang tae Samai dukdamban thung Samai Patchuban*（上古より現代までのパタルン年代記） 第一五巻所収。B.E. 二四八二本 pp. 1—63. Luang Si Worawat 編。四章に分かれ、第一章は伝説の時代、第二章アユタヤ時代、第三章トンブリ時代、第四章ラタナコーシン時代。

（40） *Phongsawadan Muang Phatthalung*（パタルン年代記） 第五三巻所収。B.E. 二四八三本 pp. 128—134. 小暦一二一二年（一八五〇年）に、トンブリー朝時代のパタルン侯(Phraya Phatthalung)の二人の息女から作成した聞き書きをもとに Mun Sanit Phirom の編纂した「パタルン年代記」。

（41） *Ruang Tamnan Muang Ranong*（ラノン史） 第五〇巻所収。B.E. 二四七一本 pp. 1—109. ダムロン親王編。下記の六章[18]よりなり、巻末に Na Ranong 家の系図をのせる。

第一章上古、第二章ラノンの第四級州(Hua Muang Chattawa)昇格、第三章 Hua Muang Tawantok への総督任命、第五章五世王ラノン行幸、第六章六世王のラノン行幸。ダムロン親王が、各種の古記録、政府命令書などに散見されるラノン関係の記述をまとめ、これに現地踏査の結果を加えて編纂したラノン史。三世王以降の記述が詳しい。一九一二年まで。

（42）*Phongsawadan Muang Thalang*（タラーン年代記）第二巻所収。B.E.二四七〇本 pp. 64—78. Muang Thalang は南タイ、インド洋岸のプーケットの島中央部に位し、現在プーケット県タラーン郡。本書はタラーンの地方行政に関した Nai Loek, Nai Suk, Nai Sua, Nai Sithong および Luang Phetkhiri Sisamutwisutthisongkhram の五名が「古老の談話および自らの見聞に基づき」叙述したというタラーン年代記。大部分は一八四一年に書かれている。

（43）*Phongsawadan Muang Kalantan*（クランタン年代記）第二巻所収。B.E.二四七〇本 pp. 131—148.

（44）*Phongsawadan Muang Trangkanu*（トレンガヌ年代記）第二巻所収。B.E.二四七〇本 pp. 113—130.

（45）*Phongsawadan Muang Saiburi*（サイブリー年代記）第二巻所収。B.E.二四七〇本 pp. 29—112. Saiburi とはケダー Kedah のタイ名。[19]

「史料集成」には上記の各地方のほか五篇の「カンボジア年代記」が集録されている。[20]

（46）*Phongsawadan Khamen*（カンボジア年代記）第一巻所収。B.E.二四九九本 pp. 165—268. 一八五五年、四世王が Khun Suntorawohan, Phraya Thammathibodi および Phra Senaphichit の三名に命じて、カンボジア語からタイ訳させたもの。一八六九年五世王の名によりはじめて上梓された。

（47）*Phongsawadan Muang Lawaek*（ラウェーク年代記）第四巻所収。B.E.二四五八本 pp. 21—28. カンボジア王 Phranarai Ramathibodi（Ang Eng）が一七九六年、一世王に献上した「カンボジア年代記」。ダムロン親王の序文によれば、本題の標題に Phongsawadan Muang Lawaek とあるのは、原本が Muang Lawaek（Lovek）に由来するためか、あるいはかつて Muang Lawaek がカンボジアの首府があったため、この語をもってカンボジア全体を指し示すならわしによるかの、いずれかは不明であるが、内容は Phongsawadan Krung Kamphucha（カンボジア年代記)というべきものである。Luang Photchanaphichit ら四名の共訳。

(48) *Phongsawadan Khamen yang yo*(カンボジア年代記略) 第七一巻所収。B.E. 二四八一本 pp. 95—103. 主として一世王から四世王までにおけるカンボジアとシャムの関係史を略述している。著者不詳。

(49) *Phongsawadan Lawaek chabap plae C.S. 1170*(小暦一一七〇年訳本ラウェーク年代記) 第七一巻所収。B.E. 二四八一本 pp. 1—69. 記述は一五七五年から一六一八年にわたる。原本はカンボジア語で Samut Thai 三巻。一八〇八年タイ語に翻訳された。本書は新しい王朝の始祖となった王(一世王)が、新官制を定める際の参考に資せしめるため翻訳を命じたものであろうといわれる。

(50) *Phongsawadan Muang Phratabong*(プラタボン年代記) 第一六巻所収。B.E. 二四七五本 pp. 1—12. 五世王が編纂を命じた各地の年代記の一。Phratabong 総督 Phu Samret Ratchakan Chao Phraya Khathathonth-oramin の作。

(51) *Phongsawadan Phama Raman*(モン年代記) 第一巻所収。B.E. 二四九九本 pp. 269—386. 原文はモン語、録事局長 Khun Sunthorawohan と三人のモン人翻訳者が、一八五九年にタイ語に翻訳したもの。記述は小暦五二二年(一一六〇年)から三世王の治世に及ぶ。

(52) *Phongsawada Yuan*(ユアン年代記) 第七一巻所収。B.E. 二四八一本 pp. 104—109. 本書の序文には「丑年第五年(一七九三年)Phraratchamontri, Khun sisena, Khun Rachawadi 謹みて *Ruang Muang Tang Kia Anam Kok*(東京・安南国記)をタイ語にうつし陛下に奉呈し奉る」とある。[21] 本書は Nguyen Anh がバンコクに滞在していた頃、同王が Ang Pet Trung および Ang Pet Chat の二人に執筆を命じ、一世王に献上した「安南年代記略」であるという。

(53)　*Ruang Pongsawadan Yuan*(ユアン年代記)　第二八巻所収。B. E. 二四六六本 pp. 1—15. 港務卿補佐(Chao Khun Phu Chuai Krom Tha)が、前記(52)を底本として編纂した、簡略な「安南年代記」という以外に詳細は不明。

「地方誌」、「地方年代記」はこのほかにも相当数存在するようであり、単独に刊行されているものもいくつかを数えることができるが、本稿では「史料集成」中に含まれた主としてPhongsawadan, Tamnan, Khamhaikanと呼ばれるもののみを抽出し、簡単な解説を加えるにとどめた。

後記——「年代記」等にあらわれる地名の検索に便利な「タイ地名辞典」がタイ国アカデミーの手で完結出版されているので紙面の余白をかりて紹介しておきたい。

Akkharanukrom Phumisat Thai chabap Ratchabandit-sathan.(アカデミー版タイ国地理辞典)3 vols. B. E.. 2506-7(1963-64), Bangkok.

がそれである。本書は、はじめ一九三三年にPathanukrom(国語辞典)の別冊として計画され、一部が刊行されたまま長らく中断していた、かの「地理辞典」の継続出版とも言うべきもので、一九五四年故Phraya Anuman Ratchathonを主査とする専門家委員会が設置されて、以来九年余に亘って編纂が進められてようやく完結の運びとなった。全三巻のうち第一巻(376 p.)は「タイ国地理概説」とも言うべきもので、地勢、気候、Flora, Fauna, 資源、交通、民族、風俗習慣の八章よりなる。第二巻(pp. 1—766)および第三巻(pp. 767—1693)はこの「辞典」の主部をなすもので字母配列順に従って中項目、小項目両方式を併用しつつ地名の解説を行っている。多数の写真、地図が各処に挿入され、利用を一層便利にしている。タイ国アカデミー Ratchabandit-sathan から出版されている。

（1） cf. "Chronique de Suvanna Khamdeng", M. Camille Notton, Annales du Siam, première partie. Paris, 1926, pp. 1-80.

（2） cf. "Chronique de Sinhanavati" ibid., pp. 141-202.

（3） cf. G. Coedès, "Documents sur l'histoire politique et religieuse du Laos occidental". *BEFEO* 25, 1925, p. 1-200 ; Camille Notton, "Chronique de Lanpun, Histoire de la Dynastie Chamt'evi". Annales du Siam, IIe volume, Paris 1930, 68 p.

（4） cf. G Coedès op., cit.

（5） cf. Camille Notton, *The Chronicle of the Emerald Buddha*, 2nd impression, Bangkok, 1933, xi-52 p.

（6） Camille Notton, *P'ra Buddha Sihing*, Bangkok, 1933, ix-58 p.

（7） 飯島明子「シャム近代歴史学における『ポンサーワダーン・ヨーノック』」『アジア文化研究』22（一九九六年三月）、二〇九―二三二頁。

（8） Klaus Wenk, "Prachum Phongsawadan, ein Beitrag zur Bibliographie der thailändischen historischen Quellen", *Oriens Extremus*, 9(2), 1962, p. 252.

（9） Tamnan はたとえば *Tamnan Phutthachedi Syam*, B. E. 2469(1926)[*A hisotry of Buddhist Monuments in Siam*]などのように最近では「歴史」を意味する用法が優勢であるが、この語の用法は「口伝え」「伝説」を意味する方がより本源的である。(Photchamanukrom にも Ruang rao nomnan thi to pak kan ma とある。p. 414. 1.)本書の序文にも「これは単なる tamnan であって、遺跡などの物的証拠による裏付けを得ていない」とあることによってもここに言う tamnan が「口碑」「伝説」の意であることが知られよう。なお Tamnan の語義については Mrs. Chadin Flood より有益な教示を受けた。

（10） 同書序文 p. vi(cho).

(11) D.J. Bapt. Pallegoix, *Grammatica linguae Thai*, Bangkok, 1850, p. 158 ff.

(12) Camille Notton, *Légendes sur le Siam et le Cambodge*, [*Annales du Siam*, IV ème Volume], Bangkok, 1939. 115 p.

(13) cf. *Guides Madrolle, Indochine du Nord*, Paris, 1925, p. 308.

(14) 第七〇巻の序文 p. iii(khq)参照。

(15) ダムロン親王は、本書の序文において、Lu 語と南タイ Nakhonsithammarat 方言の類似を指摘し、その理由を一四三〇年 Ramesuan 王がチェンマイに遠征した際かの地の住民を家族ぐるみ拉致し、南タイナコンシータマラート、ソンクラー、パタルンなどへ移住せしめた史実に帰し、その時移住させられた部族の大半が Lu であったのではないか、とのべているのは興味深い(二頁)。

(16) 「史料集成」には集録されていないが、一九六二年ナコンシータマラート侯の血筋を引く Chao Phraya Bodithon Dechanuchit の葬儀の引出物として Ruam Ruang Muang Nakhonsithammarat(ナコンシータマラート史料集成)が編纂刊行され同地方史研究家の間で珍重されている。本書には上述の二書の外著者不詳のナコンシータマラート史、五世王、六世王の南タイ巡幸記録等ナコンシータマラート関係の文献一〇篇を収録。

(17) 本書第III部第二章参照。

(18) 事情は不明であるが、筆者所蔵の B.E. 二四七一本では第四章が目次、本文共に欠けている。

(19) 本書に関連し、マライ語の「ケダー年代記 Marong Mahawangsa」の James Low による英訳が、一九〇八年、Bangkok Wachirayan 文庫から出版されている。

(20) タイに紹介されたカンボジア関係の文献解説としては「史料集成」第七一巻所載の Bangtuk Phongsawadan Khamen(カンボジア年代記覚え書)がある。B.E. 二四八一本 pp. ko-cho(=i-viii)。

(21) タイ文字よりの音写。

第四章　『三印法典』の構成について

『三印法典』は、一八〇五年、ラタナコーシン王朝一世王の命によって編纂された法典で、現存するタイ語法典としては最古の成文法典である。法典の権威の印として、当時三地域に分けられていた、王国の領域を管掌する三人の大臣の官印が、それぞれ押捺されていることからこの名がある。ときにその制定年次をとって『小暦一一六六年法典』とも呼ばれることもあるが、『三印法典』の方が一般的である。この法典は法制史研究だけでなく、タイ近世史研究にとっても重要な史料的価値をもつので、本章では、あらためて『三印法典』の全容を展望し、あわせて同法典を利用する上で留意すべき若干の問題点を示すことにする。

1　『三印法典』のテキスト

『三印法典』のテキストは、縦一一五ミリ、横三四八ミリの白色のタイ式横折本(samut thai khao)各四一冊を一組とし、三組の正本(chabap luang の略のLをとってそれぞれL本、Lx本、Ly本と呼ぶ)と、副本(chabap rong-song, R本と略称)の、四種のテキストが作成された。正本には、それぞれ折本の第二葉目に、北部地方を管掌する「マハータイ Mahatthai」、南部を管掌する「カラーホーム Kalahom」、タイ湾沿岸部の諸港市を管掌する「クロマター Krommatha」の三大臣の官印が押捺されている。これらの官印は、副本には押捺されていない。三組の正本は、それぞれ「御文庫 Hong Khruang」、「中央法廷 Sanluang samrap Lukkhun」、「文書寮 Ho Luang」に保管されていたと同法典の序文にみえるが、いつしか散逸してしまったらしい。その理由は明らかにされていない。一九〇八年、ある事件を契機として、組織的な捜索が行われた結果、現在までに、正本三種のテキストあわせて八〇冊を、また副本は一七冊が回収されている。正本は、「賠償金定率 Phromasak」と「奴隷 That」を欠くが、幸い両テキストの副本が発見されたので[1]、これらをまじえることにより、『三印法典』全四一巻の全容が明らかとなった[2]。ランガ R. Lingat はこれら四種のテキストを底本とした校定本を作成、一九三八年、バンコクのタマサート大学から三冊本として刊行した(「タマサート本」ないし「ランガ校定本」と呼ばれる)。これが今日もっとも権威ある刊本とされて、ひろく研究者に利用されている。本稿においてもこの刊本を用いる[3]。

『三印法典』の原形において、各テキストがどのような順序に並べられていたか記録がない。ただ『三印法典』の冒頭に、「プラタマサート」がおかれていたのは、同法典の序に、旧法典の改訂作業が「プラタマサートより始められた」という記述が見えることから考えて、ほぼ誤りはないであろう。ランガは上述した校定本を作成するにあたり、独自な視点による配列法を採用した。この配列法は『三印法典』全体の構成を展望するためにも有益であるので、本稿ではこれを出発点として考察することとしたい。まず以下に『三印法典』の全テキスト四一冊の名称を、ランガ校定本の配列にしたがって掲げる。

(1) プラタマサート Phra Thammasāt
(2) インタパート Inthaphāt
(3) 王室典範 Kot Monthienbān　第一冊
(4) 王室典範 Kot Monthienbān　第二冊
(5) 裁判管轄権 Phra Thammanūn

(6) 賠償金定率 Phromasak
(7) 文官位階田 Tamnaeng Nā Phonlaruan
(8) 武官・地方官位階田 Tamnaeng Nā Thahan Huamuang
＊ 力役配分 Bānphanaek〔第一七冊「誘拐」の後に含まれる〕
(9) 訴訟 Rap Fōng
(10) 証人 Phayan
(11) 神判 Phisūt Dam Nam Lui Phloeng
(12) 裁判官 Thralākān
(13) 上訴 Utthōn
(14) 夫婦関係 Phua Mia　第一冊
(15) 夫婦関係 Phua Mia　第二冊
(16) 奴隷 Thāt
(17) 誘拐 Lakphā
(18) 遺産 Mōradok
(19) 負債 Kū Nī
(20) 雑律 Betset
(21) 紛争 Tī Dā Kan
(22) 盗賊 Chōng　第一冊

(23) 盗賊 Chōng 第二冊
(24) 刑罰 Āyā Luang 第一冊
(25) 刑罰 Āyā Luang 第二冊
(26) 反逆 Kabotsuk 第一冊
(27) 反逆 Kabotsuk 第二冊
(28) サンガ布告 Kot Phrasong 第一冊
(29) サンガ布告 Kot Phrasong 第二冊
(30) 三六条令 Kot Sāmsiphok Khō
(31) 勅令 Phraratchā Ban-yat
(32) 旧勅令 Phrarātcha Kamnot Kau 第一冊
(33) 旧勅令 Phrarātcha Kamnot Kau 第二冊
(34) 旧勅令 Phrarātcha Kamnot Kau 第三冊
(35) 旧勅令 Phrarātcha Kamnot Kau 第四冊
(36) 旧勅令 Phrarātcha Kamnot Kau 第五冊
(37) 新勅令 Phrarātcha Kamnot Mai 第一冊
(38) 新勅令 Phrarātcha Kamnot Mai 第二冊
(39) 新勅令 Phrarātcha Kamnot Mai 第三冊
(40) 新勅令 Phrarātcha Kamnot Mai 第四冊

(41) 新勅令 Phrarātcha Kamnot Mai　第五冊

2 「プラタマサート」

「プラタマサート」は、サンスクリット語 vara-dharmaśāstra に由来する。その内容の詳細については次章にゆずり、ここでは『三印法典』の性格を理解するために留意すべき点についてのみ解説を加える。

「プラタマサート」は、次のような内容をもつ。

(1) 「プラタマサート」の起源神話
(2) 〔裁判官の避けるべき〕四非道
(3) 裁判官に関する二四項目
(4) 「基本項目」mūlakhadī < mūlagatī
(5) 「派生項目」sākhākhadī < sākhāgatī
　① 「根本事項」mūlakhadī < mūlagatī
　② 「派生事項」sākha-atha
(6) 裁判官に関する基本項目
(7) 「二九の訴訟主題」ekūnatiṃsā mūlagatī vivāda
(8) 多くの派生項目

まず冒頭に、「プラタマサート」と呼ばれる「聖なる書物 Phra Khamphī」が、太古、修行によって超能力を獲得した「マノーサーン仙」(Manōsārāchān もしくは Manōsān)によって、宇宙の涯からこの地上にもたらされた

表1

「裁判官に関する基本主題」のパーリ語	対応するラクサナ	テキストに見えるパーリ語
(1) Indabhāso	「インドラの言葉」Inthaphāt	Indabhāsaṁ
(2) Dhammānuñño	「裁判管轄権」(Phra Thammanūn)	Dhammānuñño
(3) Sakkhī	「証人」(Phayān)	Sakkhī
(4) Sakkhichedako	「訴訟」(Rap Fōng) 31	Sakkhichinno
(5) Aññamaññaptibhāso	「訴訟」(Rap Fōng) 46	Aññamaññapatibhāso
(6) Paṭibhaṇañcachedako	「訴訟」(Rap Fōng) 26	Paṭibhaṇaṇchedako
(7) Aṭṭagāho	「訴訟」(Rap Fōng) 前文	Aṭṭagāho
(8) Aṭṭakūṭo	「訴訟」(Rap Fōng) 40	Aṭṭakūto
(9) Dandho	「賠償金定率」(Phromasak)	Dandhabhipattikaranan
(10) Codakachedaka	「訴訟」(Rap Fōng)	Codacchedakaṁ

という神話をおく。この神話は、それにつづいて『三印法典』を占める全規定に、規範性を与えている。

『三印法典』所収のテキストには、「プラタマサート」に記されたパーリ語の主題をもって記述を始めるものがある。これにより、そのテキストの法源が「プラタマサート」にあることを示すのである。たとえば手続法であれば、「プラタマサート」にみえる「裁判官に関する基本主題」のパーリ語が、また実体法であれば「二九の訴訟主題 ekūnatiṁsā mūlagatī vivāda」に見えるパーリ語が、各タイトルの導入部におかれる。これは、『三印法典』に含まれる個別規定が、いずれも「プラタマサート」の権威にささえられていることを明示的に示すための装置と考えられる。

第II部第九章で述べたように、「ラクサナ laksana」と呼ばれる各タイトルの冒頭に引用されるパーリ語は、「二九の訴訟主題」のパーリ語とは必ずしも一致しない。こうした不一致の存在を指摘した上で、両者の間に認められる対応関係をまとめたものが表1・2である。

3 「諸ラクサナ」

表を参照しつつ、『三印法典』所収の各ラクサナについて、以下に簡単な解説を加える。

(1)「インドラの言葉 Inthaphāt」

ランガ校定本にしたがえば(以下同じ)全一節よりなる。「プラタマサート」中の「裁判官に関する基本主題」一〇条の冒頭に見える「インドラの言葉 Inthaphāt」のパーリ語を引用しつつ、裁判官の心得について述べる。

(2)「王室典範 Kot Monthienbān」 二巻

一八四節よりなる。タイの伝統的宮廷生活ならびに政治・行政の中心としての宮廷の状況を知るためには必須の文献であるが、Q・ウェールズが半世紀前に研究して以来ほとんど研究らしい研究は行われていない。一二ヵ月の王室行事の典拠もここにある。パーリ語の引用はない。

(3)「裁判管轄権 Phra Thammanūn」

四七節よりなる。「プラタマサート」中の「裁判官に関する基本主題」の二番目にあたる「官印の使用 Dhammānuñño」というパーリ語に始まり、それに続いて紛争の内容にしたがい訴訟を取り扱う役所を定めるとともに、各役所の使用する官印に与えられた権限を規定する。前近代におけるタイの国家組織の研究にとって、次の「位階田」とならぶ重要性をもつ法律である。

(4)「賠償金定率 Phromasak」

三〇節よりなる。「二九の訴訟主題」の二三番目に見える「年齢による評価 Agghāpanāyu」なるパーリ語を置き、「身価 khā tua」の表をかかげる。ついで「裁判官に関する基本主題」の「賠償 Dandho」に対応するパーリ語を引用して傷害事件の調停の際に加害者が支払うべき賠償金の額を定める。

(5)「位階田 Tamnaeng Nā」 二巻

表2

「二九の訴訟主題」に現われるパーリ語	対応する「ラクサナ」
(1) iṇṇañ[ca]	「負債」Kū Ni　前文
(2) raññо dhanacorahāraṁ	――――
(3) adhammadāyajjavibhattabhāgaṁ	「遺産」Mōradok　前文
(4) parassa dānaṁ gahaṇaṁ puneva	「雑律」Betset　119
(5) bhattikka	――――
(6) akkhappaticāradhūtā	「雑律」Betset　132
(7) bhaṇḍañ[ca]keyyāvikaya	――――
(8) avahāraṁ	「盗賊」Chōn　前文
(9) khettādi	「雑律」Betset　前文
(10) ārāmavanādithānaṁ	「雑律」Betset　52
	「雑律」Betset　前文
	「雑律」Betset　52
(11) dāsīcadāsaṁ	「奴隷」Thāt　前文
(12) paharañca khuṁsā	「紛争」Wiwāt　前文
(13) jāyampatīkassa vipattibhedā	「夫婦」Phua Mia　前文
(14) saṅgāmadosā[pi ca]	「反逆」Krabotsŭk　前文
(15) rājaduṭṭho	「反逆」Krabotsŭk　前文
(16) rājāṇa	「刑罰」Āyā Lnang　前文
(17) suṅkādivivādapatto	――――
(18) parampaseyho[pi ca]atta āṅaṁ	*「和解」Āyā Rāt　前文
(19) ītīyakāro vividho paresaṁ	「雑律」Betset　52
(20) thānāvitikkammabalākarena	「紛争」Wiwāt　前文
(21) puttādiādāgamanāsaheva	「誘拐」Lakphā　前文
(22) hetumpaṭiccaadhikāraṇam[va]	「雑律」Betset　139
(23) agghāpanāyū[ca]	「賠償金定率」Phromasak　前文
(24) dhanūpanikkhā	――――
(25) āthabbanikā[pi ca]	「雑律」Betset　156
(26) bhaṇḍadeyyaṁ[te]	「雑律」Betset　86
(27) tāvakālīka	「雑律」Betset　86
(28) gaṇīvibhāgaṁ	「力役配分」Bānphanaek
(29) pañcūdarantaṁ tu vivādamūlā ekūnatiṁsādividhā pi vuttā	[「上訴」Utthōn]

* 「刑罰」の後半に含まれている

王族、高級官僚から乞食にいたるまでの全身分に対して規定される「位階田」、いわゆる「サクディナー Sakdinā」の表で、「文官」が一巻、「武官」「地方官」で一巻である。アユタヤ王朝期におけるタイの中央・地方の官制を知るための基礎資料。「王室典範」と同じく、パーリ語からの引用はない。

(6)「力役配分 Bānphanaek」

六節より成り、制定時期を異にする四編の布告を含む。第一は、夫役義務者一般に関する規定。第二は夫役義務者の家族の成員の帰属を定めたもの。第三は夫役期間の規定。第四は出家者に関する布告である。「プラタマサート」の「二九の訴訟主題」の二八番目にあたる「人民の分配 Gaṇivibhāgaṁ」を引用する。

(7)「訴訟 Rap Fōng」

五六節より成る。「プラタマサート」中の「裁判官に関する基本項目」にかかげる一〇項目のうち、「訴訟の受理 Aṭṭagāho」、「訴訟の切断 Codakachedaka」、「応酬の切断 Paṭibhaṇañcachedako」、「証人の切断 Sakkhichedako」、「訴訟の遷延 Aṭṭakūṭo」、「相互応酬 Aññamaññapaṭibhāso」の六項目のそれぞれにつき、「プラタマサート」のパーリ語を導入部に置き、これにつづいて具体的な規定を掲げる。

(8)「証人 Phayan」

六七節より成る。前項と同じく「プラタマサート」中の「裁判官に関する基本項目」に見える「証人 Sakkhī」のパーリ語を引用し、その後に証人の資格などについての具体的規定が続く。

(9)「神判 Phisūt Dam Nam Lui Phloeng」

一一節より成り、「神判」の詳細を規定している。パーリ語からの引用はない。

(10)「裁判官 Thralākān」

冒頭の「プラタマサート」の「裁判官に関する二四主題」のパーリ語を引用するが、内容の九割以上を占める部分は、一一九節より成る裁判官の職掌を詳細に定めた国王の布告である。

(11)「上訴 Utthōn」

「二九の訴訟主題」の第二九番目に対応し、さまざまな形の上訴について述べる。二二節より成り短いもので、その内容は、異なった日付をもつ三種のテキストを含んでいる。

(12)「夫婦関係 Phua Mia」 二巻

「二九の訴訟主題」の第一三番目の項目に対応するパーリ語 jāyampatikassa vipattibhedā すなわち「夫婦の不和合」を導入部とし、一三四節にわたって、夫婦関係より発生する紛争の処理について規定する。

(13)「奴隷 Thāt」

「二九の訴訟主題」の第一一番目のパーリ語「男女の奴隷 dāsīcadāsaṁ」に始まり、まず奴隷の種類について述べ、ついで一〇四節にわたり主として債務奴隷をめぐって発生する紛争の処理について定める。

(14)「誘拐 Lakphā」

「二九の訴訟主題」の第二一番目「子の誘拐」に対応するパーリ語 puttādi ādāya gatā saheva を引用して、主として、第三者に帰属する奴隷の誘拐によって発生する、紛争の処理を三五節にわたって定める。

(15)「遺産 Mōradok」

「二九の訴訟主題」の第三番目の項目「不法なる遺産の贈与」に対応するパーリ語 adhammadāyajavibhatta-bhāgaṁ を引用して、五一節にわたり、遺産の相続をめぐって発生する紛争の処理について規定する。

(16)「負債 Kū Nī」

「二九の訴訟主題」の一番目の項目に対応するパーリ語 iṇ[ṇ]a に始まり、六八節にわたり負債によって生じる紛争の処理について規定する。⒀の「奴隷」と密接に関係する法律である。

⒄「雑律 Betset」

「雑律」は一七六節より成る。これを以下の一二項目に分かつ。

①「住宅・田地」

②「畑地・園地」

③「質」

④「典売」

⑤「賃貸借」

⑥「雇傭」

⑦「売買」

⑧「不法行為」

⑨「贈与」

⑩「賭博」

⑪「雑」

⑫「黒魔術」

それぞれの項目はそれに対応するパーリ語をもつものもあるが、全体としてきわめて雑然としており、未整理の印象が強い。betset はとりあえず「雑律」と訳したが、原義は「すべてをまとめた」という意味である。この語は「プラタマサート」にはなく、『三印法典』編集者が編集の便宜上雑多な主題の法律をひとつにまとめてこのタイトルを付したものであろう。それぞれの主題のあるものについては「二九の訴訟主題」の中から対応するパーリ語を掲載している(表2参照)。

(18)「紛争 Tī Dā Kan」

「二九の訴訟主題」の第一二番目の「殴打と罵言」に対応するパーリ語 paharañca khuṁsā に始まり、暴力(Ti)および暴言(Da)によって発生した紛争の処理について規定する。

(19)「盗賊 Chōng」

「盗賊」と仮訳したが chōn の語源はサンスクリット語の cora でその意味はきわめて広い。単なる盗賊から匪賊までを含む語である。「二九の訴訟主題」の第八番目の「奪取 avahāraṁ」がこれに対応する。chōn 行為が発生した際の処置について定める。

(20)「刑罰 Āyā Luang, Āyā Rāt」 二巻

第一巻は「二九の訴訟主題」の第一六番目の項目「王を害する行為」に対応するパーリ語 rājāṇa…を導入とし、王に対して危害を加え、不利益をもたらす行為に対する罰を定める。第二巻の後半に「二九の訴訟主題」の第一八番目の項目に対するパーリ語 paranpaseyho…に始まる短い「和解 Āyā Rāt」を付す。Luang は「王」、Rāt は「人民」の意。Āyā Rāt は、私人間の強迫行為の処理を規定している。

(21)「反逆 Kabotsuk」

「二九の訴訟主題」の第一四・一五番目の項目に対応する内容をもつ。戦時の反逆行為に対する刑罰を規定する。

4 「各種の勅令、布告」

「プラタマサート」によれば、いわゆる「派生項目 Sākhākhadī＜Sākhāgatī」はその数が多く、Phrarātcha-kamnot, Bot Phra-ayākān, Phrarātchaban-yat などさまざまな呼称で呼ばれる国王の命令からなる。これは古来国王が、「プラタマサート」の教えにしたがって定めた命令であるから、裁判官たる者は、すべからくこれらの王命をよく学ぶべきであるとする。『三印法典』には「サンガ令」以下、五種一四巻にのぼる「ラーチャーサート」が収録されている。以下それぞれの内容について概説する。

(1)「サンガ布告 Kot Phrasong」

一七八二年から一八〇一年までの一九年間に、サンガ規律の監督に関してラーマ一世王が発した一〇編の布告で、その構成は一七八二年一編、一七八三年六編、一七九〇年、一七九四年、一八〇一年各一編となっている。

(2)「三六条例 Kot Sāmsiphok Khō」

一六五〇年から一七五六年までの、アユタヤ王朝後半の一〇六年間に、さまざまな主題に関して制定された、国王布告三七編を時代順に編纂したもので、標題は「三六 sāmsiphok」とあるが実際には三七編がおさめられている。

(3)「勅令 Phrarātcha Ban-yat」

ラーマ一世王のほぼ全治世にあたる、一七八三年から一八〇五年までの二二年間に制定された、さまざまな主題の二二編の勅令を時代順に編纂したものである。

(4)「旧勅令 Phrarātcha Kamnot Kau」 五巻

アユタヤ王朝後期諸王の制定した勅令六五編を五巻に編纂したものである。各冊の内容は次のとおりである。

「第一巻」 一七〇七年から一七五六年までの勅令一三編を収録。

「第二巻」 一五二七年から一七二七年までの勅令一〇編を収録。

「第三巻」 一七三〇年から一七五四年までの勅令八編を収録。

「第四巻」 一六〇二年から一七七四年までの勅令一四編を収録。順不同。

「第五巻」 一六四四年から一七六三年までの勅令二〇編を収録。順不同。

(5)「新勅令 Phrarātcha Kamnot Mai」

一七八二年から一八〇五年に至るラーマ一世王の二三年の治世の間に制定された四五編の勅令を五巻に編纂したもので、各巻の内容は次のとおりである。

「第一巻」 一七八二年から一七八四年までの勅令九編を収録。

「第二巻」 一七八五年から一七九八年までの勅令一四編を収録。一部順不同。

「第三巻」 一七八二年から一七九六年までの勅令一〇編を収録。一部順不同。

「第四巻」 一七八二年から一七八四年までの勅令五編を収録。

「第五巻」 一七八四年から一八〇五年までの勅令七編を収録。


以上略述したところから、『三印法典』は次のような構成をもっていることがわかる。すなわち同『法典』の冒頭には「プラタマサート」がおかれ、それに続く各種法令がこれを法源とし、権威ある法であることを示す。「プラタマサート」は全体に対する目次の役割をもはたしている。

しかしこの構造があくまでも建前であることを確認しておくことは、『三印法典』の性質を理解する上に必要で

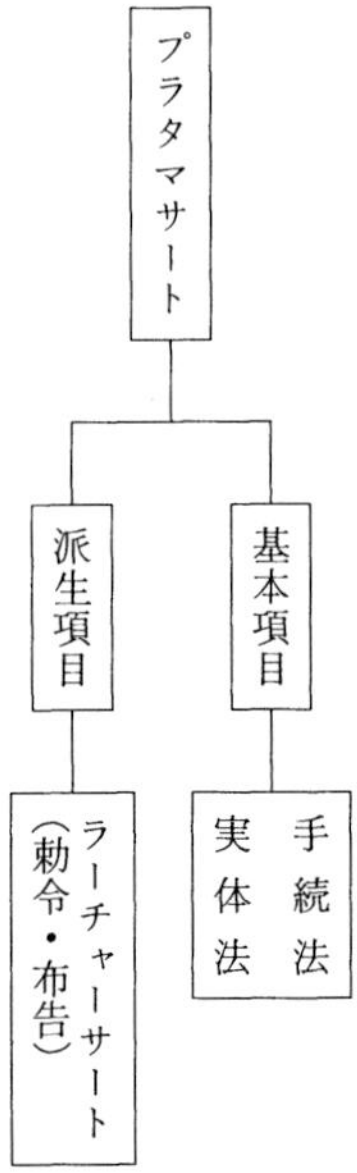

あろう。「二九の訴訟主題」のパーリ語と、テキストのそれとの間の不整合の存在についてはすでに指摘した。[4] この点については、『三印法典』を構成する諸本の底本としたテキストが伝承の異なるさまざまなテキストであって、編纂に要する時間が短く、しかも戦乱によって大半の書籍が散逸して整合的な校訂作業が不可能であったことによる混乱、と説明することも可能であろう。しかし「雑律」に見られるように、権威の指標としてパーリ語の引用の仕方が一定せず、また「賠償金定率」のように、一つのラクサナの中に「プラタマサート」のふたつの「項目」の双方を引用するものもあり、さらには「王室典範」などのように全くパーリ語に典拠をもたない法律が含まれているものがあるといった事実は、一応建前として形式を守りながらも、編集にあたっては実用的な見地からかなり自由な編集上の裁量が許されていたことを推測させる。

5　テキストに現われた日付について

これまで『三印法典』は、法制史研究の資料としてよりは、むしろ社会経済史研究史料として利用されることが多かった。おそらくこの傾向は今後も続くであろう。その場合、同法典に見える日付をどう扱うかが問題となる。これまで述べてきたように、『三印法典』に収録されている法令は、その分類の基準が一応「プラタマサート」におかれている各ラクサナと、「ラーチャーサート」すなわち王の勅令ないし布告というふたつのカテゴリーに分類することができる。前者はしばしば「前文」と呼ばれる「序」の部分に原則として日付が記載されているが、この日付の取扱いには少なくともつぎのふたつの問題がある。

第一に、その年次がどのような暦法によるかという問題である。いずれの場合も依拠した暦法は示されていない。これまでに「小暦」(十六三八年＝西暦)、「大暦」(十七八年＝西暦)、「仏暦」(マイナス五四三年＝西暦)、「法律暦」ないし「チュラーマニー暦」(十一八八年＝西暦)の四種の暦法の可能性が指摘されている。[5]しかしこれについてはチット・プーミサックなどから批判が提出されており、[6]問題は依然として残されている。

第二の問題は、かりに年次を正確に確定できたとしても、その法律の内容が、法律の制定後改変されなかったという保証はまったくない。たとえば「位階田」の場合のように、アユタヤが、その放棄以後の命名である「旧都」とされて現われる場合のように、一見して後世の竄入が指摘できるものもあり、他のラクサナについても同様の改変、付加の可能性は高い。

ただ『三印法典』の「ラーチャーサート」の部分にあたる各種の勅令、ならびに布告に記載された日付は、前者と比べ改変の可能性が比較的少ないものと考えられる。とくに「サンガ布告」、「勅令」、「新勅令」のように、『三印法典』の編纂が行われたラーマ一世王の治世に制定された法令の日付は、おおむね信用することができよう。一般にタイの歴史文書における年次の記載法は、三桁ないし四桁の数字で示すのとあわせて、中国の暦法における干支のように十二支と小暦の最後の一行の組みあわせを示すことが多い。前者が小暦である場合、その数字と後者の間に不一致がある場合にはしばしば後者をとることが行われている。これは数字が筆写の際に誤り易いのに対し、十二支と小暦の組合せ法は文字でつづるため誤りを犯す確率が低いことによる。

表3 『三印法典』テキスト一覧

テキスト名	L本	Lx本	Ly本	R本
(1) Phra Thammasāt	○	○	○	—
(2) Inthapāt	○	○	○	—
(3) Kot Monthienbān I	○	○	—	○
(4) Kot Monthienbān II	○	—	—	—
(5) Phra Thammanūn	○	○	—	○
(6) Phromasak	—	—	—	○
(7) Tamnaeng Nā Phonlarŭan	○	—	—	—
(8) Tamnaeng Nā Thahān Huamŭang	○	○	—	—
(9) Rapfōng	○	—	—	—
(10) Phayān	○	○	—	○
(11) Phisūt Dam Nām Lui Phloeng	○	○	—	—
(12) Tralākān	○	○	—	○
(13) Utthōn	○	○	—	—
(14) Phua Mia I	○	—	—	○
(15) Phua Mia II	○	—	—	○
(16) Thāt	—	—	—	○
(17) Lakphā＋Bānphanaek	○	○	○	—
(18) Mōradok	○	—	—	—
(19) Kū Ni	○	○	—	—
(20) Betset	○	—	—	○
(21) Ti Dā Kan	○	○	—	—
(22) Chōn I	○	○	—	—
(23) Chōn II	○	○	○	—
(24) Āyā Luang I	○	○	○	—
(25) Āyā Luang II	○	○	○	○
(26) Khabotsŭk I	○	○	—	—
(27) Khabotsŭk II	○	○	—	—
(28) Kot Phrasong I	○	○	—	—
(29) Kot Phrasong II	○	○	—	—
(30) Kot Samsiphok Kho	○	○	—	○
(31) Phraratcha Ban-yat	○	○	—	—
(32) Phrarātchakamnot Kau I	○	○	—	○
(33) Phrarātchakamnot Kau II	○	○	—	—
(34) Phrarātchakamnot Kau III	○	○	—	○
(35) Phrarātchakamnot Kau IV	○	○	—	—
(36) Phrarātchakamnot Kau V	○	○	○	—
(37) Phrarātchakamnot Mai I	○	○	—	○
(38) Phrarātchakamnot Mai II	○	○	○	○
(39) Phrarātchakamnot Mai III	○	○	—	○
(40) Phrarātchakamnot Mai IV	○	○	○	—
(41) Phrarātchakamnot Mai V	○	○	—	○
合　計	39	32	9	17

『三印法典』はタイ語史料の乏しいアユタヤ時代からラタナコーシン初期（一三五一―一八〇五）のタイ史研究の重要史料として今後ますますその重要性を増すものと考えられる。小稿が本法典を利用しようとする研究者にとって、少しでも役に立つことがあるならば筆者の喜びこれに過ぎるものはない。

（1）『三印法典』テキスト一覧(表3)参照。

（2）『三印法典』の由来についてのもっとも詳細な解説に、J. Burnay, "Inventaire des manuscrits juridiques siamois, *Journal of the Siam Society* 23(3), pp. 135-162 がある。

（3）この「ランガ校定本」に基づき、五巻本が一九六二年に「クルサパー出版社」から、また一巻本が一九七八年に「タイ芸術局」からそれぞれ刊行されているが、誤植が多い上に「ランガ校定本」のすぐれた特徴であった脚注がすべて省略されているので利用には注意が肝要である。『三印法典』の研究者にとって「ランガ校定本」を参照することは必須である。なお、問題はあるにせよ、入手の容易さの見地から、クルサパー本の巻数、ページ数、行数を示した『三印法典コンピュータ総辞索引』が出版されている。Yoneo Ishii, Mamoru Shibayama, Aroonrut Wichienkhiew, *The computer concordance to the Law of the Three Seals*, 5 vol., Bangkok, 1990, 3698 pp. なお本索引が出版されて後、クルサパーから、誤植を訂正した新版が出た模様である。

（4）本書第II部第九章参照。

（5）本書第II部第六章参照。

（6）Chit Phumisak, *Sankhom Thai lum maenam chaophraya kon samai ayutthaya*〔アユタヤ期以前におけるチャオプラヤー河流域のタイ社会〕(タイ語) Bangkok, 1983.

第五章　『三印法典』本「プラタマサート」の構成

「プラタマサート Phrathammasāt」はサンスクリット語 vrah-dharmaśāstra に由来するタイ語で、「ダルマシャーストラ」の意味であるが、タイでは、この語が広狭二義に用いられている。広義で用いられる場合には、Khampī Phrathammasāt(タマサート聖典)の形で現われることが多く、この場合は太古、マノーサーン仙(マノーサーラ仙 Manosara)が、宇宙の果てから、この世にもたらした根本法典を指す。「王の十徳、五戒、八戒をまもり、つねづね、『タマサート聖典』の学習に精励し給うた」(Phrathammasat 4)などの用例がこれにあたる。一方、狭義の「プラタマサート」は、一八〇五年、ラーマ一世王の勅命によって編纂された『三印法典』(Kotmāi Trā Sām Duang、K.T.S.D. と略記されることが多い)の冒頭におかれた、同名の書を指す。本章の考察の対象とする「プラタマサート」は、後者である。

その内容から推定するに、タイ語版「プラタマサート」は、それからタイ語に移されたとされるモン語 Dhammasattham の「目録」の部分に相当するものと考えられている。[(1)] 原テキストでは、おそらくこれのあとに「目録」に示された、いわゆる「基本訴訟項目 mūla-attha」および「派生訴訟項目 sākhā-attha」の実体をなす部分が、「主題 laksana」別に、配置されていたのであろう。このことは、ビルマ語の「ワーガル・ダンマタ Wagaru Dhammatha」の例などからも、また『三印法典』の諸ラクサナ laksana の冒頭におかれたパーリ語の検討からも、推定できるところである。タイ語の『三印法典』が、「仏教化されたインド法典群」[(2)](たとえば前掲の「ワーガル・

ダンマタ」や、「マヌージェ・ダンマタ」など)の中で、どのような特徴をもっているかをあきらかにするためには、今後、『三印法典』と、これに対応するカンボジア語法典、および同じくモン語法典テキストなどとの精密な照合作業が必要であると考えられるが、こうした将来の作業のための予備的手続きとして「プラタマサート」の全容を、まず明らかにしておきたい。

1 「総序 Bānphanaek」

L1本「プラタマサート」(3)は、横形折本で、五ページの空白ページを含め、全部で一二四ページよりなる。そのうち第一ページは空白、第二ページには、Krom Alak(文書局)の次長職(palat)にある Khun Sārabanchon が、小暦一一六七年陰暦一〇月白分一二日木曜日(一八〇五年九月五日)に筆写を完了し、その写本を Khun Sānprasoet, Mūn Phimakson, Nai Thienkkharāt の三名が、校正した旨記されている。三個の官印を押捺した三ページに続く四ページ以下一四ページまでは、『三印法典』「総序」である。

本来の「プラタマサート」は、一五ページから始まる。一五ページから一六ページ一行目までの五行は、カンボジア文字で書かれたパーリ語。これに引き続いて、一六ページ第二行から二五ページ第一行冒頭までに、上記パーリ語の内容が、「ニッサヤ」形式(パーリ語タイ語逐語訳)で解説されている。この部分は、全体でふたつに分かれており、前半(16b—18b)は「三宝恭敬文」、後半(18b—25d)には、「プラタマサート」の由来が記され、マノーサーン仙により、パーリ語で(mūlabhṣāsāya)述べられた「プラタマサート」が、師資相承してラーマンニャ国にもたらされ、同地において、ラーマンニャの言葉(=モン語)をもって確立していたが、シャム国においては、理解困難となったので、これをシャム語(sāmabhāsāya =タイ語)をもって書き記すものであると述べられている。

2 「マハーサンマタ王伝」

二五ページ第一行目の途中から、五三ページ第一行目までは、Phrarātcha Phongsāwadān Somdet Phrachao Mahāsommutirāt すなわち「マハーサンマタ王伝」である。(4) このうちランガ Lingat が、第二節として段落をもうけた二五ページ第四行目までは、創世から人間社会の発生までの経緯が語られる。これ以下三六ページ第二行までの三一行は、Mahāsomutirātchasuriyawong(<Mahāsammata Rājasuriyavaṁsa)すなわちマハーサンマタ太陽王統創始の説話で、その昔「ボサツ Somdet Phraboromaphōtisat Chao」は、「マハープルシャ(大いなる人)」としてこの世に生を受けたが、やがて人々のあいだに争いが生ずると、これを収めるため人々の王として推挙された、という話に始まり、王の一〇一人の王子が一〇一の異なった言語をもつ国をおさめることとなった次第におよぶ。

三六ページ第二行以下四七ページ一行目までの四四行では、「プラタマサート」の由来が語られる。マハーサンマタ王の大臣を父とするひとりのバラモンと、キンナリーとの間に生まれたパッタラ・クマーン Phattara Kumān が、やがて成人して隠者となり、神通力によって、宇宙の涯なるチャクラワーン Chakrawān の山壁に至り、ここに記されていた文字をことごとく書きとめて帰り、これを、弟のマノーサーンを伴ってマハーサンマタ王に献上しに参内する。パッタラはやがてマハーサンマタ王の「プローヒタ」となり、弟のマノーサーンは、すべての人間の訴訟を司ることとなった。マノーサーンの裁きは公平をもって知られたが、ある時ウリの所有権をめぐる争いで誤審を行ったことを恥じ隠者となって修行を積み、ついに超能力を獲得して宇宙の涯なるチャクラワーンに赴き、そこにパーリ語をもって記された「プラタマサート」を記憶して帰り、『プラタマサート聖典』を著したというのがその大要である。

この部分に続く五三ページ二行目までの二六行は、まず王の日課を述べ、王はすべからく『プラタマサート聖典』にしたがって、人民の訴訟を公平に裁定すべきであると説き、これをもって「マハーサンマタ王伝」と『プラタマサート聖典』の由来を終わる。タイ語テキストにおいては、以上が「プラタマサート」の一部を成しているが、クメール語テキストでは、これが別個の表題となっている。(5)

これ以下最後までが、本来の意味における「プラタマサート」であり、次の七章に分かれる。

第1章　「裁判官(kralākān または tralākān)たる者について」(ランガ本5、以下同じ)

第2章　「裁判官にかかわる二四の主題」(6)

第3章　「基本主題(mūlagati)と派生主題(sākhāgati)」(7)

第4章　「裁判官の一〇の基本主題」(8)

第5章　「訴訟の二九の基本主題」(9)

第6章　「あまたの派生主題」(10)

第7章　「結語」(11)

以下、各章について解説を加える。

3　「裁判官(kralākān または tralākān)たる者について」

五三ページ第二行から五八ページ第四行まで。

ここではまずパーリ語の偈(6)につづいて、四種の非道 agati、すなわち「むさぼり」「いかり」「おそれ」「おろかさ」の危険について述べ、もし裁判官たる者が、この四種の非道に陥るならば、かの名声は、黒分の月のように、日毎に萎えるが、もし四種の非道に陥らず、「正法 dhamma」に基づいて裁判を行いうるならば、その名声は白分の月のように日ましに高まるであろうと諭す。そして、その内容を具体的に説明して、訴訟の当事者に憎しみをもたず、誠実に接し、公平心と慈悲心をもち、当事者の悩みを己の悩みとし、よこしまな当事者からまいないを受けてはならないと述べている。

4 「裁判官にかかわる二四主題」

五八ページ第四行から七一ページ第三行目まで。

この章は、それぞれ三つの条項を含む八群の項目をパーリ語でかかげ、合計二四の訴訟手続に関する項目が、「マノーサーンによって宣示された項目」であるとしている。八群の標題、ならびにその下位区分は次のとおりである。

(1) timūlako(三つの基本要件)(7)

attamūlo(訴と証言)

attagāho(訴と証言の受理者)

samimūlo(原告と被告の確認)

(2) tithānato(三つの?)

dve patisavā(訴の内容に関する原告・被告双方の同意)

dve attavisodhanā(双方の不同意に基づく証明の要求)

dve sakkhūlpadesā(双方の不同意に基づく証言者の要求)

(3)　tiatthato（三つの交渉）
　　sanghahakāro（必要な扶助と照合）
　　saddheyavaccasā（双方の納得する陳述）
　　niggaho（必要の際の威嚇）

(4)　tinālasyato（三つの不怠）
　　viruddhacodanaṁ（誤れる陳述の警告）
　　sattāhabbhantarapucchanaṁ（七日間以内の審査）
　　anālasyagadataṁ（勅令に基づく迅速な結審）

(5)　tidaḷhato（三つの確定）
　　akkharadaḷho（文字の確定）
　　bākkhyādhāro（表現の確定）
　　bandhidaḷho（内容の確定）

(6)　tiissaro（三つの自主）
　　anuyuñjakissaro（裁判官の自主）
　　codacuditakissaro（原告・被告の自主）
　　tesaṁvādissaro（原告・被告の陳述の自主）

(7)　tidhammato（正法にかなった三つの審理）
　　saccadhammaṁ（「プラタマサート」に基づく正しい審理）

ujudhammaṁ(「プラタマサート」に基づく誠実な審理)
sammacāridhammaṁ(「プラタマサート」に基づく公平な審理)

(8) timaggato(三つの道)
mahāmaggagamanaṁ(「プラタマサート」に基づく審理)
kumaggavivajanaṁ(世俗の利害から自由な審理)
sātamadhigatadhammaṁ(「プラタマサート」の学習)

5 「基本主題と派生主題」

六八ページ二行目から七一ページ三行目まで。

ここでは「プラタマサート」により、訴訟が「基本主題 mūlakhadi＜mūlagati」と「派生主題 sākhākhadi＞sākhāgati」よりなること、前者は「裁判官に関する基本項目(一〇項目)」と「訴訟に関する基本項目(二九項目)」の二群に分かれること、また「派生項目」は数多いことなどが、ニッサヤ形式をもって説明される。

6 「裁判官に関する基本主題」

「裁判官」という標題ではあるが、その内容は、以下のとおり、訴訟手続に関するさまざまな法の目録である。

(1)「インドラの言葉」Indabhāso
(2)「官印の使用」Dhammānuñño
(3)「証人」Sakkhī

(4) 「証人の切断」Sakkhichedako
(5) 「相互応酬」Aññamaññapatibhāso
(6) 「応酬の切断」Paṭibhaṇañcachedako
(7) 「訴訟の受理」Aṭṭhagaho
(8) 「訴訟の遷延」Aṭṭhakuṭo
(9) 「賠償」Dandho
(10) 「訴訟の切断」Cotakachedaka

7 「二九の訴訟主題」

九六ページ二行目から一〇八ページ二行目まで。

「二九の訴訟主題 Ekūnatiṁsā Mūlagati Vivāda」は「マヌ法典」第八章に見える訴訟の原因となる一八の主題 Mārga-vyavahāra に対応するもので、内容は次の通り。

(1) 負債　(2) 王の財産の盗み　(3) 遺産の分配
(4) 贈与物の回収　(5) 雇傭　(6) 賭博
(7) 売買　(8) 強盗　(9) 宅地・田地
(10) 畑・園地　(11) 奴隷　(12) 侮辱
(13) 夫婦関係　(14) 戦争　(15) 反逆
(16) 違反　(17) 税　(18) 強迫

(19) 土地の侵犯　(20) 暴力の行使　(21) 誘拐
(22) 因果　(23) 身価　(24) 寄託
(25) 呪詛　(26) 賃借　(27) 借用
(28) 夫役義務者の配分　(29) 上告

8 「派生主題について」

一〇八ページ二行目から一一二ページ末まで。

ここではいわゆる「派生主題 sākhākhadi＞sākhāgati」の内容が、不完全なニッサヤの形で、つぎのように語られる(8)。すなわち「派生主題」は、その数が多く、Phrarātcha Kamnot, Bot Phraayakān, Phrarātcha Ban-yat など、さまざまな呼称で呼ばれる国王の命令からなっており、これらは、いずれも「ラーチャーサート Phrarā-chāsāt」つまり「勅命」のなかに含まれる。そもそも王は、古来、人々の首長として、功徳を積み、敵と戦い、領内の独立を保ち、自らは戒を守り、行い正しく、つねに領国の繁栄と領民の幸福を念願する存在であって、その王が「プラタマサート」の教えるところにしたがってよく省察をめぐらし、その命令を「勅令」「布告」などの形をもってつぎつぎと発出して今日に至ったものである。それゆえに、裁判官たる者は、すべからく古来の諸王の定めた命令を、よく学習すべきである、とする。

ここで注目されるのは、これまでの主題が、すべて一定の数によって限定的に示されているのにたいし、王の命令については、mi prakan pen an mak すなわち「多くの項目がある」として、本質的に無限定的であることが指摘されている点である。王の命令はなんであれ、それが「プラタマサート」の教えにしたがうと認められる限り、正統性を付与されるのである。

以下一一三ページから、最終一二四ページまではニッサヤ形式による結語であるが、冒頭におかれたパーリ語テキストと比べると、タイ語訳文には脱漏が多く、両者の対応関係はきわめて不完全である。内容は、裁判官たる者の心得を述べたもので、まず裁判を司る者が、四つの非道におちいって権力を乱用し、マノーサーン仙が、人類の幸福を願って宇宙のはてからこの世にもたらした、かの「プラタマサート」の学習を怠ることのないようといましめ、すべからく裁判にかかわる二四の主題、一〇条の基本主題、訴訟の原因となる二九条の主題のほか、歴代の諸王の定めた数々の命令である派生主題を、ことごとく記憶にとどめ、たえずこれが口をついて出るよう努力しなければならないとする。そして物の道理をわきまえぬ裁判は、知恵ある人の尊敬するところとならず、その判決は、あたかも森を行く盲目の巨象のように破壊にいたると述べ、「プラタマサート」を学んで、王の恩顧に報いるようさとしている。

以上、タイ語版「プラタマサート」の構成を、バンコク国立図書館所蔵の「プラタマサート」L1本のマイクロ・フィルムに基づいて紹介してきた。ランガ校訂本によれば、L1本と、L1x本およびL1y本の間に見られる異同は、L1に小さな語句の脱落のあることが六ヵ所で指摘されているほか、三ヵ所ではパーリ語の母音の長短に混乱がみられる程度にとどまる。前述したように、『三印法典』の冒頭におかれた「プラタマサート」の原型は、全法典の目録の役割を与えられていたものと思われる。現存する『三印法典』においても、この「プラタマサート」につづいて、laksana の語に導かれる各種の実体法が置かれ、さらに「ラーチャーサート」にあたる各種の「勅令」が収録される形式をとっており、大筋で、その構造は踏襲されているように見える。しかし、さらに細部にわたり検討するために、各 laksana の冒頭に見えるパーリ語を、「プラタマサート」の対応するパーリ語と比較してみると、両者は必ずしも一致せず、「プラタマサート」にあたる、なにか別個のテキストの存在した可能性のあることを感じさせる。

もし「総序」のいうように、太古、マノーサーン仙により、パーリ語で書きとめられた法典を、モン人がモン語によって後世に伝えたのが「ダンマサッタン」ないし「プラタマサート」であり、タイ語「プラタマサート」がその翻訳であるとするならば、「プラタマサート」研究は、まずその翻訳の底本となったモン語テキストを確定することから始めなければならないことはいうまでもない。しかしかりに、「総序」の記事がたんなる修辞上の潤色であって、タイ語版「プラタマサート」に対応する直接のモン語 Urtext がない場合であっても、モン語「ダンマサッタン」と「プラタマサート」との比較研究は、タイの伝統法典研究上さけて通ることのできないテーマであるように思われる。いずれにせよ、本稿はそうした将来の研究のための備忘である。

(1) Lingat, *Prawatisat Kotmai Thai, lem 1*, Bangkok, 1983, p. 55. モン語 Dhammasattham のテキスト研究は現在まで、ほとんど手が付けられていないが、一九九二年、東洋文庫付置ユネスコ東アジア文化研究センターから、一一種のモン語ダンマサートのテキストが、英訳を付して刊行された(Nai Pan Hla, *Eleven Mon thammasāt Texts*, Tokyo, 1992)。同書を利用した研究の進展を期待したい。

(2) M. B. Hooker(ed.), *The Laws of South-East Asia, Volume I : The Pre-Modern Texts*, Singapore, 1986 を基本的文献としてあげておく。

(3) Burnay, "Inventaire des Manuscrits juridiques siamois", *Journal of the Siam Society* 22(3), 1930.

(4) マハーサンマタ王は、『大史』(ii, 1)、『島史』(iii, 1)、「長部経典」『アッガンニャ・スッタンタ Aggañña Suttanta』などに見える人類最初の王。タイ語では「マハーソムムッティラート」と呼ぶ。

（5）　Adhemard Leclère, *Les codes cambodgiens*, tome 1., 1898, p. 1-19.

（6）　chandā dosā bhayā mohā
　　yo dhammaṁ ativattati,
nihīyati tassa yaso
　　kāla-pakkhe va candimā
Chandā dosā bhayā mohā
　　yo dhammaṁ nativattati,
Abhivaḍḍhati tassa yaso
　　sukka-pakkhe va chandimā ti.

（むさぼりにより、いかりにより、おそれにより、おろかさにより、法を破る者、その名声は、黒分の月のかけるがごとく、失われるべし。むさぼり、いかり、おそれ、おろかさにより法を破らざる者。その名声は、白分の月の満つるがごとく、いやますべし。）

この偈は、“yaso”が“vaso”、七行目の“abhivaḍḍhati”が“apurati”となっていることをのぞくと、『長部経典』「シンガーラへの教え Singalovada-suttanta, D. N. xxxi, 6」に見える偈とほぼ一致する。

（7）　（ ）内は、テキストに示されたタイ語による解説。不明な点が多く、一応の仮訳としておきたい。

（8）　冒頭に掲げられたパーリ語は、それにつづくニッサヤのパーリ語との間に不一致が見られる。

索　引

あ 行

か 行

さ 行

た 行

な 行

は 行

ま 行

や 行

ら 行

わ 行

収録論文初出一覧

I-1　東アジア史像の再構築——タイにおける「公定史観」をめぐって（『ソフィア』46-1，1997年）
I-2　歴史と稲作（石井米雄編『タイ国——ひとつの稲作社会』創文社，1975年）

II-1　暹・スコータイ・アユタヤ(試論)——〈第11刻文〉の検討を中心に（『東方学』89，1995年）
II-2　アユタヤ王朝の首都の呼称についての覚書（『東方学会創立50周年記念東方学論集』1997年）
II-3　「港市国家」としてのアユタヤ——中世東南アジア交易国家論（石井・辛島・和田編『東南アジア世界の歴史的位相』東京大学出版会，1992年）
III-4　プラクラン考——「港市国家」の中核組織に関する覚書（『上智アジア学』10，1992年）
II-5　交易時代のアユタヤ（『東洋陶磁』23・24，1995年）
II-6　アユタヤ王朝の統治範囲を示す『三印法典』中の3テキスト（『東南アジア研究』6-2，1968年）
II-7　「ポンサーワダーン」(王朝年代記)についての一考察（『東南アジア研究』22-1, 1984年）
II-8　タイの伝統法——『三印法典』の性格をめぐって（『国立民族学博物館研究報告』8-1，1983年）
II-9　「29の訴訟項目」(Ekūnatiṁsā Mūlagati Vivāda)について——インド古代法「パーリ化」の一事例（『東南アジア研究』23-2，1985年）
II-10　ラタナコーシン朝初頭における王権とサンガ——『三印法典』「サンガ布告」を中心に（『東南アジア研究』22-3，1984年）
II-11　タイの徭役制度の一考察——「三印法典」を中心として（『東南アジア研究』6-1，1968年）

III-1　タイ語文献について(1)——Nangsu Cheak nai Kan Kuson（『東南アジア研究』4，1964年）
III-2　タイ語文献について(2)——Phraracha Phongsawadan Krung Kao（『東南アジア研究』2-1，1964年）
III-3　タイ語文献について(4)——諸地方のPhongsawadan（『東南アジア研究』2-4，1965年）
III-4　『三印法典』の構成について（『東方学』74，1987年）
III-5　『三印法典』本「プラタマサート」の構成（『東方学会創立40周年記念東方学論集』1987年）

■岩波オンデマンドブックス■

タイ近世史研究序説

1999年11月29日　第1刷発行
2015年9月10日　オンデマンド版発行

著　者　石井米雄《いしいよねお》

発行者　岡本　厚

発行所　株式会社　岩波書店
〒101-8002 東京都千代田区一ツ橋2-5-5
電話案内 03-5210-4000
http://www.iwanami.co.jp/

印刷／製本・法令印刷

ISBN 978-4-00-730278-7　Printed in Japan